私たちにはわかってる。アニメーションが世界で最も重要だって

We all know animation is the most important thing in the world

土居伸彰

Nobuaki Doi

青土社

私たちにはわかってる。アニメーションが世界で最も重要だって　目次

第一章　日本アニメは進化する——2013―2016　19

第二章

世界のインディペンデント、現在進行系

第三章

アニメーションが得たもの、そして失ったもの

――二〇一〇年代のシーンを記述する

私たちにはわかってる。アニメーションが世界で最も重要だって

凡例

作品名について、二〇二一年一一月の段階で日本で上映の機会がない作品は『（英語タイトル）』、映画祭やイベント上映など限られた機会でのみ日本で上映された作品は『邦題（英語タイトル併記）』と表記する。

はじめに

本書は、土居伸彰が主に二〇一〇年代に世界のアニメーションについて執筆したものを集めた本である。一部の論考は二〇一〇年代に先立ったり、二〇二〇年代に食い込んだりしているものもあるが、要はこの一〇年くらいの世界のアニメーション界の変遷を、この時期、知られざる作品・作家を求めて世界中（といっても主にヨーロッパとアメリカだが）を旅し続けていた僕自身が感知し、発信しつづけたものの記録集である。

二〇一〇年代、デジタル化の浸透によって、アニメーションの作り方や見方に大きな変動があった。その変化の前兆自体は二〇一〇年代以前からあった。僕自身が専門とする個人作家・インディペンデント業界から眺めてみれば、パソコンの高品質化やソフトウェアの発展によって、個人がノートパソコン一台でプロに対抗しうるようなものを作れるようになった。さらに、YouTubeなど動画共有プラットフォームが登場し、個人がずいぶんと活動しやすく、世界的に目立ちやすくなった。SNSがインフラ化したことも大きい。人々の鑑賞形態も劇場に通うことへの重点が少し軽くなり、在宅で動画を観る習慣が根付いた。二〇二〇年からのコロナ禍はさらにそれを促しただろう。

そんな環境の変化が次第に浸透するなか、新たな活動形態のアイデアが生まれ、世の大勢が変わっていったのが二〇一〇年代だ。かつてであれば短編アニメーションというフォーマットでしか見なかった個性的な手法・絵柄の作品がアカデミー賞の長編アニメーション部門にノミネートして、製作費としては何桁も違うハリウッド製CGアニメーションと肩を並べるようになった。3Dソフトやゲームエンジンの発展・民主化（個人ベースで使う限りは無料というものも増えた）によって、アニメーション作家がゲーム業界にも殴り込むようになった。ハリウッド製の作品も、インディペンデントな才能を好んでピックアップするようになった。二〇一〇年代に黒船のように登場し世界のアニメーション界を変えたNetflixのような配信業者も、個性的な表現をオリジナル企画として採用し、それまで作風には定評があれど劇場公開などではなかなかペイできない作家を重宝するようになった。二〇一〇年代、個人作家、個人クリエイターがこれまで以上に影響を及ぼすことができるようになったのだ。ヨーロッパでは助成金文化を活用して、これまでになかったようなテーマを扱う大人向け長編アニメーションもたくさん作られるようになり、アニメーションが文化としての新たな厚みを獲得した時代でもある。そんな世界のアニメーション界の変化が、この論集から感じ取れるようにしたかった。

本書に収録された数々の文章をあらためて読み返してみると、この十年間、僕自身のアニメーション観も一定でなかったことがわかる。新たな表現に触れ、それらに衝撃を受けることで、ゆるやかにアニメーション観を訂正・進化させていったことが見て取れる。人によっては「転向」と思うのかもしれないが、この時代の刺激的な変化の前では、頑なに変わらずいることのほうが難しいし、もったいない。

僕自身も、二〇一〇年代に活動を大きく変えた。それまでは短編アニメーションを中心にアカデミズムの分野で論文執筆を行っていたのだが、二〇一〇年代なかばに長かった大学院時代を終わらせたあと、中小企業の社長（二〇一五年設立の株式会社ニューディアー）として、配給や映画祭運営、執筆や講演、さらにはプロデュースなど自分が面白いと思う作品を手を変え品を変え紹介することを「事業」として展開しはじめた。そういった状況がアニメーションの変化に対して機敏に反応しつづけることを義務付けもした。

僕は、小さな頃からアニメーションがすごく好きで……という人間だったわけではない。むしろ一〇代の頃までは縁遠かった。大学のロシア語のクラスで偶然観たユーリー・ノルシュテインという作家の作品に衝撃を受けて、この業界を生きることになった。ノルシュテインの『話の話』を初めて観たとき、僕は知恵熱を出して寝込んだ。その作品が、今まで考えたこともなかったような世界の見方を提示してくれたからだ。それ以来、僕自身は、アニメーションがいかにして「リアル」を描き出せるのかということをずっと考えてきた。

アニメーションは普遍的な表現であり、世界中の人が理解できる、みたいなことがたまに言われたりする。だが、僕にとっては逆で、素晴らしいアニメーションというのはどこまでいってもローカルな想像力から出ることはなく、きわめてパーソナルであり、あまりにパーソナルすぎて他人には理解できないなにかを描くものなのだ。人間の想像力は閉じている——そのことをこそ、アニメーションは教えてくれる。だからこそ、素晴らしいアニメーションは、これまで見えていなかった、私たちから閉じられていた世界を突如として見せてくれる窓となる。そんな作品と触れることによって、観客の世界観も変わっていく。それこそが、アニメーションの醍醐味なのだ。少なくとも僕にとっては。

二〇一〇年代とは、ローカルでパーソナルなアニメーションが「メジャー」なフィールドで、世界中の人に広まっていく過程を眺める時代だった。これまでだったらアンダーグラウンドなものとして片付けられていたような世界観の表現がもっと広い場所まで伝わるようになった。SNSの浸透などで、いま、人々の想像力は各所で閉じている。そんな時代だからこそ、ローカルでパーソナルなアニメーションが求められるようになったのかもしれない。インディペンデントなアニメーションは時代の想像力とシンクロしているように思えて仕方ない。もしかしたら、いま、アニメーションは世界で最も重要なのではないか。『私たちにはわかってる。アニメーションが世界で最も重要だって』――本書のタイトルが大それたものである理由のひとつは、この時代に、僕がそんなふうに思ってしまったからである。この本を読んで、あなたもまた、少しでもそのことに共感してくれたとしたら、とても嬉しい。

本書を出すことで、変革期だからこそまだまだ定まっていないこの時代の「定番作品」「代表作家」について、しっかりと記録したいという気持ちもあった。本書は基本的に、各所から依頼を受けて書いた原稿から チョイスするかたちで編まれている。当初の予定では、この時代について考えるためには語らずにはいられない作家たちのことについて、(なぜどこの媒体も僕に依頼をしてくれなかったのだろうと恨む気持ちもありつつ) 書き下ろしをすることも考えた。でも、やめた。ボリュームを考えて泣く泣く掲載を見合わせた原稿もたくさんあるなかで、それらを差し置いて新たな何かを書くのは、道義にもとることだと思ったからだし、編まれたものを読み返したとき、その人について書けと依頼を受けたわけではないにもかかわらず、別の原稿に(それも複数のものに)それらの存在の影が見え隠れしたからだ。彼ら彼女らの存在は、僕自身にずっと取り憑いていて、ことあるごとに顔を出していたのだ。

本書の構成についてお話ししよう。いろいろと悩み抜いて、こんなふうにした。

第一章「日本アニメは進化する――2013―2016」は、日本アニメの重要な作家たちについての本格的論考を並べている。二〇〇〇年代、個人作家や海外の動向を追いかけていた自分の関心が、日本の「アニメ」に向けられることは少なかった。単純に、同じ「アニメーション」というだけで、別もののように思えたのだ。

しかし、二〇一三年という年、僕の関心は一気にこのジャンルに向くことになった。この年がどういう年かといえば、宮崎駿が『風立ちぬ』を、高畑勲が『かぐや姫の物語』をリリースした年である。日本における巨大なインディペンデント的存在かつ海外アニメーションの紹介にも積極的に携わってきたスタジオジブリからこれらの重要作品が出てきたのをきっかけとするかのように、日本アニメは文法的な進化を遂げ、人々のリアリティにこれまでとは違ったかたちでざっくりと食い込むようなものになったように思えた。この章に集まっているのは、その衝撃と発見の記録である（そのほとんどが『ユリイカ』誌から依頼を受けたものであり、それゆえにこの本は青土社から出版していただいている）。

第二章「世界のインディペンデント、現在進行系」は、作品評・レビュー系の原稿を集め、テーマ別に並べてみたものだ。二〇一〇年代は長編アニメーションが面白い時代だったこと。一方でかつての先鋭的なフォーマットである短編（芸術性・オルタナティブ性を追求するいわゆる「アニメーション映画《cinéma d'animation》」）もまたしぶとく独自の進化を遂げたこと。アメリカを中心に、実験性と商業性がうまく融合する事態が起こったこと。日本のアニメーションの作り手たちも規模や文脈は違えど似たような想像力を持つようになったこと……そんなふうな様々な動向を摑んでもらえるのではないかと思う。

第三章「アニメーションが得たもの、そして失ったもの――二〇一〇年代のシーンを記述する」は、シーン論を集めた。二〇一〇年代は、アニメーションが近隣する分野とのあいだで有益な交差を見せた時代でもある。実写映画の方法論がアニメーションと融合して新たな動向を生み出したり、ゲームとのあいだに橋がかけられたり、CGの発展によってむしろアナログな人形アニメーションが進化していったり、ソフトウェアの進歩に伴い人間描写の質が変わり、人々の姿が「群れ」のように描かれるようになってきたり……実写映画、ゲーム、マンガ。それらの交点で生まれた実りを収穫するような章である。

章の最後には、追悼文を集めた。

二〇一〇年代のシーンを追っていくなかで自分が強く感じることになったのは、アニメーションがこの時代に描く人間像が、それまでの時代とは異なってきているということだった。過去の本（『21世紀のアニメーションがわかる本』）ではその変化の様相を「私から私たちへ」というテーゼでまとめたこともあった。アニメーションが描く人間――それはそもそも人間そのものではなく人間を表す記号にすぎない――が、なにか個性を欠き、深みや生気を失い、そのかわりに匿名的な集団としての新たな生を得たように感じたのが、二〇一〇年代だった。

それは、アニメーションが、これまで描けていたなにかを描けなくなったということでもある。その表現の可能性として、なにかを失ったのだ。二〇一〇年代の後半、その流れを象徴するようにして、アニメーションの巨匠たちが相次いでこの世を去った。この本の最後を締めるのは、そういった方々へのお別れの言葉である。それは同時にアニメーションにおけるある種の人間描写へのお別れであり、もっといえば、人類が失いつつあるなにかへのさよならでもある。

最後に、この本のタイトルのもうひとつの由来についても言っておかねばならない。「私たちにはわかってる。アニメーションが世界で最も重要だって」という、不遜な感じさえするこの本のタイトルは、本書において各所で登場するクレイアニメーションの巨匠ブルース・ビックフォードが自身の呪われた人生について語るドキュメンタリー映画『モンスターロード *Monster Road*』(二〇〇四年)で言っていたものを少しだけアレンジしたものである("You and I know animation is the most important thing in the world")。そのセリフを初めて聞いたとき、思わず鼻で笑ってしまったことを思い出す。しかしこのフレーズはずっと頭に残り続けた。その後ビックフォード自身と交流するようになり、その凄まじい人生と創作物に触れるなかで、いつしか自分もまた、彼と同じように思うようになってしまったのが、この時代だったのだ。

この本は単著としては三冊目にあたる。フィルムアート社より出版した『個人的なハーモニー――ユーリー・ノルシュテインと現代アニメーション論』(二〇一六年)、『21世紀のアニメーションがわかる本』(二〇一七年)に続く、自分にとっては初期三部作の三作目であり、完結編であり、総集編だと思っている。今回の本は、以前の二冊を書いた時期よりも前の原稿からスタートする。この本を読むと、自分のなかで変わらないものと、変わっていったもの、その両方が見えてくる。それは、自分自身のメタモルフォーゼを俯瞰するようなものなのだ――世界の動向に玉突きされるようにして、自分自身のアニメーション観・人生観が、少しずつ、フレーム単位で変化するような。生まれては砕け、また新しいものが生まれるビックフォードのアニメーションのように、自分自身は変わっていった。

本書に再掲するにあたって、いくつかの原稿については、軽微な修正を入れている場合がある。元の原稿から大幅にカットしたものもある。ただしその場合でも、主旨自体は変えていない。様々な媒体で掲載されたものなので、それに伴うわかりづらい部分も修正した。それ以外は、自分自身がこの一〇年で書いたものを、生々しく記したままになっていると思う。それでは、お楽しみください。

第一章

日本アニメは進化する 2013―2016

ただすべてを受け止めるべき風として——宮崎駿『風立ちぬ』

宮崎駿の長編アニメーション最新作『風立ちぬ』には、宮崎の以前の作品とのあいだに、なにか決定的な違いがある。登場人物たちに生気を滾らせることに専念するかのようなアニメーションのスタイルは変わらないのだが、それが背負っている現実感覚が異なるように感じられるのだ。ただ単に生を担うのみではない、それ以上の何かがここにはある。それゆえに、この作品のアニメーションを観ていると、息苦しい気分にさえなってくる。このような感覚は、いままでの宮崎作品にはなかった。たとえば、イタリア人航空技術者カプローニと堀越二郎とが出会うあの夢のなかの草原。あの場所は、何も遮るもののない風通しの良い場所のはずだ。しかし、ここから感じられるのは、狭さの感覚である。矛盾するようだが、とても広い閉所のような感じがある。この感覚は、作品全体を貫いている。この世界に景色は無限に広がっていながら、手が届く範囲はとても小さく、しかし広がる景色自体の重みは、確実にのしかかってくるような。

『風立ちぬ』が語るのは、零戦の設計者である堀越二郎の人生だ。一九三〇年代の日本を主な舞台として、その時代に（カプローニが言うところの）「創造的な持ち時間の十年」という時間を過ごした二郎の人生に、この作品は焦点を当てている。薄幸の少女、菜穂子との恋愛も絡みながら——そこには、結核で早逝した小説家堀辰雄の人生もまた合流する——、二郎が自分の夢で見た「美しい飛行機」を完成させるまでの歩みを、二〇世紀前半の日本を時代背景として、強い風のなかを猛進するかのごとく、時代を振り切りながら、一直線に疾走するように語っていくのである。

『風立ちぬ』がこれまでの宮崎作品と異なって感じられる理由のひとつに、現実に基づいたこの題材が関わっているのは確かだろう。過去、宮崎駿作品はファンタジーだった。『崖の上のポニョ』(二〇〇八年)のように現実の舞台が設定されることはあっても、描かれている出来事は、どこか別の次元の現実に属するものだった。もちろん、『風の谷のナウシカ』(一九八四年)のように、ファンタジーが現実を先取りすることは起こりうるだろうし、もしくは、『となりのトトロ』(一九八八年)のように、日常において隠された領域を取り上げることで、現実を拡張しようと試みられることはあった。しかし、『風立ちぬ』は、もっとより直接的に、生や現実へと触れてくる感じがある。『風立ちぬ』に吹く風は、過去の宮崎作品のように、本質的な部分で解放感を感じさせてはくれない。そこには重さが常に残る。そしてその重さが、観ているこちらにもシンクロする感覚がある。二郎の感じる風は、あまりに近い。この作品が与えるのは、あまりに密着しすぎて、誰かの現実の内側へと入り込んでしまったかのような感覚だ。アニメーションが現実の内側へと埋め込まれ、それを観る行為が、その現実の内側の一点へと私たちを引きずり込んでいくかのような。『風立ちぬ』は、堀越二郎という特異点を介して、現実とアニメーションとの関係性の表裏をひっくりかえし、彼の内側から、世界を生きさせる。

『風立ちぬ』は、主人公の堀越二郎の生に密着し、その内側に入り込み、ひとときもそこから離れることはないので、あらゆるものは、二郎の傍らを風のように通り過ぎていくだけである。彼が生きた時代、社会、出来事、それどころか、家族や同僚たちといった、彼を取り巻き、そして寄り添う人たちもまた、彼の人生に確かな感触を残しながらも、それでもやはり、一瞬にして吹き抜ける風のようにして、どこか遠くへと過ぎ去っていく。始めから最後まで彼とともにあるのはただひとつ、彼自身の夢――もしくはその具現化であるカプローニ――だけである。『風立ちぬ』の広くて狭い感覚は、そこに由来するともいえるだろう。世界はその傍らを過ぎ去り、もし衝突したとしても、二郎はそれに対して微動だにしない。むしろ、世界は二郎の前に砕け散る。

『風立ちぬ』が背景とする時代は、日本が、関東大震災や経済混乱を経て、戦争へとジリジリ歩んでいく激変の時代である。二郎は、その時代を生きる一人の人間として、思想犯として投獄されそうになるなど、この時代背景に由来する危機がときおり迫ってくることがある。しかし、どれも決定的なものとはなりえない。現実社会の動きを明確に裏付けられたこれらの出来事は、『風立ちぬ』においては、文字通りに「背景」の位置を占めるにすぎない。時代の動きは、いつもすぐにどこかとても遠くのほうへと去っていき、霞んだようにしか見えなくなる。やはり、この映画でいつも中心にあるのは二郎の夢である。現実の出来事は、それがどれだけ社会的に重要なものであろうとも、彼の夢＝現実に付随するに過ぎない。二郎の背後でうごめく大きな時代の流れは、それについて充分な知識を持つ人でなければ、もしくは、その断片的な提示に宿るなにかしらの響きを聴き取ったり、あっという間に過ぎ去るものを目に留めることのできる動体視力を持った人間でなければ、じゅうぶんに把握されることはないだろう。あらゆる時代は、主人公のフィルターを通じて、断片としてのみ一瞬だけ、ようやく観客のもとに届いてくる。言ってしまえば、二郎は時代のなかにいない。むしろ時代の方こそが、二郎のなかに一部としてある。二郎の「夢」である美しい飛行機は、中国を焼き付くすだろう。さらに最終的には、日本人の若者たちを乗せたまま帰還しないだろう。しかし、それらの多くの犠牲については、劇中において、ほんの少しの二郎のセリフでかろうじて触れられるのみである。二郎と夢を共有するカプローニもまた、美しい飛行機を作る夢に取り憑かれている。そして、その飛行機もやはり、たくさんの犠牲を生み出している。でも、二郎もカプローニもそのことに気づいていながらも、根本的な部分において、そのことをあまり気に留めていない。彼らが誓うのは、ともに自らの生・自らの使命——飛行機を作ること——をただ十全に進めていくことだけである。そのために彼らは、現実の方をこそ、彼らの夢に付きあわせていく。

『風立ちぬ』で驚くべきは、夢のシーンと現実のシーンとのシームレスな接続である。夢と現実は同じテンションで、同じ色調で——夢の方がほんの少しだけ豊かに躍動する瞬間はあるかもしれないが——、地続きにつながっていく。アニメーションのなかで夢と現実が共存すること自体は不思議ではない。たとえば、今敏のアニメーションを見てみるといい。そこでは、夢と現実が共存し、ときには夢が現実を呑み込むような展開が待っている。でも、それらの作品の場合、夢の優越を描けば描くほど、逆説的に現実の優位性を高める。なぜならば、境界を乗り越えるという発想が生まれるのは、両者がはっきりと分かれていると前提されているからであり、夢が現実に勝つ瞬間があるのは、夢は普通、現実を従属させると前提されているゆえのことであるからだ。それは、きわめて「常識的な」態度であるともいえる。一方で、『風立ちぬ』は、夢と現実とのあいだに、優劣も区別もそもそも認めていない——とても「非常識」なのだ。夢も現実も、フラットに同じである。カプローニと出会う夢も、仕事場などでの日常も、すべてが同じテンションで、何の区別もあらかじめ設定されることもなく、描かれていく。夢であろうが現実であろうが、その出自を問われぬままに、すべてが等しくフレッシュなままに、目に飛び込んでくる。

そんな『風立ちぬ』のアニメーションは豊かで、かつ貧しい。それは、ウィリアム・ケントリッジの木炭アニメーション作品に似ている。両者は、外見上は極端に異なるが——モノクロのケントリッジに対し、宮崎は色鮮やかだ——しかし、表現としての豊かさが描き出すものが実際のところは「貧しさ」であるという意味において、共通するところがある。ケントリッジは、消しても痕跡の残る木炭を用いたコマ撮りアニメーションを、思考の痕跡を記録するものだと考えている。そのアニメーションは、メタモルフォーゼを行うという意味では豊かである。しかし、その変容は、あくまでケントリッジ当人の思考を記録するものでしかない。ケントリッジのアニメーションは、彼の思考に飛び込んでくるもの以外を受け止めることができず、その意味においてきわめて「貧しい」。ケントリッジはある意味において、アニメーションの可能性を発見したといえる。それは、想像力の貧しさや限界を捉えるとき、アニメーションはとてもうまく機能するということである。アニメーションは想像力を自由に発揮できる——こんな言い回しは豊かに思える。だがしかし、それは裏を返せば、アニメーションが捉えうる世界は、想像力の働く範囲に制限されているということでもある。『風立ちぬ』もまた、そういう意味において「貧しい」。ここで提示される世界のすべては、夢と現実の双方を包み込むという意味では豊かに見えるし、また、アニメーション自体も豊かだが、しかし、そのシームレスな連続体のすべては、一人の人間の想像力と認識の限界によって制限され、多くのものをその外部に排除してしまっている「貧しい」ものである。

ケントリッジの作品にはそんなアニメーションの——言い換えれば人間の想像力の——貧しさに対する自省がある一方、『風立ちぬ』においては、それも存在しない。彼が注視するのは夢を具現化するという自らの使命のみである。そして彼の夢は、実際に現実化してしまう。飛行機は誕生する。だから二郎は、自分の外側に広がる世界に耳を傾けたり、目を向けたり、そんなことをする必要を感じることはない。貧しさは実感される暇がないのだ。それゆえに、『風立ちぬ』を観ることは、二郎の世界につき合わされ、もしくは巻き込まれることであるともいえる。『風立ちぬ』の現実と夢の混ざり合いは、当惑をもたらすものであるはずだ。なぜなら、わたしたちは普通、夢と現実を分けて考えてしまうものだから。しかし、二郎の世界に巻き込まれることで、わたしたちは二郎の前提を、いつの間にか当たり前のものとしてしまう。すると、二郎が生きる現実の感触——夢と現実を混同して生きること——は、とても親しみのあるものとして感じられはじめる。世界が風のようにして背景へと後退し、吹き飛ばされてしまう様子に見覚えがあることにも気づいてしまう。「非常識な」状況は、実は、わたしたちの普段の生において、とてもよく起こっていることであるということに。

高畑勲は、『風立ちぬ』に対して問題を感じたと言っている。高畑が言うには、この映画は戦争を扱っており、戦争というものは、冷静で距離を置いた方法で描かれなければいけないはずのものであるのだが、『風立ちぬ』はそれを行っていない。それは確かにその通りだろう。実際、『風立ちぬ』が行っているのは、二郎の世界を前景化し、他のものすべてを時代の背景として後ろの方へと追いやることなのだから、高畑の批判は当然だ。高畑勲による『風立ちぬ』批判は、『戦場でワルツを』(二〇〇八年)へと向けられた批判を思い出させる。『戦場でワルツを』は、監督のアリ・フォルマンが、若い頃、イスラエル軍の一員としてレバノン内戦に従軍したときの記憶を取り戻す過程を描くアニメーション・ドキュメンタリーである。この作品は最終的に、フォルマンの記憶の喪失が、パレスチナ難民キャンプにおいて行われた虐殺を黙認してしまったことに由来するのを明らかにする。ユダヤ人であるフォルマンにとって、そのような事態は耐えうる限度を超えており、その重荷から逃れるため、彼は気づかぬうちに、その記憶を葬り去っていたのである。この映画のラストシーンは、フォルマンの記憶が蘇ることによって終わる。しかし、この結末はパレスチナ側から批判を受ける——フォルマンがそこにいた記憶を取り戻したのは分かった。だが、それがどうした？虐殺が起こったこと自体は何も変わらないじゃないか。

一方、フォルマンは、この作品を作ることは、自分にとってのセラピーであったと言っている。批判を受けるのはもっともだが、しかしこの映画は違った目的のために作られているのだと語るのだ。『戦場でワルツを』は、フォルマンが、その背後でたくさんの人々が犠牲になっていることを理解しながらも、自分自身の生をなんとか生き延びていくために作った作品であり、彼のそのサバイバルの過程をこそ強く反映している（もしくは、サバイバルそのものであるとさえ言える）。この点において、『戦場でワルツを』と『風立ちぬ』は共通する部分がある。宮崎駿は、『風立ちぬ』についてのインタビューで、太平洋戦争を生き延びるため、他人を見殺しにしてしまったり、自分自身のことで精一杯になってしまった人のエピソードを語っている。そして、そういった人々のことを、とても批判することはできないとも言っている。なぜならそれは、自分自身が、そして自分自身の家族が、生き延びるためのことなのだから。生きることはそのようなものなのだという考えが、ここでもまた浮かび上がってくる。生きることの渦中にいるなかでは、他者の犠牲に対して、冷静に、客観的になる余裕はとてもないのだということが。

『戦場でワルツを』は、フォルマンが思いも寄らなかったような副産物を生み出している。それが何かといえば、この映画を見たことにより、戦場に行くことのなかった女性たちから、戦場にいるとはどういうことなのかをようやく知ることができたという反応があったことである。戦場で戦うこと、その肌触り、感覚を、自分の夫や息子、兄弟といった家族が経験してきたことを、フォルマンをはじめとするかつての従軍者たちの「内側」に入り込むかのようなこの作品は、観る者に対して、やはり肌で感じさせるのだ。それは二郎の「内側」に入り込むような『風立ちぬ』にも共通するだろう。客観性や自省を欠いているようにみえる『風立ちぬ』や『戦場でワルツを』のアプローチは、戦争という現実の「渦中」を生きることを描くのに成功しているということだ。

渦中の生を生きるものとしてのアニメーション――そういう点において、『戦場でワルツを』には興味深い部分がある。この作品はほぼ全編をハードボイルドなタッチのアニメーションで展開させるのだが、ラストにだけ実写映像が用いられる。その実写映像は、虐殺後の難民キャンプを記録したものである。この映像は、フォルマンの記憶上での消去を蒙る前の、本当に起こった出来事を提示するもののはずである。しかし、この実写映像は、本編のアニメーションに比べると、あまりリアルではないように——疎遠なものに——感じられてしまうのだ。その感覚はおそらく、『戦場でワルツを』の本編のアニメーションが、夢や幻覚を入り交じらせるリアリティを描き出すものであることに由来するだろう。虐殺の事実を記憶の向こうへと消し去ってしまうような、歪みを起こし偏ってしまう主観的な現実の姿を捉えるとき、アニメーションは、実写よりもリアリスティックなものとして、しっくりきてしまうのだ。アニメーションに比べて実写が疎遠になる感覚、それは、ドン・ハーツフェルトのアニメーション作品において見られるものでもある。ハーツフェルトの三部作「きっと全て大丈夫」でも、主人公ビルが生きる世界——脳の病気によって歪んでしまった世界——の表現は、棒線画のアニメーションにフィットしてしまっている。一方、棒線画とともにハイブリッド的に併用される実写映像は、ビルの世界から切り離された疎遠な世界に属するものとなる。渦中の生をアニメーションが描くとき、その渦中の背後の世界は、存在自体は認識されながらも、どうもぼんやりと鈍く佇むだけであり、背景としての位置を占めるにすぎない。

『風立ちぬ』における社会的現実の描写は、まさにこれらの作品において生の渦中の背後に潜む世界と同じようなものである。『風立ちぬ』はそれゆえに、主観的に生きられる世界の描写に成功することにより、その世界が取り逃してしまったものに取り憑かれているともいえる。本論の序盤、『風立ちぬ』において、二郎の周囲の者たちは風のように次々と消えていくと書いた。しかしおそらく、それには少し修正が必要となるだろう。他者たちは完全に消えてしまうというわけではない。『風立ちぬ』は、二郎の人生を中心化しながらも、実際には、その背後において、どこかへと飛んでいった他者たちの複数の人生を潜ませている——おそらく、その身にこびりつく泡くらいには。二郎は劇中、貧しい子供たちに自分の買った菓子を与えようとするが、拒絶される。そして、同僚の本庄には、そのことを叱責される。彼らが携わる飛行機作りは、その根本の部分で、貧しい人々の生活を食いつぶす規模のものなのだ。二郎の夢はそもそも、他者の犠牲が、こびりつく泡のように取り憑かざるをえないものである。それこそが、二郎にとっての生なのだと、本庄は批判する。スタジオジブリのアニメーション技術が、二郎のその呪われた生の描写をサポートする。『風立ちぬ』では、たとえモブシーンの一人であろうとも、アニメーションは手を抜かれず、群衆のひとりひとりには生命が与えられる。しかし、このことこそが、厄介さをもたらす。彼らは、現実の人間のような生をわざわざ吹きこまれたうえで、単なるモブ以上の生命感を滾らせながら、世界が二郎の意志に従って組織されていくそのかたわらで、塵のように吹き飛ばされていくからだ。

他者の人生を憑依させる自分自身の生の遂行を描くこと——その種の現実感覚をアニメーションが獲得してきたのは、歴史的な視野で眺めてみると、日本国内のいわゆる「アニメ」というよりも、海外の国営スタジオでの作品や、もしくは、それらの表現の流れを汲むインディペンデント作品においてである。たとえば、ユーリー・ノルシュテインの『話の話』(一九七九年)だ(ノルシュテインは、宮崎駿が『風立ちぬ』後の「引退」会見において名前を挙げていた作家でもある)。この作品について、ノルシュテインは、自分の心をスクリーンに映写したようなものだと語っている。『話の話』では、『風立ちぬ』同様に、夢と現実がシームレスにつながり、様々な時代を飛び移り、主人公が断片的な作品世界を支える役割を担いつつ、多くの現実的な出来事が背景に置かれていく。『風立ちぬ』が二〇世紀前半の日本を扱うとすれば、『話の話』が舞台とするのは戦後から一九七〇年代にかけてのモスクワである。この作品における世界は、主人公のオオカミの子を中心に紡がれていく。オオカミの子は、住民たちに捨てられた共同住宅を彷徨い、残された遊具で遊ぶ。廊下から溢れる光に、住人たち（それはほかならぬノルシュテイン本人でもある）がかつて見た理想の世界を見出したり、ひとりその場に残った老婆の記憶から、戦争の過去がたぐり寄られる。かつてこの場で踊られた恋人たちのワルツの記憶が蘇る。この作品においては、冷戦期のロシアにおいて共有されている記憶の場である共同住宅を舞台に、オオカミの子の目や耳が、使い果たされた無数の人生を受信し、記憶に留めていく。

それゆえに、『話の話』に漂うのは、人によってはアニメーション「らしくない」と感じるであろう、世界の脆さの感覚である。世界はすぐにでも崩れてしまうような不確かなものだという感覚である。脆い生を提示するというアニメーションのこの性質は、一九九〇年代以降にイギリスを中心に大きく広がったアニメーション・ドキュメンタリーにおいて再発見される。アニメーションは、確かな場所を与えてもらえない存在にとっての脆い現実を表現するものとして、そのポテンシャルを大きく開花させるのである。アニメーション・ドキュメンタリーは、社会的にアウトサイダーの位置に置かれることになった人々の世界や、精神的な病のような秘められた領域、つまり容易には立場が共有しえない「特殊な」状況のなかにある人たちの世界を取り上げるとき、アニメーションを好んで選ぶのだ。『戦場でワルツを』は、この点においても好例である。トラウマによって変形させられた生——しかし当の本人にとっては、その変形後の世界こそが真実だ——は、実写よりもむしろアニメーションにしっくりとくる。

これらの作品のどれもが、特定の誰かにとっての「脆い」現実世界をその作品の中心に置く。作品がフォーカスを当てるのは、その誰かの世界の渦中であるわけだから、その世界は自己中心的に構成されたようにも感じられるだろう。しかし、自己中心的であるからこそ、フォーカスのあたりづらい世界に対して、注目が促がされる。一方、これらの作品において中心的に取り上げられる世界が脆く、絶対的なものではないという事実は、その世界の背後に、他者たちの世界をぼんやりと浮上させる結果ともなる。『戦場でワルツを』におけるラストの実写は、監督の記憶から抹消されていた虐殺の事実を浮かび上がらせるし、三部作の一作目『きっと全て大丈夫』（二〇〇六年）も、病気のビルが決して共有できないヴィジョンを実写によって映し出す。『話の話』におけるさまざまな描画スタイルの共存もまた、その現実感覚に基づいている。オオカミの子が比較的輪郭のはっきりしたファンタジックな絵柄であるのに対し、人々の描写は写実的だし、ところどころで登場する赤ん坊は、グロテスクとも思えてしまうくらいに存在感がある。そこにときおり実写写真の切り絵も紛れ込む。様々な現実の質感が、アニメーションのスタイルの違いや実写との混淆というかたちで作品世界の中に共存し、それによって、ひとつの現実感覚を中心としながら、複数のリアリティの背後に紛れ込んでいく構成ができあがるのだ。

『風立ちぬ』は、二郎の存在を中心化しながらも、泡のように他者の現実をこびりつかせるという意味において、これらの作品の系譜に並べることができる。実際、『風立ちぬ』の持つ現実感覚は、確かでありつつも、一方でとても儚く、そして脆い。すべてが二郎の現実であることに、それは由来するだろう。それはつまり、この世界が二郎の現実でしかなく、その背後には何もないということでもある。もちろん、これまで挙げた例と『風立ちぬ』のアニメーションが同種の現実感覚を共有していると言ったところで、それを完全に納得しきることも難しいだろう。アニメーションのスタイルがあまりに異なるからである。『風立ちぬ』は、比較対象とした作品のように、複数のアニメーションのスタイルを共存させることがない。それは徹頭徹尾、いつもの宮崎アニメーションだけで占められている。つまり違いは、リアリティが混濁しているか否か、というところにある。夢と覚醒を行き来する『話の話』においては、リアリティは混濁している。だからこそ、過去や夢や理想や現実や未来が混じり合うことが可能なのだ。対して、『風立ちぬ』では、確かに混乱させるような時間軸や現実感覚はあれど、この作品自体はまったく混乱も混濁もしていない。むしろ、限りなく明晰である。その強引なまでに明晰な二郎の現実感によって混乱を起こすのは、むしろ観客のほうだ。この違いはおそらく『風立ちぬ』とそれに類する作品たちのあいだの、中心化される登場人物の立場の相違にかかわっている。『戦場でワルツを』も、ハーツフェルトも、ノルシュテインも、作品の中心にいるのは、歴史の展開のなかに巻き込まれて人生を使い果たされる「弱者」たちである。一方、『風立ちぬ』で二郎が生きるこの現実は、たとえ彼がどれだけ苦しみを背負おうとも、悲しみで涙しようとも、彼の世界にあわせて、彼の意志に応じて、彼のためにすべてをお膳立てしていくものである。『風立ちぬ』は、いわば、「強者」の現実にフォーカスを当てている。

だが、ここにおける「弱者」と「強者」は、おそらくそれほど境界をはっきり分けうるものではない。そのどちらも、たとえば死者側から眺められる限りにおいて、生き延びつづけているというその一点においては、ともに「強者」であるからだ。『戦場でワルツを』や『話の話』に、消えてしまったものたちに対する後ろめたい気持ちが感じられるとすれば、それはその立場によるものだろう。生き続けることそれ自体を「勝者」の現実であるとみなすとき、『風立ちぬ』の生の圧倒性のなかに、胸を引き裂かれるような感覚もまた感じられるようになる。『風立ちぬ』は、生に対する後ろめたさを間違いなく感じている。実際、『風立ちぬ』は、とても悲痛な作品であり、その悲痛に、涙を流さんばかりである。ある意味において、二郎自身もまた――そして彼の存在を近くに感じる私たち自体が――、自分自身の生＝夢の犠牲になっているかのような、そんな感覚さえも漂わせる。

そこにはもちろん、ヒロイン菜穂子の存在が関わってくる。彼女は、飛行機を作る夢の背後で死んでいった存在である。菜穂子の存在は、二郎が自らの夢を実現させるというこの作品の本筋とは、ほぼ無関係である。同僚の本庄は、飛行機作りに専念するために妻をもらうと言っていた。しかし、二郎にとって、菜穂子はそういう存在ではない。彼女の存在はむしろ、飛行機の実現へと向かう直線上からすれば脱線である。彼女の存在は、この作品における、不器用につくられた分裂である。この作品のラストをめぐるイザコザが、その不器用な分裂について多くのことを教えてくれる。『風立ちぬ』の最後、飛行機が完成し、戦争も終わった後、二郎は再びカプローニのいる草原へとやってくる。そこには、菜穂子もやってくる。薄幸の少女菜穂子は、二郎と結ばれた後、ほんの少しの期間だけの結婚生活を経て、結核で命を落とす。二郎の最愛の人である菜穂子の死は、他の人たちの存在と同じく、二郎の夢の実現のためのひとつのピースであるように思える。飛行機の完成は、彼女の死とともに起こるので、なおさらだ。草原において、菜穂子は二郎に「生きて」と声をかけ、風のなかへと消えていく。これは一見、菜穂子が二郎に対して徹底的に殉じたというような結末にみえる。飛行機の完成に身を捧げただけでなく、死してなお、二郎のために尽くすかのように。しかし、このシーンにおける菜穂子のセリフは、最初、「来て」となるはずだったという。つまり、死の世界へと、彼を引きずり込むような結末が用意されていたのに、寸前のところで、セリフは「生きて」へと変えられたのだ。このセリフの変更は——まるで空耳のように「来て」が「生きて」へとなることは——、おそらくかなりの重要性を持っている。このセリフの変更によって、『風立ちぬ』は、飛行機から菜穂子へという不器用な脱線に対して、作品のなかで落とし前をつけることができている。

菜穂子とは、『風立ちぬ』におけるもうひとつの特異点である。『風立ちぬ』は、二郎の幼年期から夢の実現までの過程を、怒濤のように、強い風に吹き飛ばされるかのように描いていくが、そのなかで菜穂子は、その強風が一瞬だけ止まったときに立ち現れる。菜穂子は、この作品のなかでほぼ唯一——二郎の夢の具現化であるカプローニを除いて——、二郎の人生に何度も回帰してくる人物である。関東大震災のときの列車上で初めて出会った二人は、その数年後、別荘地軽井沢で再会する。それは、複数回にわたる飛行機実験の失敗により二郎の夢が途絶えかけた、二郎の夢の時間の止まりかけたなかでの出来事だ。菜穂子は二郎の直線的な時間の流れの外にいる存在であり、それゆえにこそ、二郎の時間に――つまり『風立ちぬ』という作品に――別の次元をもたらす。別荘地での時間は、もちろん不吉な時間の流れ――ドイツ人スパイが体現する、戦争と飛行機の（悪）夢の再開の兆し――を背後に感じさせる。しかしそこで生起するのは、二郎と菜穂子のあいだに作られる逢瀬の時間である。この場所においては、すべては彼ら二人のために条件が整えられる。この場所では風さえも――パラソルや紙飛行機を吹き上げることで――二人をサポートする。

もちろん、そんな時間の静止は長くは続かない。二人の時間は、風が勢いを回復することにより、吹き飛ばされていく。二人はそのことを認識し、覚悟している。二郎が療養所から抜けだした菜穂子を自分のもとに残すことを決めたとき、上司の黒川は言い放つ――「それはエゴイズムではないのかね？」二郎はそれに反論せず、「残された時間はないのです」とだけ答える。そのとき、二郎は、いつか風が彼女をどこか遠くへと運びさってしまうことを、もうすでに分かっている。自分に死が近づくのを感じた菜穂子自身もまた、自ら遠くへと消えていくことを分かっている。二人が行うのは、そんななかで可能な限りの反抗だ。それは、風がすべてを吹き飛ばしてしまう前に、二人のあいだに作り上げられた瞬間を味わい尽くそうとすることである。二人のあいだに生起した凪の瞬間を、その一瞬が残す感触を、全身で受け止めようとすることである。失われることの痛みさえも含めて、彼女が奪われる風の感触を自らの生の糧として存分に味わい尽くすことである。『風立ちぬ』において、すべては時代の背景として過ぎ去っていく。それに心中することは、自らも渦中のなかに消えていくことである。だから、すべては時代の背景のままに留めなければならない。吹き飛ばされてしまった者を追うことは許されない。そんな条件のなか、なにか抵抗ができるとすれば、それは、消えてしまった存在を、身体にこびりつく泡としてでも、せめて覚えておくことである。

『風立ちぬ』が、二郎の創造的人生を讃えるため、世界に総体としてハーモニーを奏でさせるのは、それゆえのことだ。それは、世界の痛みを、自らの勇敢な達成のためのものとして捉えるための決意である。『風立ちぬ』は、効果音に人の声を用いている。関東大震災で大地が揺れるとき、そして、飛行機がエンジンを鳴らすとき、それらの音は人の声によってつけられている。時代設定がドキュメンタリー的であるのとは反対に、きわめて人工的で、おもちゃのように音が鳴る。そのミスマッチが生み出すのは、人々のハーモニーのなかで、この二郎の世界が作り上げられていることへの認識だ。それが与えるのは、生き抜くことへの勇敢さの感覚である。どれだけ厳しい展開になろうとも、どんな犠牲があろうとも、結局のところ二郎のために編み上げられたものであって、ただ彼が自分自身の勇敢さを発揮する場所であるかのような感覚を、その声は与える。『風立ちぬ』でたとえば地震に声が与えられるとき、それは乗り越えられるべき試練として、無慈悲な天命を人格化する。それによってこそ、あらゆる苦難を、二郎は自らの生の物語として飲み込むことができる。世界を、彼のために合唱させることで。菜穂子が二郎に対し、「生きて」と言葉をかけ、そして風となって消えていったあと、カプローニは二郎にワインをすすめる。これもまた、同じことである。まるで菜穂子の消滅を酒の肴にするかのごとく甘美に味わって、ナルシシスティックな涙に浸ろうとするかのように見えるが、しかし、それは少しだけ違う。菜穂子の死は、甘美に感じられなければならないのだ。そうすることによって、菜穂子と過ごした時間を、勇敢なものとして記憶しつづけ、そして、自らの生の糧としなければならないのだ。

この作品が持つ、胸を引き裂かれるような感覚の正体が、朧げながら見えつつある。すべてが彼の世界のハーモニーを奏でるために現れるということは、裏を返せば、いくら誰かに戻ってきてほしいと願ったところで、それがハーモニーのなかで役割を果たさないのであれば、決して叶わないということである。『風立ちぬ』において、時間はとにかく一方向へと飛んでいって、過去は戻ってこない。あらゆるものが吹き飛ばされていき、それは二郎自身さえもそうだ。「美しい飛行機」である零戦を作った二郎は、その夢の実現があまりにも多くの人生を犠牲にしたことを認識し、ボロボロになる。ここでの二郎は、自死を選びそうにさえ見える。実際のところ、二郎の夢にとって、二郎はすでに用済みの存在である。なぜならば、夢は実現されたのだから。ここで二郎が死を選べば、この作品はとても「きれいに」終わっただろう。それこそ、『紅の豚』のように、自分自身の夢に殉ずる男の、自堕落的にロマンティックな物語として。しかし、『風立ちぬ』は、そんなふうにして終わらなかった。彼は最終的に、生き続けることを選ぶ――菜穂子が二郎に対してかけた呪いによって。菜穂子の言葉は、より正確に言えば、呪いを解き、そして新たな呪いをかける行為である。菜穂子の「生きて」という言葉は、二郎が自分自身の夢から受けていた呪縛から二郎を解放する。しかし同時に、夢の実現が終わったあとにも続く生を全うせよという新たな呪いをかける。それは、死者による、私のことを記憶しつづけよ、という指令である。自分も含めた数多くの犠牲者たちの痕跡をこびりつかせながら、その存在を感じながら、その視線や言葉を記憶しながら、生き続けよという指令である。自分自身の夢に殉ずるだけでその生を終わらせることは許さないと、はっきりと言い放つことである。

『風立ちぬ』において、菜穂子は唯一、二郎に対して、彼の人生において想定されていなかった何かを受け止めさせることに成功する存在である。二人の生の時間の性質は、根本的な部分ですれ違っている。二郎の時間は吹き飛ぶように一直線に進み、しかし菜穂子の時間は止まっている。だが、ほかでもないこの風こそが、刹那のあいだだけではあるが、両者のあいだにつながりを作る。二郎にとって、風とは自分を（そして他人の生を）吹き飛ばしていくものである。しかし、菜穂子にとって、風はまた違う性質を持っている。

彼女は劇中でこう言い放つ――「風があなたを運んできてくれた」。その風は自分自身を吹き飛ばすものである。しかし、その風こそが、自分自身の生に濃密さを与える出会いを運んでくれてもいる。ラストの空耳――「来て」から「生きて」への変更――は、二郎自身もまた、自分自身の生を運び、そして最愛の人の生を奪う風に対して、新たな意味を見出したということを意味している。それは、菜穂子とのあいだに交わした最初の言葉を忘れずにいて、その意味を解読したということでもある。彼らの初めての出会いは、関東大震災の直前、列車上で起こっていた。風が吹き飛ばした二郎の帽子を受け止めた菜穂子は、ポール・ヴァレリーの詩をぼそりとつぶやく――“Le vent se leve...”“Il faut tenter de vivre”。「風が立つ」「生きようと試みねばならない」。

宮崎駿は、風のことを「世界」だと言っていた。だからそれは一義的ではなく、矛盾を孕んでいる。その「世界」とは、犠牲を含む、死の取り憑いた世界である。しかし一方で、生の糧を与えるものでもある。菜穂子もまた、「世界」そのものである。『風立ちぬ』の狭くて広い感覚、重さを背負った風もまた、「世界」そのものである。生も愛も死も、すべては風によってもたらされている。その風を感じ続けるかぎりは、二郎は生き続けることを選ぶ。それは、菜穂子、そして「世界」が問いかける合言葉への反応である――「風が立つ」、そのことを感じるのであれば、「生きようと試みねばならない」。巨大に広がる世界の、自分には手の届かない部分に消えた人々の存在の重みをその身に感じながら、それらすべてを新たな生の糧として、「生きようと試みねばならない」。いまや手の届かなくなった自分の世界の向こう側の現実を、一瞬で通り過ぎていく風としてでもせめて感じ、呑み込んで、たとえそれが幻覚でも、幻聴だとしても、自分自身の生の悲痛で勇敢な物語を紡ぐためのひとつのハーモニーとするために、「生きようと試みねばならない」。

『風立ちぬ』　監督：宮崎駿　製作国：日本　発表年：二〇一三年　初出：『シネ砦』第一号（二〇一五年一一月発行）

夢見ること、それだけを教える
――高畑勲の「漫画映画の志」、その着地点としての『かぐや姫の物語』

私たちが彼らに言おうとしたことのすべて、私たちが種を播いたすべて、それらは映画が終わって灯りがともった時に、あとかたもなく消え去ってしまうものではありません。一本のフィルムに終わりはないのです。まさに観客の心のうちでこそ、それは歩み続け、種がひとつでもあれば、その種が芽を出しはじめるのですから。(ポール・グリモー)

1 「漫画映画の志」

アニメーション研究に携わる者にとって、とりわけ海外の動向も含め目配せをしなければならない自分にとって、近年の高畑勲はもっぱら、海外作品の紹介者であり、作品の紹介を通じたアニメーションについての著述家であった。

スタジオジブリは、二〇〇七年に「三鷹の森ジブリ美術館ライブラリー」を立ち上げ、海外のアニメーション作品の日本国内での配給を行っている。レフ・アタマーノフの『雪の女王』(一九五七年、公開は二〇〇七年）やフライシャー兄弟の『バッタ君 街に行く』（一九四一年、公開は二〇〇九年）など宮崎駿と高畑勲のキャリアに大きな影響を与えたクラシカルな作品や、ミッシェル・オスロやアレクサンドル・ペトロフなど同時代の作家の最新作を日本に紹介するその活動は、ジブリの実践を、海外を含めた幅広い文脈に位置づけようとするもののようにもみえる。

高畑勲は推薦文や解説文の執筆、場合によっては作品論の出版を行うなど、その動きに積極的に関わってきた。一九九九年の『ホーホケキョ となりの山田くん』以来、作り手としては沈黙を守ってきた高畑の二〇〇〇年以降の活動において、海外作品の紹介者、アニメーションについての著述家としての側面は無視することができないだろう。

二〇〇六年に公開されたポール・グリモーの『王と鳥』（一九八〇年）は、スタジオジブリが日本公開にあたって全面協力を行い、ジブリ美術館ライブラリー立ち上げのきっかけとなった。『王と鳥』、そしてその前身的作品『やぶにらみの暴君』（一九五二年）は、高畑にとってとりわけ重要な作品である。独裁者の支配するタキカルディ王国を舞台に、絵画のなかの羊飼いの少女と煙突掃除の少年が、王に妻を殺された鳥の助けを借りながら、少女を娶ろうとする王から逃げ、立ち向かい、最終的に王国を破壊に導いていくこの作品は、高畑にアニメーション制作の道へと進むことを決意させるものであったからだ。

この作品は、高畑のキャリアのスタート地点においてのみ重要であるというわけではない。高畑は、キャリアを重ねていくなかで、この作品が持つ意味を常に問いなおしてきた。二〇〇七年、高畑は『漫画映画《アニメーション》の志――「やぶにらみの暴君」と「王と鳥」』を出版する。グリモーの意志に反して不完全なまま公開された『やぶにらみの暴君』と後年グリモーの手によって作りなおされた完全版『王と鳥』、その二作の比較を行いながら、これらの作品の現代的な意義を解説するこの本は、最終的に、高畑がこれらの作品から何を受け取ったのかという意思表明のようなかたちで締められる。

高畑が『王と鳥』から受け取ったもの、それは、アニメーションを通じて世界を変えようと試みるその志、言い方を変えれば、アニメーションは世界の変革に寄与しうるのだという信念を持つということである。それは、（本のタイトルに用いられているように）「漫画映画の志」とでも呼びうるようなものだ。

高畑勲の映画、とりわけ『おもひでぽろぽろ』（一九九一年）や『総天然色漫画映画平成狸合戦ぽんぽこ』（一九九四年）、『ホーホケキョ となりの山田くん』といった比較的近年の作品は、その「志」が滾らせるパッションを感じさせるものだった。

東京のＯＬが田舎の暮らしに希望を見出す『おもひでぽろぽろ』や、ニュータウン開発を阻止しようとするタヌキたちを描く『平成狸合戦ぽんぽこ』、そして新聞四コマを原作に「あなたの家のとなりにいる」ような登場人物のユルい日常生活を描く『となりの山田くん』……そのどれもが、とりわけ仕草や自然の仕組みの描写を正確かつ魅力的に行う高度なアニメーション技術を用いつつ、非常にリアリスティックで「地に足のついた」、現実世界に表現の根を辿れるような作品世界を築きつつ、それでいて、ときに「現実的な」レベルを離れ、「世界はこうあるべきなのではないか」という理想や意志を混ぜ込む。そんな作品の立ち姿は、まさに高畑なりの「漫画映画の志」、その具現化であるといえよう。

2 「ドキュメンタリー」としてのアニメーションとアニメーション・ドキュメンタリー

ポール・グリモーは、とある講演にて、アニメーション映画が平和な世界の形成に寄与できるか、世界を変えることができるのかと自ら問い、それに対して「できる《ウィ》」とはっきりと答えている。それはいかにして可能なのか？　高畑曰く、『王と鳥』は、現在に至るまで有効性を失っていない世界の権力構造についての寓話であり、それを観る人が、自らの住む世界について考えるためのきっかけとなりうる作品である。高畑は、『王と鳥』には「子どもだましではない内面性と社会性」があり、「人物や空間に存在感を与え」ることに成功することで、（『王と鳥』の高畑への影響を指摘するフランス人批評家の文章を引きつつ）観客の「意識を目覚めさせ」ることができると考える。アニメーションはそんなふうにして世界を変えうるのだ。

人々の心を突き動かし、世界を変えていくためのアニメーション——高畑が強くシンパシーを感じるフレデリック・バックの『木を植えた男』（一九八七年）は、まさにそれを達成している。『木を植えた男』は、砂漠と化した土地にたった一人で木を植えつづけ、森を再生してしまった男の物語である。バックは、一九八八年、ジャン・ジョノの原作を圧倒的な画力のパステル画によって三〇分のアニメーション作品に仕上げた。その作品はカナダで大ブームとなり、植樹運動を巻き起こした。高畑は、原作の翻訳と解説を行った『木を植えた男を読む』（一九九〇年）において、世界を変えるための行動を実際に起こさせるに至った『木を植えた男』の達成を、驚きをこめて語っている。『木を植えた男』は実話をベースにしたと物語であるとウソをつくことで語られた作品であり、その姿勢の正当性に対して高畑はかなり葛藤しているのだが、しかし、現実において当然存在すべき理想が現状において存在しないのであれば、たとえウソであっても、あるべき理想を存在させるほうがいいのではないか、そんな結論に達する。なにはともあれ、アニメーションは実際に世界を動かしたのだから。

『おもひでぽろぽろ』や『平成狸合戦ぽんぽこ』からもわかるとおり、高畑にもバック同様のエコロジスト的な理想がある。それは、人間が自然を狩り尽くすことなく生活を営んでいく、人間と自然とのあいだに調和的な関係性が築かれるような世界だ。『おもひでぽろぽろ』における山形の農家の生活は、まさにその体現だ。この作品は、最終的に、東京育ちのOLに山形に留まることを選ばせることによって、そういった生活へと誘わせる。

その誘惑に説得力を与えるのは、高畑が言うところの「ドキュメンタリー」としてのアニメーションである。「ドキュメンタリー」としてのアニメーションとは何か。それは、同じ時期に公開されたディズニーの『ライオンキング』（一九九四年）に対する批判にはっきりと読み取れる。高畑は、『ぽんぽこ』においてタヌキの生態がとことん調べあげられ、そして、物語の舞台も実際にニュータウンの建設が進む多摩ニュータウンの現実に即したものになっているような時代において、動物の生態学的側面を無視した擬人化を用いてつくられる『ライオンキング』には、まったくもって共感できないと述べる。

高畑は自作を「現実とのあいだに風が吹く」ようなものにしたいと語っている。「ドキュメンタリー」としてのアニメーションは、現実のあり方に即した、現実と地続きのアニメーションの世界をつくりあげるということなのだ。

高畑は、「ファンタジー」としてのアニメーションを批判する。『映画を作りながら考えたことII』（一九九九年）の「あとがきにかえて」で、高畑は、「いまやわたしははっきりとファンタジーぎらいです」と述べている。「ファンタジー」としてのアニメーションは、高畑の理想とは異なる方向へと観客を誘う。たとえば、『もののけ姫』（一九九七年）のキャッチフレーズ「生きろ！」によって勇気を与えられた若者が多く存在することを高畑は嘆き、「割り切れない気持ち」を感じる。「動物的本能として自分を突き動かしているはずの「生きろ！」という声」が、ファンタジー映画のキャッチコピーで「はじめて」実感されてしまうような事態に対してである。

そういった事態には、世の中のアニメーションの大部分を占める「ファンタジー」としてのアニメーションが寄与してしまっているのではないかと高畑は考える。「ファンタジー」としてのアニメーションは、「実人生と交錯しうる」ことなく、「作品の中だけで世界が自己完結」し、観客は作り手があらかじめ引いたレールに乗せられ、次の展開はどうなる？　どうなる?とハラハラして終わるだけだ。そういった種類の作品は、「現実世界より、馴れ親しんだファンタジーの世界の方に現実感」をもたせ、「自分勝手な世界に閉じこも」る大人を量産してしまうだろう。

高畑にとって、「ドキュメンタリー」としてのアニメーションは、作品世界に観客を没入させきらず、客観性と距離を保ちつづけさせる。その距離や客観性は、「見る人が頭の中で感じたり考えたりいろんなことを思い、自分に引きつけてあれこれ動いてしまう」ようなものである。「ファンタジー」が自閉的な観客を生むとすれば、「ドキュメンタリー」は自主的な観客を育てるはずなのだ。

ただ、そんな高畑のアニメーション観や立ち位置は、近年の世界のアニメーションの動向を見渡すと、とてもラディカルなものにみえてしまう。なぜなら、近年のアニメーションの動向は、現実と交錯していったそのうえで、「ファンタジー」的なリアリティのほうにより現実味を感じつつあるからだ。

アニメーション・ドキュメンタリーというジャンルが、一九九〇年代のイギリスでの隆盛から、現在、爆発的に広がっている。高畑のメソッドである「ドキュメンタリー」と同じ言葉を使いながらも、その一連の作品が向く方向性は正反対である。

アニメーション・ドキュメンタリーの作品は、「自閉的な」リアリティをこそ取り上げる。アニメーション・ドキュメンタリーが好む題材のひとつは、社会的にアウトサイダーとされる立場に置かれてしまった人たちにとっての世界、その内面的な状況である。自閉症児や共感覚者にとっての内的世界をはじめとして、私たちが無批判に「普通」と信じがちなものとはちがったふうに世界を眺める人たちの内的リアリティをアニメーションを通じて具現化し、人々の意識上へと浮び上がらせようとするそれらの作品は、確かにある種の現実感に基づいてはいるのだが、むしろ、世界の見方がひとつではないことにこそ焦点をあてる。それゆえに、アニメーション・ドキュメンタリーは、私たちが抱きがちな現実概念の単一性に揺さぶりをかけるようなものとなる。

同様の傾向はフィクションにもみられる。たとえば、リチャード・リンクレイターの『ウェイキング・ライフ』(二〇〇一年)がそうだ。デジタル・ロトスコーピング・ソフト「ロトショップ」を用い、実写をトレースすることでアニメーションを作るこの作品は、浮遊感のある現実を提示する。この作品の主人公はいくら目覚めても夢のなかから出ることができない。そして、家のなかではテレビをザッピングし、そのなかの言葉をときに啓示のようなものとして受け取り、外出先では様々な人々の人生論に耳を傾ける。そして、いろいろな人たちがそれぞれに抱く世界観が、どれが正しいという価値判断もされないままにたくさん浮かび、どれもこれも曖昧なままに留保されて作品は閉じられる。

『ウェイキング・ライフ』は最終的に、私たちが現実と思って生きているものは夢であるのかもしれず、それどころか生と死の境界さえも曖昧に揺らいでいるという世界観を提示する。それは、まさに高畑が批判するところの、「生きる」ことの実感のなさに基づいてつくられた世界である。

「現実感のなさ」こそが「現実」である——それがしっくりきてしまう状況においては、高畑の試みはますます不利に傾くだろう。高畑の近作には、「ドキュメンタリー」的な描写が「高邁な理想」へと移行していく瞬間があった。それは、「世界はこうなっている」から「世界はこうあるべきだ」への突飛な移行である。一方、アニメーション・ドキュメンタリーは、『王と鳥』のように決して世界を概観することがない。いや、概観しえないといった方が正しいだろうか。ただプライベートな視点から眺められた世界に寄り添うことで、世界を概観しようとする行為が必然的にこぼれ落ちさせることになる小さな現実を拾い上げる作業をおこなうのだ。そうなると、高畑の提示する枠組みは、あまりに大きすぎるのではないかという危惧を与えるものになるだろう。とりわけ『木を植えた男』論の展開のように、ときに思い通りにならない現実を捨て、理想へと振り切れていくような判断がなされる場合には。

宮崎駿の最新作『風立ちぬ』は、アニメーション・ドキュメンタリー的な「小さな現実」と共振するものとなっていたように思える。『風立ちぬ』は、零戦の設計者を主人公に、幼い頃から見つづける夢や空想の世界と現実の世界をシームレスにつなぎ合わせた、リアリティというには幾分奇妙な――しかし私たち誰もに覚えのあるような――一人の男の内的な現実を捉え、そして、自らの発明品が戦争に用いられ、たくさんの死者を出すという現実的な広がりについてもほのめかしつつも、そちらに振り切ることはせず、あくまで夢想者・幻視者としてのひとりの男のリアリティに固執する。そのうえで「生きねば」と語るこの映画は、アニメーション・ドキュメンタリーが象徴するような不安定でベースを欠いた「小さな現実」の姿に根ざしたアニメーション表現であったといえるだろう。

高畑は新作の題材として『竹取物語』を選んだ。宮崎は「ファンタジー」から「ドキュメンタリー」へと舵を切るなか、むしろその逆に向かったように思える『かぐや姫の物語』は、どのようなかたちで現実と交錯し、アクチュアリティを持とうとするのだろう?

3 『かぐや姫の物語』――小さな現実あふれるなかでの「漫画映画の志」

結論から言えば、『かぐや姫の物語』は、高畑の過去作において実現の可能性とともに描かれていた理想の世界を「夢」の領域へと後退させることにより、世界を変えるための「漫画映画の志」をもっとも鋭く持ちつづけるものとなっているように思える。突飛さも、高畑にとって理解不可能な現実との葛藤もなく、それらと折り合いをつけるかたちで、ただ力強く。

『かぐや姫の物語』では、高畑にとっての人間の理想的な生活が相変わらず描かれる。かぐや姫が降り立つことになる山村の生活は、『おもひでぽろぽろ』における山形のように、人間と自然とがお互いを殺し合わずに調和的な関係性を保つ場所である。

しかし、『おもひでぽろぽろ』と『かぐや姫の物語』とでは、その理想としての生活が置かれている位置が違う。『かぐや姫』において、その山村での生活は、一度離れてしまえば決して戻ることのできない、消えるべき宿命を背負ったものとなっているのである。都に出たかぐや姫は、ことあるごとに昔の生活へと戻ろうとし、山を実際に訪れもするわけだが、彼女はそのたびに、自分がもはやその世界の住人ではないことを認識させられる。彼女は、山村の生活のパノラマを屋敷の一角の畑に作り上げる。そのことは、その生活がもはやノスタルジーの対象でしかありえないことを物語っている。『おもひでぽろぽろ』の山形のように、意志と決断の勇気さえあれば加わることのできる世界ではないのだ。

そして、その不可逆な場所としての位置づけこそが、山村の生活描写に新鮮さと驚きの両方を与えることを可能している。ドキュメンタリー的な描写が、寓話性や象徴性を帯びうることとなるのだ。

かぐや姫の登場と成長の描写――たとえば嫗を授乳可能な身体へと若返らせることや、かぐや姫の身体が一瞬で成長を遂げること――は、おとぎ話的な描写にみえつつ、自然の持つ力を増幅したものとして描かれることで、現実離れしているようには感じさせない。ドキュメンタリーとファンタジーの両方の色合いをもたされることにより、自然と人間とが調和的な関係を気づいたときに生起する、豊かな生の可能性を具現化したものとして捉えうるものとなるのだ。

山村での生活も、木工たちの手仕事の描写をはじめとして、相変わらず「ドキュメンタリー」的な性格を帯びている。しかし、それはかぐや姫という異星人の視点から眺められることで、私たちにとってもまた、「このような世界が存在しうるのか」という感嘆の声を漏らさせるようなものともなるだろう。

ここで起こっているのは、とある現実に根ざした描写が、あたかもファンタジーのような、遠いどこかの世界のおとぎ話であるかのような雰囲気を帯びる事態である。

決して戻ることのできない場所としての山村の世界が、『かぐや姫の物語』においては、「フィクション」として受けとめられる以外にありえない位置におさめられていること、それは、『かぐや姫の物語』の終盤、月からの迎えが迫ったとき、かぐや姫が嘆きとともに発するこんな言葉へとつながっていく――「生きるために生まれてきたのに」。生の手応えと運動に満ちあふれた山村での生活を懐かしみ、自らの運命を悲嘆する言葉である。

このセリフは、ユーリー・ノルシュテインの『話の話』を思い出させる。高畑が一九八四年に解説書を出している作品だ。『話の話』は、同時代のモスクワを舞台として、住民に捨てられた集合住宅に取り残された狼の子を狂言回しとして、戦争の過去、疲弊した現在、未来への不安、そしてノルシュテイン自身が心に秘める理想の生活といった様々な時間とリアリティを入り交じらせる。

なぜ『かぐや姫』がこの作品のことを思い出させるのか。

ノルシュテインは、作家のリュドミーラ・ペトルシェフスカヤとともに執筆した『話の話』の制作申請書に、こんなことを書いている――多数のエピソードを共存させるこの作品は、「アコーディオンのように広がって」いくのだが、「それでも最後はひとつのシンプルなフレーズに凝縮されていくでしょう――〝わたしたちは生きている〟、と。」

かぐや姫が発する「生きるために生まれてきたのに」という嘆きの言葉と『話の話』の制作申請書における「わたしたちは生きている」というシンプルなフレーズ、その両者がともに共通の前提としているのは、ただ生まれるだけでは、ひとは「生きる」ことはできないということである。「生きる」ということは、特別な何かを通じて、ようやく獲得されるものなのであり、簡単に失われてしまう。だからこそ、「生きる」姿は、アニメーションとして、フィクションとして、わざわざ提示されなければならない。

高畑勲は、『話の話』のとあるシーンを絶賛する。セピア色に輝く世界のなかで、漁師の家族が海辺で暮らすシーンである。その世界で、漁師の父親は漁をする。母親は子守りをしながら料理と洗濯をする。娘は遊ぶ。ネコは眠る。詩人は詩を書く。旅人はもてなされる。（ノルシュテインの言葉を借りれば）ここではすべてがあるべきようにあり、何も特別なことは起こらない。

高畑はこのシーンが持つ意味を問う。「海辺の一家の「物語」ともいえない日常の風景はいったいなにを意味しているのだろう？」そして、こう答えを出す。このシーンが描いているのは、「家庭の、社会のもっとも単純なあるべき姿」であり、静謐さの漂うこのシーンは「決して理想化された「彼岸」ではなく、「現世」そのもの」であり、「映像と音楽のちからによってそのまま「永遠性」を与えられている」。

なんでもない日常に永遠の価値が与えられること――ノルシュテインはこのシーンを「永遠」と名づけて

いる。確かにノルシュテインはそれを意図しているのだ。『話の話』の制作申請書において、ノルシュテインは、この作品はナーズム・ヒクメットの同名の詩をスクリーンに映すようなものでなければならないと書いている。その詩「話の話」（邦題「おとぎばなしのおとぎばなし」）が描いているのは、たとえばこんなことだ――「水はひゃっこい／ぼくは詩を作る／ねこはまどろむ／お天道様は照る／おかげさまです　ぼくら生きてます！」（中本信幸訳）何の変哲もない日常的な光景が、詩となることで、「生きてます！」という生の実感をもたらすこと、『話の話』はそのようなものとならねばならないとノルシュテインは考えるのだ。

『かぐや姫の物語』で最も重要なモチーフのひとつである「わらべ唄」は、まさに『話の話』におけるヒクメットの詩のような役割を果たしている。「まわれ　まわれ　まわれよ　水車まわれ／まわって　お日さん　呼んでこい」――高畑自らが作詞したその歌詞が記述するのは、地球とその周辺でごく当たり前に起こりつづけていることである。しかし、この曲はわざわざ、そのような運動を呼び起こそうとしている。それはつまり、このような詩、このようなフィクションがなければ、この「ごく当たり前のこと」は、この世界において認識されることがないということでもある。

『かぐや姫の物語』のプレスコにおいて、翁の声を担当した地井武男は、高畑勲にこう訊ねたという――「まったく逆です、これは地球を否定する映画なんですか？」それに対する高畑の答えはこうだ――「高畑監督、これは地球を肯定する映画なんです」。この問答は、『かぐや姫の物語』の構造を雄弁に物語っている。この作品は、あまりに当たり前のことに根ざした、「生きる手応え」を与えてくれるはずの生活が、もはや、回復不可能なものとなってしまったことを突きつける。それが地球を否定するような行為に映ったとしても仕方のないことだろう。

だが、実際には違うのだ。『かぐや姫の物語』は、そんなふうに「世界」を否定し絶望しながらも、「地球」を肯定することはやめない。いまの「世界」が「地球」にありうる唯一の姿だとみなが当然視し、そのルールのなかでいかに優れて振る舞うかを競っているなかで、「世界」と「地球」は別ものであることを、両者をひきはがすための隙間はあるはずだということを、信じるのだ。まだ地球上にいながら「帰りたい」とつぶやくかぐや姫、そして当たり前の地球の運動性をわざわざ呼び起こそうとするわらべ唄の歌詞が意味するのは、この世界がもつ「地球」としての潜在性を決して忘れない、ということなのだ。

ただし、その努力は、『かぐや姫の物語』においては、現実的には何の効力も持つことがない。『かぐや姫の物語』は、かぐや姫に御門《みかど》を拒絶させることによって「世界」の効力の限界を示す。しかしだからといって「地球」が回復されるわけでもない。「地球」の存在はノスタルジーのなかでのみ再生され、そして劇中歌のなかでその回帰が願われるだけで、「世界」のなかから救い出されることは決してない。

だが、これは諦めではない。確かに『かぐや姫の物語』のベースには、「世界」への徹底的な絶望がある。「生きる」ことができる「地球」を、わたしたちがもはや「夢」のようなものとして想像することしかできないという意味においては。しかし、そんな状況においても、『かぐや姫の物語』は、「夢」を見ること自体はやめていないのだ。捨丸は、かぐや姫との最後の逢瀬において、「見つかっても」「遅すぎたとしても」いいから、とにかくお前と走りたいと叫ぶ。それに続く疾走と飛翔は、もちろん夢のなかの出来事として回収される。だが、この夢は、現実離れした「ファンタジー」へと逃避することでは決してない。たとえ実現の可能性がなかったとしても、いまとは異なる「世界」の可能性を認識し、その「夢」の実現を信じることである。

『かぐや姫の物語』のもうひとつの重要な歌、「天女の歌」はこう歌う——「まつとしきかば　今かへりこむ」。現実を何も変えることはない『かぐや姫の物語』において歌われることで、この歌にこめられた願いは、たとえ「まつ」ことがされたとしても、成就することはないだろうことをほのめかす。しかし、たとえ「地球」が戻ってこないにしても、かつてその場所で生を営んだというその事実自体は、その歌とともに戻ってくるはずだ。かつて地球にいたという天女が、その歌を歌うことで、記憶がすべて消えながらも、涙を流したように。

『かぐや姫の物語』は、「まつ」ことを教える。「世界」にからめとられ、現実感や生の実感をもちえない私たちが、もし「まつ」ことを選択肢のひとつとして持つことさえできていないとすれば、そして、もし『かぐや姫の物語』がそれを「まつ」こと、「夢見る」ことを教えてくれるのであれば、それはひとつの希望であり、活力となるだろう。

ポール・グリモーは、一本の映画が播く種は、映画が終わったのちに観客のなかできっと芽を出しはじめるはずだと語っていた。「漫画映画《アニメーション》」は、そんなふうにして世界を変えるはずなのだ。だから、『かぐや姫の物語』は、「漫画映画の志」を変わらずに持ちつづけている。この作品が展開する、豊かで生き生きとしたアニメーションが私たちの心や体に残した「生きる手応え」、その感触は、たとえそれが夢やフィクションのなかの出来事であったとしても、「種」のようにして残りつづけるのだろう。きっとありうるはずのこの世界の別の可能性の存在を信じるための力として。

『かぐや姫の物語』　監督：高畑勲　製作国：日本　発表年：二〇一三年
初出：『ユリイカ』二〇一三年一二月号「特集＝高畑勲『かぐや姫の物語』の世界」

世界は今ここにある——細田守のアニメーションが描く「近さ」と『バケモノの子』

細田守の映画に心を奪われるのは、その描き出す世界の距離の途方もない近さによってである。スクリーンの隔たりを越えて、キャラクターたちの情動が、手で触れることができるのではないかと思えるくらいの距離で、もしくは観ている者の胸のうちを直接的に撫でてくるかのように展開するような感触があるのだ。たとえば『おおかみこどもの雨と雪』（二〇一二年）で親子三人が雪景色のなかを疾走するシーン。速度を上げた三人が雪のなかを転げまわるとき、彼らは運動と感情の塊となる。雑事すべてが忘却され、気分は漂白され、身体の奥底から沸き上がる歓喜が純粋に立ち上がる。そのエモーションを観客は、自分の胸のうちで息を詰まらせてしまいそうな鮮明さで受け取る。あらゆる瞬間をまるで虫眼鏡か何かで凝視して、その肌理まではっきりと目や胸のうちに焼き付けるようなこの濃密で純粋な時間と感覚は、現実では経験したことがないように思えるほどで、これに比する感情の鮮やかさは、逆説的だが夢のうちでしか味わったことがないかのようでもある。

細田守映画は、キャラクターたちの純粋な感情の塊に触れさせる感覚を与えるが、その鮮やかなエモーションの創出に一役買っているのは、たとえば細田作品で多用される「影なし作画」だろう。キャラクターに影を付けずに作画をするやり方である。多くのアニメーションにとって、キャラクターたちに実在感を持たせることは大きな課題だ。キャラクターたちを観客と同じ人間と認識させることによって初めて、私たちは彼らの生きる世界を身に覚えのあるものとして体感できる。影を付けることは、キャラクターたちを私たちに似せるためのひとつの手段だ。彼らは、私たちと同様に立体的な存在となるからだ。

一方、そのやり方に頼らない影なし作画に必要となってくるのは、キャラクターたちの「動き」である。彼らを動かし、演技させることによって、情動を持つ存在として伝えることが必要になってくる。それゆえに繊細な芝居を展開することが求められるわけだが、優れたアニメーターの技巧に支えられる細田守作品の場合、「キャラクターが実在感を持つか否か」ということは、その運動性のなかできわめて軽々とクリアされる。むしろ細田作品の人々は「それ以上」となる。彼らはあまりにも——もしかすると私たち以上に——豊かなエモーションを担っている。彼らはあたかも、感情そのものがかたちをとって動いているかのようである。その感情は「嬉しい」だとか「悲しい」だとかいうひとつの単語に回収できない。両義性がある、というのとも違う。それはあたかも、あらゆるものを胚胎しうる感情の母胎のようなものである。まるで光を受けるとそれを分散して撒き散らすプリズムのように、瞬間ごとに変転・流転しキラキラと切り替わるエモーションを、キャラクターたちはその運動性によって担っていく。

『時をかける少女』(二〇〇六年)の終盤、千秋を追う真琴が走るとき、その長尺のショットにおける彼女の横顔の微細な変化こそ、まさにその入れ替わり立ち代わりの感情変遷をキャラクターが身にまとう最上の例となる。彼女のその横顔に宿る感情をひとつの言葉でくることは難しい。真琴自身、切羽詰まった状況で、大事な人が消えてしまうかもしれないなかで、おそらく自分の感情を理解する余裕などないだろう。そんな彼女の横顔は、スローモーションで描かれたかのように少しずつ揺れ動く。その表情には、様々な感情や、感情になりきらぬ感情の種子のようなものが、動画と動画のあいだに次々と新たにインサートされていくかのように感じられる。

細田作品におけるキャラクターたちは、あらゆるものになりうる無限の可能性を内在させて蠢く塊のように感じられるときがある。キラキラと感情を揺らめかせ浮遊するような気分でいる彼らは、やはり影を失うことが似合っている。地に足がつかない存在であるからこそ、思いもよらないところへと跳ねていくことができるからだ。細田は『時をかける少女』の真琴を「アホの子」と言っているが、細田作品の中心的人物たちのほとんどはその「アホの子」たちの系譜に並べられる。「アホの子」の彼らは世間の常識を理解せず、むしろそんな常識があるということさえも知らないかのようだ。しかしそれゆえに、「アホではない」他の人々には侵入不可能な領域へと平気で足を踏み入れ、常識を攪拌できる。そして自らの世界を作り上げ、そこに人々を巻き込んでいく。

たとえば『時をかける少女』の真琴は、時間を無視する。どのような可能性も胚胎しうるように思える青春時代の柔軟性を、タイムリープによって余すところなく味わい尽くそうとする。ふつう人は一つの可能性を選ぶことしかできないなかで、彼女は複数の可能性を無邪気に検証し、調整し、実験し、最終的には力技ですべての辻褄を合わせ、物事に新たな秩序を導入する。彼女が時間の行き来を繰り返すなかで、現在性に満ちた青春という時間の境界はぼんやりと柔らかくなっていき、過去も未来も、この現在の一瞬へと差し込まれ絡み合う。

今このときがすべてであるような時間。現在が現在へと固定されず、違う時間軸にあるものを呼び込んでいく時間。今が今だけではないという、凝縮・濃縮され厚みのある時間。『おおかみこどもの雨と雪』の母親の花は、「おとぎ話のように一瞬」の一三年間を生きる。そんな特異な時間感覚を持つ現実を生きた彼女もまた、「アホの子」である。おおかみおとこと恋に落ち、その子を宿すことにより、彼女は自らの生きていた世界に変質を蒙らせ、獣たちの世界を交差させる。もはや彼女に平凡な女子大生としての常識を生きることは不可能だが、しかし彼女は周囲とのズレをさほど気に病まず、無邪気に困るだけである。人間ならぬものとの生活こそが彼女にとっての「普通」となる。両親を失っていて血縁に縛り付けられる必要がない彼女は、そもそも、ふわりとどこか別の世界へと飛んでいける素質をもつ存在で、実際に彼女は現実から浮遊し、「おとぎ話」みたいな現実の主人公となっていくわけだ。次々と変わりゆく環境に休む間もなく巻き込まれ、何がまともで何がそうじゃないかの判断をする暇さえないなかで、ただ無数の書籍と農民たちによって自分自身の正しさを一から作り上げていく彼女。道無き道を作り上げるその姿は、まるでヒーローのようでもある。

『バケモノの子』の熊徹も間違いなく「アホの子」の系譜である。しかし、彼について語る友人の百秋坊の言葉を聞いていると、「アホの子」は別の言葉で言い換えることが可能なのだとも思い当たる。師匠なく育った熊徹は、誰からも習わず、道も示されずに、だからこそ、前人未到の地に足を踏み入れることができる。彼はつまり、「天才」なのである。細田作品の中心人物たちは、「アホの子」＝「天才」であるがゆえに前例のない存在となり、自らが練り上げたルールを貫き通し、そしていつしか自らの存在を中心化して世界を従わせることになる。場違いの感覚を抱くことと、その感覚を解消してくれる場所を見つけること、それは細田作品の定番のテーマでもあるが、彼らは、自らの天才性に合致したより良き場所を望む。そして、それをきちんと見つけてしまえるし、もしくは自分でその場所をこしらえてしまうこともできる。

細田作品には、世界を作り直したいという欲望が通底している。『時をかける少女』は時間軸も曲げ青春を再組織する。『サマーウォーズ』（二〇〇九年）はヴァーチャル空間や旧家の大家族を通じてコミュニティを再形成する。『バケモノの子』については細田本人がはっきりと、旧来の家族像がもはや機能しないなかで新たなかたちを見出したいということを語っている。『バケモノの子』で作られるのは、血縁としての家族だけではなく地域・人間関係全体で育てられていく大きな教育システムである。細田自身も自らの作品を、誰もやってこなかった領域に置きたがる。ふわりと浮かんで、天才的な跳躍のなかで、未踏の可能性を見せつけようとする。夢だと思われていた領域を、現実へと降臨させる。

登場人物たちのアホ＝天才性ゆえに実現可能となる奇跡的な展開により、かろうじてかたちをなしたこれらの共同体・作品は、作り上げられたばかりで柔らかく、鮮やかだ。一度限りの、綱渡りのような展開の上に成立したものであるがゆえに、感動的でさえある。

だが、彼らの成功例が、無数の可能性のうちのひとつを選ぶことによって成立する奇跡的な事例だとしたら、その他の無限のバリエーションのなかにはきっと、堰を切ったようにすべてが崩壊していく可能性というものもありえただろう。人々がダイナミックな動きによって瑞々しい存在として立体化して立ち上がる一方で、きちんと振る舞えない人々が、それに失敗してしまうこともありうるだろう。実際、細田作品においては、成功の物語に乗り切ることのできなかった人たちが、不完全な存在となって生きながらえ、世界自身もまた彼らを不完全で空虚な存在のままに生かす事態がときおり起こる。顕著なのは『サマーウォーズ』の侘助や『バケモノの子』の一郎彦のように「闇」を抱えた存在である。ヒーローたちが作品の中心において豊かで深い情動のメタモルフォーゼを生きるのと比べると、彼らはクリシェのように薄くて浅い闇を生きている。中心的なキャラクターたちが組織する世界が密度をどんどんと高めていくなかで、周縁の存在でしかない彼らはなんだかおざなりに作られていて、ボリュームを獲得することに失敗している。

中心と周縁のあいだに生まれてしまう充実度・立体度のギャップ。細田作品が持つ夢のような印象は、その落差によっても増強されているように思える。現実以上に充実した人々と、フィクションのクリシェ程度のバックアップしか持たない人々のあいだの落差――それが思い出させるのは、リチャード・リンクレイターのアニメーション映画『ウェイキング・ライフ』だ。実写をベースにアニメーションを描き起こすロトスコープという手法を使って作られたこの映画もまた、細田作品の影なし作画がもたらすのと似た浮遊するような現実感を獲得している。この映画において、主人公はいくら目覚めようとしても夢のなかから抜け出すことができない。彼がなぜ自分は夢のなかにいると気づくことができるのかといえば、寝室にあるデジタル時計の数字がかたちをなしていないからだ。夢の世界はすべてを丁寧に作り上げることをしない。集中力の濃淡に従って、適当なままに放置された場所が残されてしまうのである。同じ世界の内部であるのに、待遇は極端に異なる。細田作品のリアリティの落差は、まさにこのような状況を思わせる。

ただし、『ウェイキング・ライフ』の主人公は、自分が夢から醒めていないことを把握すると、なんとかその世界から抜けだそうとする。一方、細田作品のアホの子＝天才たちの振る舞い方は違う。彼らは、多少の辻褄の合わなさや、自分の意識に上らぬ遠い世界の不完全さを特に気に留めることはないように思える。彼らはアウトサイダー的な位置を占めているが、しかし次第に自らを中心化していく。その過程のなかで自らが作り上げるその世界に多少のバグがあったとしても、気にすることはない。時間旅行ができたり、おおかみおとこが現れたとしても、私たちが夢のなかで不条理な展開に出くわしたときがそうであるように、それらすべてを「そういうものなのだ」と受け入れてしまえる。彼らは自分自身の新しい世界を作るのに精一杯で、その世界を懸命に生きるだけである。

不完全に組み立てられた世界に対する感受性がリンクレイターと細田のあいだで異なるのは、アニメーションと実写の本質的な違いゆえのことかもしれない。当たり前のことだが、アニメーションにおいて、「外部」の世界は存在しない。描かれたものがすべてであって、その先には何もない。それゆえに、アニメーションと実写が同じように夢のような現実の世界を描いたとしても、その外側の世界との関係性は異なってくる。

リンクレイターも細田と同じく、現実のなかで突如として生起する夢のような時間を描くことが多い。ただし『ウェイキング・ライフ』と『スキャナー・ダークリー』(二〇〇六年)を除き、彼の実践は実写において行われることで、その質は異なってくる。リンクレイターの「ビフォア」三部作の第一部『ビフォア・サンライズ 恋人までの距離』(一九九五年)では、ちょっとしたきっかけで知り合った男女が、見知らぬウィーンを歩き、そして語り合う一夜を、夢のような現実へと彫塑していく。その晩の空気の手触り、あらゆる瞬間、互いの息づかい、些細なおしゃべりの細部を決して忘れないような、過去も未来もまるごと交差させるような二人だけの親密な時間が浮かび上がる。もしくは『六才のボクが、大人になるまで』(二〇一四年)。同じキャストを毎年の夏、一二年ものあいだ集めて撮影されたこの映画では、主人公の少年が六歳から大学に入るまでの変遷が、彼を常に育てた母親の存在とともに、「リアルタイムで」刻み込まれていく。それは鮮やかで、やはり息が詰まりそうになるくらいに濃密な時間である。

リンクレイターは細田と同じように、映画によって特別な性質をもった時間を作り上げることにこだわっている。しかし、リンクレイターの作品において夢のように生起する現実の時間が作り上げられるとき、その時間は、平凡な世界のうちに突如として魔法のようにして生まれる親密な時間として、泡のように生まれて結局は消えていくものとなる。関係者たち以外に共有できるものではない、外界を決して巻き込まない(巻き込めない)ものである。消えることを運命付けられているがゆえに、強い瞬間なのである。リンクレイターの作品が濃密かつ豊かに描き出す夢の世界の周辺には、世界はきちんと広がっている。内側の世界と同じように、精密にできあがっている。まだかたちができあがっていなかったり、ハリボテのようだったりすることはない。他の誰かが、歴史が、社会が、映画の存在とは関係なく、その外側の世界をきちんと作ってくれている。

同じリンクレイターがアニメーション映画『ウェイキング・ライフ』を手がけたとき、その夢のような世界は円環を成して閉じたものとなっているという事実は興味深い。それはやはり、アニメーションが作り上げる空間の外には何もないことに由来するだろう。外部の比較参照項を失ったその内部世界は、どうしてもボンヤリとしてしまう。『ウェイキング・ライフ』において、主人公は最終的に寝ているのか起きているのかどころではなく、生きているのか死んでいるのかも分からない曖昧で不明瞭な状態に置かれたままとなる。内側を生きるしかないのだ。

『ウェイキング・ライフ』における、きちんと構築された内側の世界とその構築の意識が及ばぬままに緩んだ外側の世界の共存は、細田守作品における内部の充溢と外部の空虚・無の極端なグラデーションと似ている。ただし、『ウェイキング・ライフ』は、そのような情報量の格差が生まれてしまうことを問題視する。この作品の夢遊病のような世界は、明らかに、私たちが暮らす現実のメタファーのようなものとなっている。私たちはどうしても、すべてを自分のロジックで理解してしまう。だからこそ、その世界の想像力が届かない「遠い」場所に対してアプローチをして、他者との対話や高次元性への希求によって、「目覚め」を迎えつづけていかねばならないことを『ウェイキング・ライフ』は考える。一方、細田作品においては、きちんと作られた「近い」世界の密度は、この世界が現実のものであるかのように——もしくは現実以上に色鮮やかなものであるかのように——感じられ、一方、少し距離を置いたところにある「遠い」世界では、極端に情報量が落ち、キャラクターたちはハリボテ程度の実在感しか持たない。細田作品におけるこの夢のような情報量の差が、どれくらい意図的に設定されているのかはよくわからない。少なくともキャラクターたちは誰も、その外側の世界の存在に気を遣っているようには思われない。『バケモノの子』にも、やはり不思議な情報量の濃淡がある。冒頭の渋谷の雑踏を歩く家出少年が存在するのは、既知の設定（逃げる父親、みなしご、性格の悪い養子先の家庭……）だけで組み立てられたかのようなハリボテのような世界である。しかし、舞台が獣たちの暮らす渋天街へと移ると、途端にその世界は生気とエモーションに溢れた、「近くて」充実したものとなる。九歳ゆえに九太と名づけられたその少年は、熊徹という師匠＝父親を見つけ、その他のバケモノたちからも学び、彼らの存在を内面化する作業を経て、ボリュームを獲得していく。九太が徹底的な模倣を通じて熊徹を「理解」していく一連の流れは、細田作品のなかでも突出してエモーショナルかつ感動的である。しかし、九太が最終的に対峙する自らの「分身」一郎太はハリボテのような存在で、彼らが巻き起こす現実の渋谷での騒動も、また夢のなかであるかのように、誰にも傷を負わせることなく、何も痕跡を残すことなく、不思議なかたちで終わってゆく。まるですべては夢のなかの出来事であったかのように、「そういうものなのだ」と収束するのだ。世界のすべては九太が強くなるために存在したとさえ思えてしまうくらいに。

細田作品を見て胸を締め付けられる思いがしてくるのは、本論冒頭でも語ったとおり、私たちにも覚えのある「近い」感情を純粋抽出して、それを体験させてくれるからである。でも、他にも理由がある気がする。もしかすると、それらの感情が、結局のところ、その感情を感じている自分自身を肯定するものでしかないことに、気づかされるからかもしれない。見知った感情や見知った展開をスローモーションで再検討するかのような細田作品を観ていると、それを何度も味わい尽くしたい気持ちが湧いてくる。近いものに溺れてしまいたくなる。揺れ動き蠢く近さに満ちた夢のような魔術的な世界に浸るなかで、いつしかすべての世界は目の前のうちにしか存在しないように思えてくる。まずはこの生を生きなければと考えるようになる。

喜びを与えてくれるこの生を、存分に楽しまなければならないと。

世界はそれに手を貸してくれる。でも、世界が完全に私たちと調和して、あたかも私たちのために存在しているように思えてしまうとき、それは悲しいことなのだ。思いのままにすべてが動いてしまうということは孤独なことである。九太の元には去っていった人たちが戻ってくる。そして、九太を強くするためのヒントを与えてくれる。九太の母親や熊徹は、九太の胸のうちの「剣」となるべく戻ってくる。皆は私たちのことを忘れずに一緒にいてくれるのだ。でも、世界のすべてが完全に私たちと調和して、あたかも私たちの今を祝福してくれるかのように思えるとき、そこにはどうしても、悲しみも湧いてくる。『バケモノの子』で死者たちが私たちを強くしてくれるとき、彼らが与えるヒントはあまりにも的確なので、彼らの死は私たちによってエコノミカルに再利用されるために起こったようにも思えてしまう。それはおそらく、本当の意味での喪失に基づいたものではないような気がする。すべてが自分に味方してくれるというのは、実際には悲しいことなのだ。なぜならば、夢のなかに暮らしているのと変わらないからだ。徹底的に一人であって、本当は自分のほかに、今ここ以外に、世界はないということだからだ。自らの生を十全に生きるのだから、その生はもちろん充実しているといえる。でも、孤立しているともいえる。熊徹は「意味は自分で見つけるんだよ」と語った。それは勇敢な言葉にも思えるし、寂しいことでもある。結局は自分で納得するしかないというわけなのだから。自分の意志に従って世界が組織されてしまうというのは、世界は今ここに、自分の理解できる範囲にしかないということだ。でもたぶん、本当はそうではない。

強い感情によって、「世界は今ここにある」と感じることができたとき、それはもちろん喜ばしい。でもそれが、「世界は今ここにしかない」ということを意味しているのであれば、それは、喜びと同じくらいに寂しい。今ありありと感じる感情が、どこまでいっても自分自身のためのものでしかないのだとすれば、沈殿するようにその感情へと溺れてしまいたくなりながらも、心のどこかで、この夢から目覚めたいと願ってしまう。

『バケモノの子』 監督：細田守　製作国：日本　発表年：二〇一五年
初出：『ユリイカ』二〇一五年九月臨時増刊号「総特集＝細田守の世界」

この夢のような世界――新海誠『君の名は。』

新海誠の作品は、いつでも私たち観客の生を否定しない。現状を優しく許し、力を与えてくれる。とりわけ日々の生活に寂しさや空っぽな気持ちを感じるとき、その感情にこそ私たちは拠って立つべきなのだと語りかける。

新海は、自分が作っているのは所詮アニメなのだから、それを観て、みなが「よし、頑張ろう」と明日の活力にしてくれればいいと語っている。新海誠がそのために実行するのは、私たちの日常そのものからカタルシスを生み出すことだ。現状に何か不満や不幸を感じるとするのならば、その感情自体を十分に味わい尽くし、エナジーへと変換できるようにすることだ。

それゆえに、新海作品の本質は、『彼女と彼女の猫』（二〇〇〇年）、『ほしのこえ』（二〇〇二年）、『秒速5センチメートル』（二〇〇七年）、『言の葉の庭』（二〇一三年）、そしてなにより新作の『君の名は。』（二〇一六年）といった、私たちが生きる日常に近いシチュエーションで繰り広げられる作品において最も発揮されることになる。

新海作品の代名詞ともいえる実写をベースに描かれた背景は、そのために大きな役割を果たす。私たちの感じる寂しさを、より明確に感じやすくしてくれる。美しい背景は、私たちが普段暮らすなんでもない日常生活の舞台に、圧倒的なスケール感と存在感を与える。街は本来、人間たちがいて輝くはずのものなのに、私たちがいなくても何の問題もなく存在できているように思えてしまうほどに。それは、寂しい。美しい風景を前に、私たちは世界から疎外された気分を味わう（ことができるようになる）。作品世界の背景を限りなく現実に近づけることは、逆説的に、深淵な距離を際立たせることになるのだ。

近いがゆえに限りなく遠い距離、それは私たちの感じる寂しさを燃え立たせる原資である。近づこうとする行為はその目的を果たすことなく、むしろ事態を悪化させるのであれば、その疎外を積極的に生きることを願った方がいい。疎外は自らの運命なのだと感じ、その事実に強く感情が揺さぶられることで、その感情の力強さに、自らの生のカタルシスを見出すことが、何よりも救いとなる。

人とのあいだの距離も同じだ。『ほしのこえ』の主要なモチーフである携帯電話は、本来は距離を縮めるものである。しかし、この作品がロボットアニメというフォーマットを借用することで語るのは、距離を縮めるための道具だからこそ際立って感じられる、克服し得ない距離だ。モノローグのようなナレーションがさらにその孤独・疎外に感情の強度を与えるだろう。男女の言葉がユニゾンとなってそのまま平行線を辿るとき、その感情はますます甘美なものとなる。

かくして新海作品においては、個人的な悲しみを、宇宙的な重大ごととして認識しうるようになる。自分自身の満たされることのない状態を、世界から阻害された悲劇のヒーローの物語として甘受する準備が整うのだ。新海作品はこんなふうにして、私たちが日常で感じる寂しさと距離を、そのまま物語へと高めてくれる。ボンヤリとして満たされず、何かを希求してしまうこと。そんな些細でちっぽけで日常的な寂しさを抱えた私たちの生活は、美麗な背景とモノローグに彩られることで、物語として語るに足るものなのだと教えられる。

私たちが私たちでいるままでカタルシスを得ること——新海作品の抽象度の高さと隙間が、さらにそのための後押しをする。新海作品における登場人物たちは肉感が無い。初期のアマチュアめいた作画でも、近作において手練のアニメーターが担当したとしても、事態はあまり変わらない。キャラクターたちは記号のようで、見終わったあとに顔の印象が残らない。登場人物たちの匿名化は、私たちに付け入る隙を与える。特定のかけがえない誰かというよりは人間の形をした容れ物に近いがゆえに、彼ら彼女らの物語は、私たちのものでもあるという感覚を生む。自らの人生の環境に近似した場所でキャラクターたちが生きるとき、見覚えのある感情を抱くその登場人物たちに、私たちは自分自身を容易にシンクロさせることができる。

新海作品は、物語自体にも隙間がある。『ほしのこえ』におけるロボットアニメとしての設定の脆さを指摘する人も多いが、脆いことこそが重要なのである。『星を追う子ども』(二〇一一年)もオリジネーターであってはならず、ジブリっぽい、という立ち位置こそが必要になる。これらはあくまで、私たちがよく見知った寂しさや悲しみを引き立て、そして改めて演じるための舞台なのだから。

新海作品は物語自体をも容れ物のように抽象化し、個別の強度をむしろ弱める。それによって生まれるのは、やはり、私たちがその隙をついて自分自身をそこに代入する余地である。その物語を衣服のように身にまとうことができる可能性が生まれるのだ。観光地にある顔はめパネルのように、登場人物たちの物語をつかの間に生きやすくなる。

隙間のある表現が、スクリーンの内側と外側、そして物語世界の内側と外側をずいぶん柔らかく浸透しあうことを許す。登場人物たちの物語は私たちのものとなり、登場人物たちもまた、互いに呼応しあう生を生きる。作品のなかの彼は彼女でもあり、彼女は彼でもあり、そして同時に私たちでもある。『君の名は。』が人間同士の入れ替わる物語であることは示唆的だ。瀧と三葉は片割れ同士で、互いが互いの一部である。『彼女と彼女の猫』も、「彼女」と「猫」そして両者の関係の外にある誰かだけで物語は成立する。その空白はやはり、私たち自身の代入を許すだろう。

新海作品が面白いのは、登場人物たちの影の薄さと交換可能性が、そっくりそのまま、私たちの存在の批評になっているように思えることである。私たちの個は、いまや漂白されたのっぺらぼうのようなものになっていて、登場人物たちと同じように、私たちもまた、実体を失った、人型の容れ物のようなものなのではないか。新海作品は、そんな私たちの日常と人生を、そっくりそのまま救うためにある。

巨大な私たちの不定形な塊が寂しさを抱えて、自分自身の人生に確信と強さを与えてくれる確固たる容れ物・欠けたる何かを求めてさまよっている……新海作品におけるこの人間観は、実は、様々な国のインディペンデント・アニメーション作家たちによって共有されているものでもある。アニメーションの歴史を振り返れば、インディペンデント作品や実験作品は、作家個人の天才性に由来する個性的な世界を描くことに長けていた。しかし今、それは変わりつつある。ほかでもない「私たち」の物語が語られつつあるのだ。それも、匿名的で、ぼんやりとした存在としての「私たち」の。

現在、世界的に、インディペンデント作家たちのアニメーション作品がオーバーグラウンド化しつつある。アメリカでいえばドン・ハーツフェルト（『きっと全て大丈夫』、『明日の世界』）、イスラエルのアリ・フォルマン（『戦場でワルツを』『コングレス未来学会議』）、ブラジルのアレ・アブレウ（『父を探して』）、アイルランドのトム・ムーア（『ブレンダンとケルズの秘密』『ソング・オブ・ザ・シー 海のうた』）らをその新たな潮流の例として挙げることができる。

彼らの作品が語るものこそ、まさにボンヤリとした「私たち」の物語なのである。彼らの作品は決して普遍的な寓話化の方向へと向かわず、それぞれの国において観客たちが直面しているであろうローカルな問題を正面から取り上げる。『戦場でワルツを』であれば内戦とそれが兵士たちに与えるトラウマを、『父を探して』（二〇一三年）であれば都市化の背後で生きる貧困労働者たちの物語を、トム・ムーアの作品であればアイルランドの神話や伝承が忘れ去られることが象徴する価値観の変容を、躊躇なく語る。つまり、巨大な状況のさなかにいて抵抗するすべもなくさまよい、何らかの救いを求める無数の「私たち」が辿る物語だ。

その抵抗不能の状況を生み出す原因は、戦争や貧困などの社会的なものでなくてもよい。

たとえばハーツフェルトの『きっと全て大丈夫』以降の作品（最新作の『明日の世界』も含む）は、人がある程度物質的に満たされた状態にいながらも自分自身の人生に満足できず、幸せを感じることがない状況を語るものになっている。ハーツフェルトはそれを、他人の生の物語への憧れゆえにもたらされるものだと考える。そしてその不幸は、アメリカ人全体に共有されているとも。メディアを通じて、セレブなどのきらびやかな人生に憧れることを余儀なくされることにより、自分自身の人生はいかにもみすぼらしく見えてしまい、輪郭のしっかりとした他の誰かの人生に憧れる、そんな状況だ。

ハーツフェルトが『きっと全て大丈夫』で主人公のビルに大病を煩わせるのも、暴力的なまでに死と直面させることにより、ほかならぬ自分自身の生と運命に向き合うことの意義を見出させるためだった。

新海誠もまた、日本人が直面する問題を語る。それもまた、戦争や貧困によって自分自身の生存が直接的に脅かされているわけではないときに発生する、「問題がない」がゆえの問題だ。『秒速5センチメートル』のDVD特典インタビューで、新海は言っている——現代を生きる日本人は、自分の人生の失敗の原因を戦争などの外部に求めることができない。全てが自分に降り掛かってくる。それは実は、とても苦しいことなのではないか？　新海はまさに、それに救いを与える。その苦しみともいえぬ苦しみが、カタルシスを生み出すことによって。

私たちはいま、自分自身が何者でもないことに苦しみ、大きな状況の波に呑まれ、何かに「なる」ことを希求している。自分自身の生にきちんとしたかたちを与えてくれる何かを、一時的にでも宿り木になってくれるものをとにかく求めていく匿名の運動体。アニメーションの世界的な新しい動向は共通して、私たちの姿をそのようなものとして認識している。

何者でもないものは、何かになることを願う。

アリ・フォルマンの『コングレス未来学会議』（二〇一三年）は、ハーツフェルトや新海と似て「何もないこと」の行き詰まりを描いている。そしてやはり私たちを、救ってくれる何かを求める匿名の存在と考えている。実写とアニメーションのミックスで作られるこの作品は、映画を「摂取」できるようになった世界の物語である。ミラマウント社という映画会社が開発した薬物は、自分が理想とする別の人物（多くはアイドルやスーパースター）の人生を、一生目覚めることのない夢のなかで生きることを許す。自分自身の人生の重荷に耐え切れず、ままならなさに苛立つ人々は、その映画を次々と摂取し、アニメーションに姿を変え、理想の人生の夢を見る。そのグラフィック・デザインは、セレブたちを模したB級のカートゥーンの、さらにできの悪い着ぐるみのようだ。だが、その夢が一生続くのであれば、いくらできが悪かろうが、何の問題もないだろう。一生覚めないのであれば、人の視線はもはや気にする必要がない。何者でもないままにいつづけるよりはずいぶんとマシなのだ。

ここにおいてふと気づかされるのは、新海作品はこの映画の「摂取」と近いのではないかということだ。

新海作品は、これらの作品と比較すると、現実認識として同じ場所に立ちつつも、向かっていく場所が違う。新海は私たちの現状を決して否定しないし、抵抗もしない。彼の作品が示すのは、私たちが何者でもなくなった現在の状況には、むしろ、アドバンテージがあるということだ。次々と誰かの物語をまとい、それを自分の物語として回収することができる存在であるという事実ゆえに。

世界があまりにも巨大であるということに気づくとき、私たちの存在はとてもちっぽけに感じられる。世界の片隅をほんの少しの間だけ占めるにすぎないのだと、実感させられる。新海がかつてカテゴライズされた「セカイ系」とは、私の運命が世界の運命と直結して、その中間がなくなるということだった。それはしかし、これまでの議論をふまえれば、巨大な世界を生きる小さな存在に焦点を当てるインディペンデントの新傾向とつながりあっている。自分自身が何者でもないことに気づき、世界からおいてきぼりになるなかで、自分自身と宇宙とのあいだにどのような関係性があるのか、改めて検証していくことしかできない私たちのリアリティに忠実に沿ったものなのだ。

あまりに巨大な世界は、そのすべてをとても覚えていることはできない。油断をすればすぐにすべてが忘れ去られてしまう。世界のインディペンデント作家たちは、世界の片隅から、それに抗おうとする。起こったことを起こったままに、あったものをあったままに思い出そうとすることで。

『戦場でワルツを』は、戦争がもたらすトラウマとその忘却をテーマとしていた。この映画は、自分が間接的に関わってしまった（そしていつしか忘れてしまった）虐殺の事実を思い出すプロセスを描くものだった。ラストシーンでは忘却されていた犠牲者たちの姿が、実写として戻ってくる。

ハーツフェルトが最終的に物語を付与しようとしたのも死者だった。脳の大病を患い、人々と世界を共有できなくなり、私たちの世界から次第にフェードアウトしていく主人公ビルである。その理解することのできない領域へと旅立つ人に、強い物語を見出そうとする。自分自身の生を生きた人のことを忘れないために。

もしくは『父を探して』。現実にボロボロにさせられ、幼い頃の幸せな記憶だけを追い求めて死んでいく、その存在が世界を決して変えることのない貧困労働者の生。それはそのままに物語になりうるのだ（物語にしなければならないのだ）という信念が、『父を探して』には滾っている。そうしないと、その人間たちの存在は、忘却の彼方に消えてしまうのだから。

『コングレス未来学会議』も同じだ。主人公の女優ロビン・ライトは映画を摂取する技術に自らの女優としてのキャリアを売り渡すことで、最終的に、大病に苦しみこの現実で生きることを諦め、この世界から消えてしまった息子の夢を生きることを選ぶ。忘却しないために、寄り添うのだ。

ムーアもそうだった。このままいけば失われてしまう物語や存在に、命を吹きこもうとした。『ブレンダンとケルズの秘密』（二〇〇九年）は、消えていくものを語り継ぐための強い意志についての物語だった。

これらは、私たちのうちの消えていく一部分（それは最終的には私たち皆が辿る道なのだ）を完全に消失させないように、楔を打ち込むという抵抗だった。

一方、『君の名は。』には、その抵抗がすっぽりと抜け落ちている。すべてを覚えていることなどできないという事実を素直に受け止め、身を委ねている。『君の名は。』がそれまでの新海作品と違うとすれば、「平穏な日本の現実」をベースしながらも、恵まれた人の物語であることを全うするということで、究極の自己肯定映画となっていることだ。

前作までの新海誠作品の登場人物たちは、自分自身の世界の外側で起きている出来事に無頓着であり、広がる宇宙をただ単に眺めるだけだった。世界は「私たち」の手に届く範囲のさらに向こう側へと、巨大に広がっていて……ただそれで終わりだった。世界の片隅にちっぽけに存在することに、寂しさという快感を感じるだけだった。

一方で『君の名は。』は、その認識の向こうに忘却された領域へと手を伸ばし、自分なりの意味を見出し、取り込もうとする。私たちは忘却する生き物であるということに開き直り、その自由を謳歌する。次々と物語を身にまとい、自らの存在を強めていくために。

『君の名は。』は、過去の新海作品と同じく、私たちが自分を代入しやすい様々な物語の容れ物を数多く用意する。プレス用の資料によれば、本作のプロデューサーの川村元気は「新海誠のベストアルバムを」という要望を出したようだが、今作においては、まとわれるその物語のバリエーションには新海誠自身の過去作品も加わっている。観客たちは、自分の見知った物語をその随所に発見し、そこを生きることを楽しむことになるだろう。宇宙をも舞台にする物語設定は、『ほしのこえ』よりもさらに一歩進んで、超ひも理論や多次元宇宙など、宇宙物理学が提示するフィクションのような宇宙像をも呑み込む。時空を超えた登場人物たちのユニゾンは、（三葉の実家の神社に由来する）宗教的世界観のみならず科学的な根拠さえ与えられるのだ。

私たちのなんでもない人生に強い感情を付与してくれるものであれば、なんだって構わない。まだ傷が癒えていないはずの物語もまた活用される。自然災害と立ち入り禁止地区、失われた故郷といった設定……『君の名は。』が教えてくれるのは、震災や原発事故といった、私たちがなんとなく覚えている現実もまた、すでに私たちの人生を後押ししてくれる物語のひとつとして、自らの世界に取り込むことができるということだ。

そして宗教や多次元宇宙の領域までも活用しながら、この映画が辿り着くのは、私たちは気づかぬうちに世界を救っているという結論だ。死者たちであっても、きっと蘇らせることができる。そして、自らの人生の物語の役者としてピックアップし、再雇用できる。今元気に生きている私たちの生の意味と活力の源とすることができる。

ずっと求めていた欠けたる誰かを、死の淵から救い出すことで自らを完成させるというその道筋は、まるでディズニーの『白雪姫』（一九三七年）のようだ。実際、『君の名は。』における失われた自分自身の半分を探すという展開は、ディズニーの「プリンセスもの」に似ている。満ち足りた環境にいるなかで、ただ足りないのは運命の相手のみ。そしてそれは、様々な紆余曲折があるなかで、自らの頑張りのご褒美として最終的には与えられる。「みな幸せに暮らしましたとさ」で終わりを迎えるディズニー節を選びとるのだ。

もしかしたら、ディズニーのさらにその先まで行っているのかもしれない。これまでの新海作品と同じように相変わらず宇宙は巨大に広がっているが、『君の名は。』は、その感覚をこれまでと反転させる。これまでは世界の片隅にいただけのものだったのに、今では私たちは巨大な宇宙の中心にいる。生き残った者として、自らのメロディに従うよう世界を調律していく物語を語っていく。ディズニーのお姫様のように特権的な立場でなくてもよい。『ズートピア』（二〇一六年）のように何かの使命を果たす必要さえもない。ただこの日本で普通の生活を懸命に生きるだけで、その権利は勝ち獲られている。ただ自分自身でいるだけで、世界を知らぬ間に救っている。そしてそれは遠い昔から約束されていたかのようにさえ感じられる。

『君の名は。』の本編の最後、「君の名は?・」という問いに具体的な答えが与えられる前に、物語は幕を閉じなければならない。なぜならば、その答えは「瀧」でも「三葉」でもなく、「私たち」だからだ。瀧が「世界のどこにいても見つけ出すから」と語るとき、そこで探されているのは自分自身である。ユニゾンする声は一致するだろう。距離は最終的に消えるだろう。すべてが無駄なく意味を持ち、その閉じた空間には私たちの声が時空を超えていく。宇宙のどこまでも響き渡る自分自身のエコーを聞き出して、自分自身の空虚をどこかの残骸で満たす。さまざまな物語の衣装を身にまとう無限に分裂した私を私は抱きしめ、過去や死者たちも還ってきて私たちの生を意味づけてくれるなかで、その外側にあるものは、消え去って、忘却されていくのだろう。

でも、問題ないのだ。割れる彗星を見て、ニュース映像は「とても幸福なことなのかもしれません」と語る。それがどこか遠くの世界に破滅をもたらすとしても、私たちは、自分自身のカタルシスに役立てることができるのだから。多次元宇宙も、テロの爆発も、なにもかも、私たちの生に勇気を与えてくれて、自分たちの生を勇敢なものだと感じることができる。それは、心地良い。そしてますます、「誰そ彼」のとろけるような世界の外にあるものは、ボンヤリと、意識のうちから消えていく。新海作品を求めるとき、私たちはあらゆるものがやってきて交じり合う純粋な夢の世界に入眠したいと思っている。その夢のような世界では、ガンバる私たちを、宇宙も応援してくれているから。そうすれば私たちは明日も懸命に生きていくことができるから。私たちの生が救われて、私たちは涙を流すことができるから。

『君の名は。』　監督：新海誠　製作国：日本　発表年：二〇一六年　初出：『ユリイカ』二〇一六年九月号「特集＝新海誠」

私たちの右手の行方——『この世界の片隅に』

『この世界の片隅に』は、こうの史代による漫画も、そして片渕須直監督による劇場版も、生きていることそのものを問い詰めてくるかのようだ。生きていくなかで、ちょっとしたきっかけで忘却の淵に沈み込み、無や空白の領域へとこぼれおちてしまった何かを、再び目の前に呼び起こすことによって。それは本当は私たちの生に絡まっているはずの何かなのであって、それを辿っていけば、過去の無数の記憶や、死者たちのいる「向こう側」の空間がボンヤリと見えてくる。

『この世界の片隅に』（以下本稿では特記しないかぎり劇場版を指す）が描き出す世界は、狭くて広い。徹底的な調査を元に、戦前から戦後にかけての広島・呉を、あのとき何があったのか、タイムスケジュールまで含めて正確に再現する。そのなかに、すずをはじめとするフィクションのキャラクターたちが配置される。キャラクターたちが少しばかり頭でっかちの人形のような頭身で、また、多くのシーンが俯瞰で眺められ、十年以上にわたる時間を淡々と駆け抜けていくことで、この映画を観ることは、現実がこじんまりと凝縮された精密なジオラマの世界を眺めるような感覚をもたらす。

物語が実際に展開するのはその小さな空間のなかだ。しかし、世界はその空間だけで終わるわけではない。決定的な出来事は、むしろその外から飛び込んでくる。どこから来たのか、どこで起こったのかわからぬそれらの出来事が、小さなジオラマ空間の秩序を乱し、壊していく。そこで懸命に生きる者たちは、ただ戸惑うだけだ。「どこかへ行ってしまった」ように思えた戦争は、急遽として現れた戦闘機の襲来によって突如として牙を剝く。この映画は丁寧な（というよりも「執拗な」といったほうが適切だろうか）日常描写の積み重ねに特徴がある。その下準備によってせっかくきちんとこしらえた呉の街は、あっけなく破壊される。「鬼イチャン」の死の報せもまた遠くから投げ込まれるようにしてやってくる。原爆もまた、どこか遠くで光り、大事な誰かを殺す。自分の与りしらぬところで起こる何かが、小さな自分の世界に波紋を起こす。そんな繰り返しが、タイトルが示すような「世界の片隅に」いるような感覚を作り上げていく。

原作では、漫画の特性がその「狭くて広い」感覚を強固なものにしていた。紙面に残酷なまでに丁寧に描きこまれた各々のコマは、すずの生きる世界を描き出す。その一方で、そのコマを支える白地が、何か物言いたげにしている。『この世界の片隅に』に先立つ連作『夕凪の街 桜の国』の第一作「夕凪の街」において、主人公の皆実が原爆の後遺症で衰弱していくとき、コマは白紙を剝き出しにして、皆実のモノローグだけがただ宙に浮かんでいたことを思い出す。それは読者にとって、皆実が「向こう側」へと行ってしまい、私たちからは隔たれた存在になってしまったことを感じさせる。たとえ手を伸ばしても届かない異次元の入口が口を開け、そこに呑まれ、通信がプツリと途絶えたかのごとく。

『この世界の片隅に』でも、コマの背後の白地は単なる白ではなく、やはり「向こう側」の訪れとなる。時限爆弾が爆発するときの白。そして、遠くの広島で原子爆弾が落とされたときの白。様々な漫画のスタイルを用いることにより、読みすすめるほどにすずの生きる感触が実感されていくような丁寧な描写のなかで突如としてその白地が差し込まれるとき、それは、すずにはその全貌を把握できない遠くて巨大な世界が立ち現れたということなのだ。これらの漫画において、白地は、ふと気づいたとき、異次元から姿を現したモノリスのように屹立している。

　豊かに描かれたビジュアルと、その向こう側に聳える何かしらの意味をもたされた白（ただしそれがもつ意味ははっきりとはわからない）。この構造は、劇場版にも受け継がれているように思える。原爆や時限爆弾が放つ光が画面を白へと還元する。そして、デジタル時代のアニメーションにとっての「白地」が、この映画でも存在感を放つ。かつてフィルムが当たり前だったとき、映画の背後には脈動するような暗闇があり、有機性を感じさせた。一方で、デジタルベースの『この世界の片隅に』は、何かが脈動する領域の存在さえ許さない息をつまらせるような白の上に、その世界を成り立たせる。丁寧で豊かなアニメーションによって主人公のすずさんの意識の届く範囲の世界は濃密に存在する一方で、あたかも古代、亀や象の上に地球が存在していると人々が信じていた頃の世界のように、凝縮された人間たちとジオラマのセットを置いたような実在感のあるこの作品世界の外側には途方もなく無限の空間が広がっていて、白い宇宙にポツリと浮かぶかのようである。

　『この世界の片隅に』のこの宙に浮かぶような構造――描かれた空間の外には理解不能かつ忘却された超次元的な世界が広がっている構造――は、近年のいくつかの特筆すべきアニメ長編にも共通して潜んでいる。たとえば、宮崎駿の『風立ちぬ』。この映画は『この世界の片隅に』と設定自体が似ている。戦前から戦後にかけての日本を舞台にして、あるひとりの人間が生きた世界を狭くて広い箱庭のようにして描いているからだ。

　ただし、『風立ちぬ』の根底にある「選ばれたもの」としての意識は、『この世界の片隅に』にはない。エリートである二郎の生の目的――かつて夢で見た飛行機を作ること――の実現のためには、多数の犠牲が必要となる。それらの人々は、『風立ちぬ』の作品空間に浮かび上がっては振り落とされ、青空の彼方へと消えていく。彼の周りの現実は、少なからず二郎についていき、彼を中心にして組織されていくのだ。

一方で『この世界の片隅に』の登場人物たちにとって、戦争の始まりや終わりといった大きな流れは自分の力の及ばぬところで起きていて、その流れに乗ることなどはできず、ただそれに翻弄されるだけだ。彼らの存在は、どちらかといえば、『風立ちぬ』において関東大震災のシーンで戸惑い逃げ回るモブの人たちや、二郎が作った飛行機で死んだ人たちといった、犠牲者たちに近い。

災害、犠牲、忘却といったテーマもあって、新海誠の『君の名は。』のこともこの作品は思い出させる。『君の名は。』もまた、宙に浮かぶような空間感覚を持つ。主人公の瀧は二郎とは違い、ごく普通の男子高校生である。どこか遠くに失われてしまった世界（ここでは彗星で消えてしまった糸守町）を絵によって呼び戻す力を持っている点ですずに近い。しかし瀧が失われた世界を超次元的な力によって回復させ、（そもそも皆の記憶から忘却されていた）多数の犠牲者たちの犠牲そのものをなかったことにできるのに対し、すずはただ、失われた世界を自らの右手が描く筆致で小さくだけ蘇らせ、思いを馳せ、葛藤するだけだ。

『風立ちぬ』や『君の名は。』は、自らの認識できる範囲の際《きわ》の向こう側に巨大な世界の存在を携えながら、結局のところはその外部を、自らの世界を修復するために味方につける。一方で、『この世界の片隅に』はそうではない。自分の世界の背景にある白地が剝き出しになり、その無限で認知不可能な領域が意識にのぼるたび、すずは自分がここにいていいのかを自問する。その居場所は脅かされるのだ。

ただし、『この世界の片隅に』が消えていったものを思い出すとしても、『風立ちぬ』や『君の名は。』に比べて自分勝手ではない、ということではおそらくない。

白地の際《きわ》を見るすずは、自分の居場所について考える。なぜ自分がギリギリのところで踏みとどまり、

「向こう側」にいないのか。つまり、自分はなぜ生きているのか。その理由はいくら考えても分からない。自分と手を繋いで歩いていた晴美が、時限爆弾によって自分の右手もろとも「向こう側」に行ってしまったとき、すずは自問自答を繰り返す。「もし」自分が晴美の右側にいたら。「もし」時限爆弾の存在にいち早く気づき、彼女をきちんと守ってあげていたら……無数の「もし」を繰り返しても、なぜ自分はまだ今この場所に生き残っているのかの答えは見つからないので、むしろすずは、「向こう側」をこそ適切な場所だと思う。でも、自分はそこではなくここにいる。そのときすずは、本来であれば犠牲者の立場に近いにもかかわらず、二郎や瀧と同じくある種の権力を持った「エリート」のような立場にさえ置かれているとさえ感じるようになるだろう。ただ単純に、自分が今、生きているから。

『この世界の片隅に』が持つ「生きていることそのものが後ろめたい」という感覚は、ある海外の作家のアニメーション作品を思い出させる。カナダ国立映画製作庁（通称NFB）で活躍したキャロライン・リーフである。

『この世界の片隅に』とNFBとをつなぐ道筋を見出すのはそれほど困難ではない。時限爆弾の爆風が隣を歩いていた晴美と自らの右手を吹き飛ばした後、死の淵を彷徨うすずが見る内的な景色の移り変わりのシーンは、ノーマン・マクラレンの『線と色の即興詩』（一九五五年）へのオマージュである。フィルムプリントを直接削ることで描画されたこの作品では、まるで花火のようにイメージが一瞬だけ現れては飛び散って、そして消えていく。『この世界の片隅に』の原作は様々な画材や漫画のスタイルを活用する。ここでのマクラレンへのオマージュは、原作の漫画のその「実験的な」振る舞いをふまえたものなのだろう。「向こう側」へと消えていく存在の儚さの表現が、フィルム・スクラッチという手法（へのオマージュ）に託されるのだ。

マクラレンがアニメーション部門の初代長官を務めたNFBは、戦後、資本主義圏唯一の国営スタジオとして、世界中から個人アニメーション作家を呼び寄せ、養い、アニメーション史に残る短編作品を次々と発表した。そこで作られる作品は、作家固有の独特の技法を用いるがゆえに、動画制作のための分業ができず、暗室でたったひとりで制作を続けるしかないので、ひとりぼっちの想像力がこめやすい。

『この世界の片隅に』のすずは、そんな環境にいるアニメーション作家を思い出させる。絵を描くことが好きなすずは、その行為によって自分自身の空想の世界へと入り込む。いやむしろ、その行為は同時に、その外に広がる世界を手探りで理解し、自らの居場所を探る試みであるといった方が適切だろう。そんなすずの生きる世界は、キャロライン・リーフの作品を思わせる。リーフはアメリカ出身で主に一九七〇年代の作品によってNFBを代表する作家として認知された。リーフはガラス板の上で絵具を動かすペイント・オン・グラスや砂絵、そしてフィルム・スクラッチといった様々な手法を用いながら、世界の片隅でひっそりと息づく孤独で小さな想像力の世界を描いていた。リーフの作品世界で私たちが目にするものは、登場人物たちが見出した主観的な世界のみである。砂や油絵具といった可塑的な素材が可能にする画面全体のメタモルフォーゼは、ある環境にポツリと取り残されたようなちっぽけ人物が生きた、想像力と現実との柔らかな移ろいとしての世界を描き出す。まさに『この世界の片隅に』において、すずが、現実と想像の世界を混ぜ合わせていくように。

リーフの作品が描く「世界の片隅」にいる小さな存在の想像力の世界は、「向こう側」の世界との際《きわ》に置かれている。リーフの代表作『ストリート』（一九七六年）は、ペイント・オン・グラスの手法で油絵具を使って作られる。絵具を手で塗りながら作り出される流動的なイメージの変容が描き出すのは、祖母の死を待つ少年が見出し、生きる世界である。

『ストリート』において、自宅で長いこと昏睡状態にいる祖母は、医者の見立てを裏切ってずっと生き延び続けている。少年の家は祖母の死の影に支配されている。ただし、死を理解しない少年にとっては祖母の死＝自分の部屋がもらえるということでしかない。作品は基本的に、死に対する認識の薄さをベースにして展開する。

しかし物語の最後で、祖母が死んだとき、少年は初めて死というものの異質さを朧気ながら認識する。ガラス板に下から光を当て、その上に絵具をちりばめるペイント・オン・グラスの手法は陽と陰の空間を作り上げるが、『ストリート』においては、その陰の部分に死が憑依する。音が飛び込んでくることによって。

そのとき、音が「向こう側」を憑依させる。リーフの作品において、音は、『この世界の片隅に』における災難のように、いつもフレームの外から到来する。「向こう側」の担い手なのだ。『ストリート』では、少年一家の暮らす家が祖母の死の気配に満ちるなか、家の外からは、子どもたちの遊ぶ声・笑う声（つまり生の躍動の音）が飛び込んでくる。一方、祖母が死んだ後、一緒の部屋で寝る姉が祖母の幽霊の格好をして少年を脅かすとき、その姉の声は、完全にブラックアウトした世界のなかで、まるで幽霊の声のように、死という不気味な世界が襲いかかってくるように、エコーを伴って響きわたる。まるで、生が今度は死から復讐を受けるかのように、向こうから、降り注いでくる。

その飛び込んでくる音を耳にしたとき、少年は自分自身の生に後ろめたさを感じるようになる。昏睡状態の祖母の耳に、自分を含む生者の声はどんなふうに聞こえていたのだろう、もしかして、残酷なものとして響いていたのではないか、と想像することによって。別に祖母の死を願うような発言を実際にしたわけではないが、でも、ただ単に自分が生きていること自体が、死者たちにとっての残酷さであることを認識することによって。そのとき自らの無邪気な生には、死が絡みつく。ボンヤリと、不明瞭なままに。

だがそのとき本当に起こっているのは、他ならぬ自分の生が、不明瞭な「向こう側」からのエコーのなかでようやく輪郭をもちはじめるということなのだ。

「向こう側」に潜むものこそが、今ここの場所をはっきりと形作る。

『この世界の片隅に』を作るにあたって、片渕は、戦争というセッティングがあるからこそ、日常描写はとても貴重な価値を帯びたものとして感じ取られることになるという趣旨の発言をしている。日常が当たり前に成立するものではなく、壊れてしまうものなのだということを感じさせるからだ。

片渕のそのような発言、そしてこの映画自体の丁寧な日常描写のアニメーションは、ロシアのアニメーション作家ユーリー・ノルシュテインの『話の話』を思い出させる。戦後のモスクワを舞台にしたこの作品は、やはり日常的な情景を淡々と描いていく。ただし、そこには、戦争が世界を壊した記憶が色濃く残っているので、登場人物たちの些細な仕草は、途方もなく貴重で新鮮で、エモーショナルなものとして受け止められるだろう。「向こう側」にある戦争や死が、平凡な日常が「つくりもの」であるにすぎず、とても脆いものであることを分からせるからだ。

『この世界の片隅に』も、日常的な生を繊細な「つくりもの」のように、細部を執拗なまでに仕上げることでこしらえる。だからこそ、中盤以降に訪れる呉の街の破壊は、えもいわれぬような恐怖をもたらし、すずをはじめとする登場人物たちの些細な心の動きやちょっとした感情の爆発も、まるで世界が切り裂かれたかのような背筋の凍る感覚を与える。戦争＝死を背景にして、日常のすべてが、脆くて、それゆえに重みを持って、増幅して飛び込んでくる。

ノルシュテインは、人類は平和な時代の哲学を打ち立てるに至っていないと言っている。歴史上、自分自身の命を脅かされる状況で生きることが常である人類は、ひとたび平和が訪れると、簡単に自分自身の生の意味を失ってしまうというのだ。『話の話』が日常生活に戦争を憑依させるとき、それはノルシュテインが、平和の哲学を作り上げたいと願っているということでもある。平和や平凡な日常は当たり前のものではなく、それが始まりや終わりを持つということを示し、その脆さや儚さ、貴重さを浮き立たせようとすることで。

「向こう側」の世界から響くエコーは、「生」に対して、脆さの感覚だけではなく、ヴォリュームも与える。ノルシュテインもまた人間の日常的で些細な動きのアニメートに重点を置くアニメーターだが、ソ連時代のアニメーションのドキュメンタリー映画『マギヤ・ルスカ――ロシア・アニメの世界』(二〇〇四年)で彼はこう言っている。「覚えがあるだろう? 何か身振りをすると、前にも同じことをしたと感じることが。たとえそれが自分でなくてもね」。私たちのあらゆる仕草は、自分と似た無数の誰かが、過去・現在、どこかで、繰り返してきた仕草である。そのことを意識したとき、どんな日常的な仕草も、「向こう側」から響き渡るエコーの受信機となり、立体感を帯びる。自分と同じようにいたあらゆる人たちの存在を感じとらせる。

『この世界の片隅に』の日常描写からは、無数の生を帯びた重みが感じられる。「なんでもつこうて暮らしつづけなならんのですけえ」と語るとき、そして、すずの実際の仕草の集積を私たちが目撃するとき、そこには同じように、この世界の様々な片隅にかつてあったはずの無数の生のバリエーションと息遣いが、エコーのように降り注いで感じられる。

だから、『この世界の片隅に』の日常描写は、高畑勲の『かぐや姫の物語』における五感を呼び起こすような豊かなアニメーションとは似ているようで違う。『かぐや姫の物語』が自然と人工との交感関係が成立していた（と事後的に想像される）特定の時代を理想化するものでしかないのに対し（だからそれは閉じたフィクションなのだ）、『この世界の片隅に』のアニメーションは、あくまで、どんな時代、どんな環境であっても（たとえそれがブラジルの農村だろうが月面だろうが）その都度繰り返されてきた「生きている」という行為そのもののエコーの受信源であり発信源なのだ。

そのエコーを感じれば感じるほどに、まるでシロイルカがエコーで自分の居場所を見定めるように、自分の生の位置がはっきりと見えてきて、すず、そして私たちの戸惑いや後ろめたさはもっと強くなっていくだろう。無数の人々の仕草が自らに降り注ぎ、かつて自分と同じようにここでこうしていた人たちのことを想像すればするほど、なぜ今自分はここにいてこれをしているのに、なぜ「向こう側」にいってそれをすることができない人がいるのかということを考えざるをえないからだ。

そして、こちら側と向こう側とを分ける要因は、ちょっとした確率の小さな違いでしかない。だからこそ、そのランダムさへの戸惑いは、より強くなる。「夕凪の街」を再び思い出す。皆実は、幸せを得ようとする自分を感じた瞬間、原爆の死者たちの手（の想像）にからめとられてしまった。自分と同じように生きてきた人たちが、ある人はもうすでにこの世におらず、一方である人は自分のようにのうのうと生きているということ、その不条理と混乱が、愛を得るというとても些細な仕草によって、意識に降り注いでくる。そして、皆実は「向こう側」へと行ってしまう。

反動のように、その逆もある。なんでもない日常に、充溢した意味を与えることのできる瞬間だ。ランダムさをくぐり抜けた自分の生を振り返れば、そこには、物語や意味と呼んでいいようなしっかりとした筋を見出すことができる。自分の生を、まるでひとつの運命が導いた、限りなく幸運で、それでいて必然の何かとして。

「夕凪の街」に続く連作の後篇「桜の国」は、被爆二世の物語である。被爆者とその子孫に対する偏見や自問自答に悩まされるなか、七実は最終的に、「自分自身はこの両親のところに生まれてくることを選んだのだ」という結論に達する。自分自身の生に、自ら選び取ったものとしての意味を与えるのだ。それは『この世界の片隅に』において、すずが最後「ありがとう、この世界の片隅に、うちを見つけてくれて」と語ることともつながってくるだろう。「桜の国」そして原作版の『この世界の片隅に』の結論は、共に、自分自身の生が帯びるエコー（それは多方面に響き渡っていく）を充分に理解することによって、現在の自分の生のあり方を、ひとつの「奇跡」として認識する瞬間だ。だって生き延びてきたのだから。

でも、自分でも理解しきれないくらいに大きくて複雑な線の絡み合いが自分の生を編んでいることに気づき、自分の生に意味があり、ここが自分の場所だと確信するとき、それは、少しの差で「向こう側」へと消えていってしまった人たちの道筋にも、同じように意味を与えることでもある。すべてに意味がある、とするのであれば。

だからおそらく、世界の片隅で、「向こう側」との際にいることを意識するとき、きっと、後ろめたさと充溢とのあいだの両極で、ずっと行き来し続けるしかないのだろう。

『この世界の片隅に』の終盤、すずの失われた右手――「向こう側」へといってしまったすずの体の一部――は、ふと戻ってきて、すずの頭をなでていた。その「向こう側」の世界との接触とは、超次元との触れ合いのようなものだ。とてもひとつの解釈におさまりきるものではない。

だがともかく、『この世界の片隅に』が、私たちの右手が本当はどこにある（ありうる）のかについて、思い出させてくれるのは確かなのだ。その右手とは、白／無に、見えなくなっているものに、何かの現れやつながりを見出す想像力のことである。『この世界の片隅に』は、その白が発する微弱な電波を増幅して、掴み取らせる。それは別に、今の自分の生存に役立てることができないのであれば、忘れてしまってもいいのかもしれない。それは結局「無」なのだから、何も見出さず、さっさと自分の生をたくましく生きたとしても、きっと困ることはないのだろう。

でも、『この世界の片隅に』を観ると、かつてノルシュテインが詩について語った言葉をどうしても思い出してしまうのだ。それはこんな言葉である。――「言葉がもし追体験されず、あなたの運命となりえないのであれば、その詩が無意味なものなのか、もしくはあなたが無意味なのだ」。『この世界の片隅に』は、この作品が描き出す生は、きっと、この「詩の言葉」のようなものなのだろうと思う。自分の右手がどこにあるのか、それが白紙の上に何を見出しうるのか、どこに手を伸ばせるのか、自分はなぜ生きているのか。「向こう側」への後ろめたさと充溢を感じるなかで問われるその問いは、結局のところ、いつか「向こう側」に行く私たち自身を、私たち自身が無意味ではないと思えるかどうかということなのだ。

『この世界の片隅に』を読みおわったとき（観終わったとき）、私たちはひとりぼっちの寂しさに襲われる。白い宇宙に浮かぶ狭くて広い世界の片隅で、無数のエコーが飛び交うなかで、これらの音を、私たちはいつまで聞き取っていることができるのだろうか。そして、私たちが消えたとき、そのエコーは、果たして聞き取ってもらえるのだろうか。

『この世界の片隅に』 著者：こうの史代　連載年：二〇〇七―二〇〇九年　『この世界の片隅に』 監督：片渕須直　製作国：日本　発表年：二〇一六年

初出：『ユリイカ』二〇一六年一一月号「特集＝こうの史代」

見えないものを探り、宿らせる——片渕須直『この世界の（さらにいくつもの）片隅に』

二〇一六年に公開された『この世界の片隅に』に三〇分以上の新規シーンを加えることで完成した二〇一九年作品『この世界の（さらにいくつもの）片隅に』は、同じ作品の完全版というよりも、既存のシーンの意味合いさえも大きく変わってしまうような別バージョンとして新たに生まれ変わっている。

それは、新たに生を捉え直すものになった、と言ったほうがより正しいかもしれない。二〇一六年版は、「生」を描くものだった。戦前・戦中・戦後の広島・呉を綿密なリサーチのもとにアニメーション上で可能な限り再現することでそこで営まれる「生活」を描きつつ、その日常が戦争により破壊されていく様子を語った。そのとき『この世界の片隅に』が採用したのは、主人公である少女すずの「生」の視点からすべてを眺めることだった。戦争や死といった世界は、すずにはとても想像しきれないフレームの向こう側に存在する、見えないものとしてあるだけだった。

一方で、『この世界の（さらにいくつもの）片隅に』は、二〇一六年版では不可視だった領域を浮かび上がらせる。それは性であり、死である。具体的には、遊郭に勤め、すずの夫・周作とかつて関係を持っていたリンがその両方を担う。彼女がメインキャラとして再登場することで、すずにとっての性や死（の可能性）といったものもまた引きずり出されてくる。二〇一六年版は生の領域から死の領域を眺める一方向のものだったとすれば、二〇一九年版は死や性が生を見つめかえす。それによって生の領域が立体的・多角的に眺められるようになるのだ。

死や性の領域は、生の領域に対して、まるでパラレルワールドのように佇む。その併立性は、具体的に映像の質にも現れる。新規シーンがその作画で描き出す人々の動きは、まるでスローモーションのように、まるで瞳孔が開いたままに眺められたかのように、はっきりと、しっかりと感じ取られる。作画によってキャラクターの存在感を感じさせる方法論は二〇一六年版でも意識的に採用されていたが、ここではそれが突き詰められ、現実以上に確かな存在感を得てしまい、まるで白昼夢のようにさえ思えてくるほどだ。旧版・新版二つの違った質の映像が並び立つことによっても、パラレル性が強調されるのだ。

テーマと表現がパラレルになることによって、二〇一九年版が何を語りうるようになったのか。それは、すずの「生」がいかに「偶然的」に成立するものでしかないか、ということだ。偶然的な生というテーマ自体は二〇一六年版から種子のように埋め込まれてはいた。周作との出会い、幼馴染の水原との関係性、晴美のエピソード、すずが失う手。それらすべては、こうではない生（もしくは死）の道が実はあったのだということを繰り返しほのめかしていたが、二〇一九年版では、生の隙間に潜む偶然性やランダム性が、誰にとっても無視することができないくらいにはっきりと強調される。

『この世界の片隅に』は、時系列に沿って物語を展開していた。その淡々としたリズムは、個人の力ではどうにもできない時間の経過・状況の変化を残酷に突きつけるものではあったが、一方で、紡がれる生の物語をある種の必然的な運命のように感じさせもした。しかし、『この世界の（さらにいくつもの）片隅に』は、それがイリュージョンにすぎないということを突きつける。終戦後、原爆によって関係性をバラバラにされた人々が家族や恋人を探して彷徨い歩くシーンは二〇一六年版も二〇一九年版も同じなのに、今回、著しく恐怖を感じさせるようになっている。私たちが当然存在するとみなしてしまう（家族などの）つながり。その結晶が「生活」と呼ばれるものだとして、それは強固に見えて壊れうるのだということ、隙間だらけでとても脆いのだということを、否定できないくらいにはっきりと語るからだ。それゆえに、人々は二〇一六年版よりも、さらに彷徨っているように感じられる。下手をすると、そのまま迷って戻ってこられなくなってしまうのかもしれないと思うほどに。

しかしそのかわりに二〇一九年版は、生の物語は偶然的でランダムなところから意志と選択によって紡がれるものであるということを語るようになる。生を、運命や必然として受動的に受け止めるのではないからこそ。彷徨いの末に訪れる貰い子のエピソードが積極的な意味を帯びるようになるというのが象徴的だ。すずも、原爆で母親を失ったその子どもも、戦争で偶然的にバラバラになった世界のなかで、それぞれに、自分自身で、無と偶然のなかから、自らの意志でつながりを紡ぎ出すことを選んだのだということが、強く感じられるようになる。

つながりを紡ぐこと。今回のバージョンで印象的なのは、すずの手が何もないところを探るシーンである。二〇一六年版、すずの手は、鉛筆や絵筆を通じて、すずに見えている光景をすずの描く絵として観客に提示していた。観客はすずのその内的ななにかに直接的に入り込むことを許されていた。二〇一九年版では、そこに新たなレイヤーが加わる。すずがその手によって、何もないところを探る描写が増えるのだ。そのときすずが見ているもの・感じ取っているものは、直接的に見えることはない。だが、観客は、すずがなにかを感じ取っていることを感じる。それを通じて、見えないなにかの領域を、見えるものにまとわりつくざわめきのようなものとして実感しはじめる。

二〇一九年版において、すずは見えないものに触れ、そして宿す。（貰い子のような）他人の生を受け止め手を繋ぐだけではなく、その身に死をも宿す。たとえば、リンとの関係が深めて描かれることになるなかで、すず・周作・リン・水原の四角関係は複層化する。すずは悩み、傷つき、諦め、受け入れるなかで、空襲によって死ぬリンという存在をその身に宿すようになる（周作を軍へと送り出すときのすずは、明らかに死んだはずのリンとともにある）。さらには終戦後、水原を葬るが（生きているのか死んでしまったのか、確かなことは何も語られないが）、それは軍艦をはじめとする兵器にも生のようなものを見出し、それらもまとめてどこかへと送り出すことによって行われる。すずは自分に死を宿し、逆に生なきものたちに対して生を付与する。そのなかで、空想も融合する。鬼いちゃん（戦死したと伝えられる兄）はワニの奥さんと南国で暮らすフィクションの登場人物として、この世につなぎとめられる。リンもまた、過去に遡ることで、座敷わらしとしての実体をこの世に与えられる。

見えないものたちが確かにここにいる。フィクションのなかに、無生物のなかに、見えないもののなかに、生のようなものが見出されることによって、私たちがまたいつか、それらにつながりと関係性を見出しうる可能性が残っていく。ここで言う「生」とは一般的に考えられる意味での生とは違うかもしれないが、でもだからこそ、この二〇一九年版において、生は新生する。動いているものだけではなく、見えているものだけではなく、ただなんとなく存在を感じられないこともない領域にさえも生はありうる。私たちはその不可視のものに対して、関係性を見出し、つながりをつくりうるのだ。すずの切断された手は、ここと どこかのあいだを漂い、いつかまたふと、私たちの頭をなでてくることがありうる。さらにいくつものつながりを求めることへと誘うかのように。

『この世界の（さらにいくつもの）片隅に』 監督：片渕須直　製作国：日本　発表年：二〇一九年　初出：『キネマ旬報』二〇二〇年一月一五日号

第二章

世界のインディペンデント、現在進行系

二〇一〇年代は長編アニメーションが面白い

私たちの現実はアニメーションに近い——アリ・フォルマン『戦場でワルツを』

土居伸彰と申します。短編作品を中心とした海外のアニメーションの研究や、評論や配給を通じた優れた作品の日本国内への紹介をしています。日本はアニメーション大国ですが、受容されている作品には偏りがあります。そんななか、僕がしているのは、みなさんが「知らない」アニメーションの姿を紹介することです。

海外のアニメーションで、最近、ひとつのブームがあります。「アニメーション・ドキュメンタリー」です。アニメーションとドキュメンタリー……まるで水と油のように相性の悪そうな両者が、最近、混ざりあっているのです。『戦場でワルツを』は、この奇妙なジャンルを代表する作品です。監督はイスラエル人のアリ・フォルマン。『戦場でワルツを』の中心となるのは、一九八二年、レバノン内戦の最中に起こったサブラ・シャティーラの虐殺です。レバノンの首都ベイルートのパレスチナ難民キャンプで四日間にわたって起きたこの惨劇では、一説によれば三〇〇〇人以上の難民が殺害されたといわれています。

一九歳のフォルマンは、イスラエル軍の一員としてレバノン内戦に従軍し、この虐殺の場に居合わせました。『戦場でワルツを』の主人公は、それから二〇年以上が経過した後のフォルマンです。彼は、自分の記憶に大きな穴が空いていることに気づきます。虐殺とその周辺の出来事です。いくら思い出そうとしても、頭に浮かぶのは、仲間とともにボンヤリと海水に身を浮かべ、そして照明弾が上空に打ちあがるのを見る、そんな光景だけなのです。フォルマンは、その光景が本当の出来事かどうかもわからない。彼は自分自身の記憶を取り戻すため、当時の戦友たちのもとに赴き、インタビューをし、自分の記憶を取り戻そうとします。『戦場でワルツを』は、フォルマンが、あのとき自分が何をしていたのか、本当に自分が見ていたものが何なのかを思い出す、そのプロセスを描くドキュメンタリーです。

この作品がなぜアニメーションでなければならないか。その理由は、実写映像が残っていないからです。もちろん、戦争自体の映像はある。しかしそれは、『戦場でワルツを』が描き出そうとする戦争を決して映していないのです。この映画が描くのは、フォルマンやインタビューを受ける戦友たちの、「彼らにとっての」戦争です。自分が現地で何を目撃し、何を思い、どんな空気感を感じたのか……それを捉えた映像は、原理的に存在しません。この映画がフォーカスをあてるのは、戦地に実際に身を置くということがどういうことなのかという生々しい感覚であり、従軍時に悩まされた幻覚であり、従軍が終わって随分と時間が経ってもまだ消えてくれない悪夢であり……つまり、カメラでは撮影できない「内側」の事実なのです。それを捉えるためには、アニメーション以上に適切なものはありません。

『戦場でワルツを』は、「外側」のことをあえて排除しているようにさえ思われます。この映画を観ても、サブラ・シャティーラの虐殺がなぜ起こったのか、何か新たな事実が分かるわけではなく、それどころか、この虐殺が起きた背景についてさえ、明確な説明は与えられないのです。『戦場でワルツを』にとって、問題なのは、そこではないのです。

でも、そのことが、この作品を「他人事」にしてくれないのです。この作品の背景にあるパレスチナ問題は、日本人にとっては、正直なところ、あまり現実感をもって受け止められるものではないと思います。地理的にも文化的にも歴史的にも、あまりに「遠い」からです。しかし、この作品を観ると、そういった背景の違いを超えて、背負っている歴史や知っている情報の有無を超えて、ひとりの人間として、心に突き刺さってくるものがあります。なぜなのか。それはおそらく、この作品が、私たちの心や脳は、自分自身の生存のために、都合の悪い自分の過去をいとも簡単に塗り替え、なかったことにしてしまうという事実、つまり、人間であれば誰にだって起こりうることに焦点をあてるからです。

作品の終盤、フォルマンの頭に繰り返し浮かぶ記憶のイメージ――海辺の照明弾という光景――は、実際には、彼の「捏造」であったことが明らかになります。しかも、それは自分でも気づかぬうちに行われていたのです。彼は虐殺に直接手をくだしたわけではありません。イスラエル軍は直接的には虐殺に加担していなかったといわれています。彼らは、ただ「止めなかった」だけなのです。しかし、イスラエル軍の兵士たちにとって、とりわけ、フォルマンのように徴兵された一般人の兵士にとって、それは特別な意味を持ちます。なぜなら、彼らは、ユダヤ人であるからです。つまり、第二次世界大戦において、世界史上に残る大虐殺を受けた民族だからです。それなのに、いま、目の前の虐殺を放っておいている。フォルマンは難民キャンプの外にいて、泣き叫びながらキャンプの外へと歩いてくる女たちの姿を目撃していました。ユダヤ人であるという彼の出自にとって、間接的にであれ、虐殺へと加担してしまっていたこと、それは、今後背負って生きていくには、あまりにも重すぎるものだった。そして彼は、いつの間にか、自分でも気づかぬうちに、その記憶を抹消してしまっていたのです。

『戦場でワルツを』のアニメーションはとてもリアリスティックでありながら、同時にどこか頼りなく、浮遊感があります。この作品は、まず最初にインタビューの様子を実写で撮影したあと、その映像をもとにアニメーションを作ったそうです。その手法の選択は、この作品が描き出すものにぴったりだったといえるでしょう。なぜなら、『戦場でワルツを』が明らかにするのは、私たちの記憶が、簡単に揺れ動き、書き直されてしまうことだからです。あたかも、アニメーションを作るかのように。

『戦場でワルツを』の最後には、実写映像が挿入されます。虐殺後の難民キャンプを映す映像です。私たちは自分でも気づかぬままに記憶を改竄するし、私たちの内面はアニメーションのように弱くて脆い——実写映像は、そのことを責めるかのように、本当に起こったことはこれだと突きつけるかのように、圧倒的なリアリティで迫ってきます。犠牲者の遺体の映像は、もちろんそれ自体が衝撃的です。それが本当に起こったのだ、ということを嫌でも実感させます。しかし、それと同じくらいに、この実写映像は、浮遊感のあるアニメーション映像の直後に並ぶことで、人間は、自分自身の生存のために、こんな重大な事実であっても簡単に忘れられるようにできているのだ、ということを実感させます。それがこの作品の衝撃をより強いものとします。

ジャンルとしてのアニメーション・ドキュメンタリーは、私たち人間のなかに潜む弱さや脆さを表面化させます。『戦場でワルツを』でいえば、記憶を書き換えてしまう私たちの弱さが明らかになります。『戦場でワルツを』を観ると、ハッとさせられます。私たちの現実や記憶の本当の姿は、もしかすると、実写映像よりも、むしろアニメーションに近いのかもしれない、と。アニメーションが実写を超えたリアリティを獲得した例、それが『戦場でワルツを』なのです。

『戦場でワルツを』　監督：アリ・フォルマン　製作国：イスラエル　発表年：二〇〇八年／日本公開年：二〇〇九年

初出：『観ずに死ねるか！傑作ドキュメンタリー88』（鉄人社・二〇一三年）

「特別でない」ことこそが——ユン&ローラン・ボアロー『はちみつ色のユン』

世の中には様々な種類の事実が存在して、それがドキュメントとして記録されていくやり方も色々ある。近年隆盛のアニメーション・ドキュメンタリーはその新たな候補として登場したもので、それが捉える事実は、どちらかというとあまり定まってはおらず、頼りないものが多い。アニメーション・ドキュメンタリーがこれまで多く取り上げてきたのは、カメラが記録しなかった（できなかった）、歴史的偉人でもなんでもないちっぽけな人たちの過去の回想や、その時々にその人物が内的に感じた印象だ。

大雑把な分け方であることを承知で言えば、アニメーション・ドキュメンタリーの特徴は、客観的というよりも主観的な事実を扱い、それを記録するというより再構成・再創造することである。だから同じ出来事を描いた他の証言が登場したとき、それと一致しなかったり、もしくは単純に認識のミスであることが簡単に証明されたり、そういうことが起こる可能性も大きい。しかし、ある人物が出来事をどのように生き、自らのうちにそれをどのように記録していったのか、それはその出来事が実際にどのようなものであったかという事実との一致・不一致とは関係なく、その人物にとっては疑いようもなく真実なのだ。アニメーション・ドキュメンタリーは、そういった種類の主観的な事実、頼りないが他のどんなものよりもその個人の内側に深く根付いた事実を記録する。

『はちみつ色のユン』は、朝鮮戦争後の韓国で社会問題となった国際養子の問題を扱うアニメーション・ドキュメンタリーだ。現在マンガ家として活躍するユンは、一九六〇年代から七〇年代にかけて養子として韓国から世界中へともらわれていった子供の一人である。この作品は四〇歳を過ぎて初めて「母国」の地に足を踏み入れる彼の様子を実写で捉え、また一方で、ベルギーで養子として育っていった彼の過去を、（少しばかりの）ホームビデオの実写映像と3Dや2Dなどの多彩なアニメーション技法で描いていく。

この長編アニメーション・ドキュメンタリーは、ユンが描いた同名のバンドデシネを原作としており、アニメーション・パートの背景も彼が担当している。アニメーション・ドキュメンタリーが「誰かにとっての」主観的事実（とその回想）を描き出すものだとすれば、この作品はまさに「ユンにとっての」世界を見せることになる。

バンドデシネやグラフィック・ノベル原作の長編アニメーション作品も、アニメーション・ドキュメンタリー同様に、アニメーション制作がデジタル化することによって増えてきたジャンルである。ただ、『はちみつ色のユン』は、他の同様の長編アニメーションと比べると、なんというか、ビジュアル的に「濃い」ものではない。他のバンドデシネ／グラフィック・ノベル原作もので顕著であるような、マンガ家の絵のスタイルをそのまま移植することで帯びることになるスタイリッシュさのようなものが、ここでは存在しないのだ。それは、ユンというマンガ家がどちらかといえば地味なグラフィック・スタイルの作家であることも関係しているだろうし、もしくは、キャラクターのデザインが3DCGでモデリングされたものであるがゆえに、ある種の平準化を被っているからかもしれない。

しかし、そういった独自色の弱さのようなものは、この作品の根本の部分に関わって別の意味を担わされている感じもある。『はちみつ色のユン』はマンガ家の自伝である。しかし、ユンがマンガ家であるという事実に、この作品はほとんど焦点を当てないのだ。もちろん、彼が子供の頃から絵を描くことを愛し、それが自分自身の置かれた現実の状況からの重要な逃避の手段となっていたことや、彼の将来的なキャリアにとって決定的になるだろう出会いは断片的に物語られてはいる。しかし決して、それは作品全体の軸にはならない。そういったディテールが、ユンの何かを決定していくという感覚が、ここにはないのだ。

この作品の中でのユンは、ある意味で徹底的に「無名」である。『はちみつ色のユン』の主人公は、「どこに行っても旅人」と自ら語るように、アイデンティティの不確かさ、根無し草的な感覚に常につきまとわれ、悩みつづける。彼は同じような状況に置かれた人々のなかでロールモデルとなりうるような特別な誰かであるというよりは、朝鮮戦争後の国際養子という社会問題の当事者の一例であるだけで、匿名のうちのひとりであると言っていい。

どことなくボンヤリとした感覚と匿名性。それはこの作品の語りにも浸透していく。ユンの幼年期から思春期にかけてのベルギーでの過去の生活、そして初めて韓国を訪れる四〇代の現在のユンの様子が交差するかたちで描かれるこの作品には、軸となるエピソードは存在しない。様々な出来事、様々な家族との関係が、ある意味でランダムにピックアップされていくだけなのだ。韓国を訪れても決定的なことは起こらない。逆に、両親の存在や生年月日、なぜ孤児になったのかといったような自分の根本をなすような情報が、ますますボヤけていく。ユンのアイデンティティは余計に崩れ去り、常に自分につきまとっているように感じていた異邦人としての感覚は、ますます強まっていく。

『はちみつ色のユン』にはユーモアも皮肉もある。しかし、煮え切らなさ、留保、揺らぎの感覚も同じくらいに強い。それは、この作品で語られる数々のエピソードや、彼やその家族が抱える悩みが、国際養子であるという「特別な」事情に必ずしも由来するとは限らないところにも表れる。ユンをめぐるイザコザは、親と子のあいだに、兄弟姉妹たちとのあいだに、（国際養子に限らず）同じような状況に置かれた人たちのあいだに、一般的に起こりうるものだ。もちろん彼の「特別な」状況へとはみ出していく瞬間もある。しかし多くの場合において、彼の状況は一般の子供たちのそれと大きく重なりあい、ユンは特殊と一般のあいだを揺らいでいく。

そしておそらく、『はちみつ色のユン』の強さは、特殊と一般のどちらにも完全に振り切れることのない微妙な立ち位置にこそある。ユンの悩みを、ユンは決して自分の特殊な環境のせいにできない。私たちはユンの抱く悩みの大部分を共有できてしまう。この物語はかなりの程度、「ヤンチャな子供」の物語の枠内に入ってしまうからだ。それはある意味、アイデンティティを揺るがす一つの原因にもなるだろう。彼と同じように国際養子としてベルギーにやってきた人たちの人生の苦悩は、ユンの妹の悲劇的な死も含め、後半で不意に表面化するかたちでのみ語られる。自分の人生の様々な瞬間の原因を自分の特殊性に完全に委ねることができないという立ち位置、養子ではない人たちと同じような部分を多く持っているというその事実が、彼らの苦しみを余計に強いものとしている印象がある。

前述した通り、この作品は、ユンがマンガ家という特殊な人物へと「なる」物語ではない。むしろユンは、他者との関係性のなかで、または自分の心持ちの状態によって、人生のそのたびごとに違った何者かで「ある」だけだ。彼は、ベルギー人であり、韓国人であり、マンガ家であり、悩む普通の人間であり、本当の息子であり、愛おしい兄弟であり、逆に、そのどれでもなかったりする。『はちみつ色のユン』は、当座の結論のようなものは出す。妹や母親の言葉を通じて、自分が紛れもなく家族の一員であることを実感すること、それはクライマックスのようなものとして提示されている。しかし、それが胸を打つのは、彼が最終的にどこか確かな場所に辿り着き、ハッピーエンドを迎えたからではない。ユンが現在に至るまで自分の立ち位置の揺らぎに悩みを抱えているからこそ、母をはじめとする家族との関係性において、自分に対する他者の思いをストレートに受け入れ、自分の立ち位置を見出すことができたその稀な瞬間が、輝くように思える。ユンは今でも悩み、異邦人としての感覚は消えることはないだろう。しかし、その揺れつづける状態こそが、ユンにとっては紛れもない事実なのであって、自分の根本に深く染み込んでいる。『はちみつ色のユン』は、アニメーション・ドキュメンタリーとして、それをこそドキュメントするのだ。

『はちみつ色のユン』　監督：ユン&ローラン・ボアロー　製作国：フランス＝ベルギー＝韓国

発表年：二〇一二年／日本公開年：二〇一二年

初出：「neoneo web」（二〇一二年一二月二二日発表）

揺れ動く魂《スピリッツ》のグラデーション——クリス・サリバン『コンシューミング・スピリッツ』

この作品は、アメリカのアニメーション作家クリス・サリバンが、構想に三年、制作に一二年をかけてようやく完成させた二時間を超えるアニメーション長編で、手法としては切り絵が中心だが、ドローイング、立体ジオラマも適宜組みあわせて使われる。アニメーションについて語る際、その技法についての言及はつきものだ。個人的にはそういう切り口は本質的な話とはあまり関係ないと思っているが、『コンシューミング・スピリッツ *Consuming Spirits*』（二〇一二年）の場合は、それが特別な意味を持ってくる。メインの手法となる切り絵のアニメーションは、（作品タイトルをもじっていえば）「魂（スピリッツ）」の存在を目の当たりにさせるようなものとなっているからだ。

『コンシューミング・スピリッツ』の舞台はアメリカの片田舎。地元のラジオ局でガーデニングのコーナーを担当する六〇代の男性アール・グレイと、その娘で新聞局に勤める中年独身女性ジェンシャン・バイオレット、そして、彼女と交際する同僚のビクター・ブルー。物語の中心となる「色」とりどりの三人は（灰色と紫と青だから、なんとまあ地味な色たちだが）、寂寥感漂う小さなアメリカの田舎町で生きている。滞留した雰囲気漂うその場所こそが、彼らにとって唯一の世界だ。バイオレットだけは繰り返しそこから出たいと語るが、実際のところそれは夢の国に行ってみたいと言うようなもの。その町はまるでジオラマのよう。外部にも世界が広がっていることが、とても想像がつかない。その町は太古の昔から遥か未来までこの姿のままで永遠にこの場所に留まりつづけているようにも見える。何も変わらぬまま、ただ埃や疲労感だけを蓄積させていくだけで。バイオレットがある晩修道院の尼僧を轢いてしまったとき彼らの物語は大きく動きはじめるのだが、でもやはり、あらゆる激動は彼らの手の届く範囲内でしか起こらない。彼らには、彼らの範囲にある運命、彼らの範囲にある物語を生きる以外の選択肢は許されていない。

彼らは彼らの生態系に自足する生物のようだ。『コンシューミング・スピリッツ』は切り絵、立体、ドローイングと多彩な手法を組みあわせるが、「ハイブリッド」という言葉は似合わない。それは、彼らの住む世界のバイオリズムの内側におさまるグラデーションにすぎない。『コンシューミング・スピリッツ』は音楽が本当に素晴らしくて、「ダニー・ボーイ」をはじめとする民謡やカントリー、フォークがたどたどしい歌われ方で、かすれた録音で、響き渡る。だが、それらの曲が歌う感情は、やはり、多彩というよりは悲しみや切望のバリエーションにすぎない。グレイ、ブルー、バイオレット……登場人物たちの色も薄暗いカラースケールにハマりこみ、彼ら自身も血縁／非血縁の一家族へとおさまる。これもまた、ひとつのもののバリエーションだ。

だから『コンシューミング・スピリッツ』の登場人物たちは独立した個性の持ち主には思えない。でも一方で、短編アニメーションが得意とするような、記号化され匿名化された一様の人間像というわけでもない。そのあいまにある、もっと茫漠とした、揺れ動くなにかのように思える。たぶん、彼らは人間というよりもそのなかに潜む魂なのだ。人間としての可能性を老いや醜さに食い尽くされ、弱々しい光を貧しく放つ、痩せ細り、震える魂にまで削り取られてしまった状態の。

『コンシューミング・スピリッツ』のかすれた手描き・手塗りのゆらめきや一六ミリフィルムの撮影に由

来する画面のざわめき、アナログ録音のブレやノイズ、それらすべての寄る辺なさは、拠り所のなくなった、でもその場で漂うしかない、彷徨う魂のための居場所をつくる。『コンシューミング・スピリッツ』は物語的には実写でもよさそうなものなのだが、俳優ではなくて切り絵を用いる。たぶん、実在する人間、とりわけ俳優は、あまりにもその存在自体が強すぎて、私たちはそのなかに魂の微弱な光を感じることができないからだ。太い輪郭線のドローイングでもダメだろう。この映画が描く、か細くて今にも消滅しそうな存在感の人々には、ふとしたきっかけでバラバラになり存在をストップさせる切り絵こそが必要なのだ。

そんな手法でクリス・サリバンが語るのは、弱々しい光を放つ魂にも、語るべき物語があるということだ。ただしその物語は他の誰をも巻き込まず、ただ彼らによって語られ、ただ彼らによって耳にされるのみ。彼らが何をしても、彼らがいてもいなくても世界はまったく変化しないし、世界のほうも彼らに関与するヒマはない。それでも、彼らは存在している。『コンシューミング・スピリッツ』のくすんだ色の世界には停留する雰囲気が漂っていて、ひとつの衝撃は、底に沈殿していた澱のようなものを舞いあげるだけだ。でも、いつかまたすべてが沈殿してしまうにせよ、元に戻るまでのそのゆったりとした時間は、グレイたちが自らの過去を再発見することを許す。彼らに許されているのは、自分たちの小さな物語を自分たちででき る範囲にかき集めて、それを生きる決意をすること。それが何か意味のあることなのかはわからないが、弱々しい光を放ち揺れ動く魂としての彼らは、『コンシューミング・スピリッツ』のラストでは、少なくとも自分で、自分の物語に納得することには成功するのだ。

『コンシューミング・スピリッツ』 監督：クリス・サリバン 製作国：アメリカ 発表年：二〇一二年／日本公開年：二〇一四年（イベント上映のみ）

初出：「Animation Unrelated」vol.1（「boid マガジン」・二〇一四年四月四日発表）

なんでもない生に(だからこそ)意味を与えるアニメーション

――アレ・アブレウ『父を探して』

長編アニメーション制作が、世界的に活発化している。デジタル技術の発達と浸透が個人作家たちに長編制作の道筋を拓いたこと、ヨーロッパを中心とした制作助成金のシステムがドキュメンタリーやマンガをはじめとする隣接分野の才能や個性あるアニメーション作家にチャンスを与えたこと、いくつかの地域においてアニメーション産業が新たに勃興しつつあること……そういった様々な背景に起因して、圧倒的な産業規模を誇るアメリカの一強は変わらないものの、それに次ぐ勢力が世界各地に現れてくるようになった。イラン出身のマルジャン・サトラピ(『ペルセポリス』)や、イスラエルのアリ・フォルマン(『戦場でワルツを』)の名前がまずは真っ先に挙がってくるだろう。ドン・ハーツフェルト(『きっと全て大丈夫』)やクリス・サリバン(『コンシューミング・スピリッツ』)などアメリカのインディペンデント分野の活況も目立っている。フランスはいまや継続的に優れた長編を生み出す場となった。『はちみつ色のユン』などドキュメンタリーとのつながりも見逃せない。近年でいえば、アイルランドのトム・ムーア(『ソング・オブ・ザ・シー 海のうた』)やルーマニアのアンカ・ダミアン(『マジック・マウンテン *Magic Mountain*』)が、これまでの定番とは一味も二味も違う作品を生み出しはじめている。

ブラジルから現れた新星アレ・アブレウの『父を探して』は間違いなく、これら長編アニメーションをめぐる大きな流れの変化の決定打となりうる作品だ。『父を探して』は、南米における近年のアニメーション産業の活況を背景に、個人・インディペンデント作家の魂を固くキープしながらも、メジャーと比較してもまったく劣らないクオリティの作品として仕上がり、世界中の映画祭で受賞を重ねている。

ブラジルの現実を鮮やかに切り取る『父を探して』は、これら長編アニメーションの新潮流のひとつの傾向に則っている。その傾向が何かといえば、作り手の属する国・地域の現実に根ざし、キャラクター・登場人物たちの実際の息遣いが感じられそうになるほど、その土地で生きる人々に肉薄する物語を語ることである。

それは、過去より連綿と続く非主流・インディペンデント長編アニメーション作品の歴史の系譜に沿いつつ、そのアップデートを図る作業であったともいえる。アブレウが影響を公言するルネ・ラルーの『ファンタスティック・プラネット』（一九七三年）や宮崎駿・高畑勲のアニメーション、もしくは宮崎や高畑にとってのアニメーションの原風景となったポール・グリモー『やぶにらみの暴君（王と鳥）』……これらの作家の作品においては、美麗なアニメーション技術の背後に、常に社会に対する言及や批判があった。寓話の形式を借りて、私たちが生きる世界の見取り図を観客へと突きつけようとする態度である。

『父を探して』にも、その種の寓話性は見て取れる。作品の原題は「少年と世界」。少年が対峙する世界の現実の描写のうちには、人々を抑圧する社会に対する作者の厳しい視線を間違いなく感じることができる。

ただし、『父を探して』には、これらの作品との大きな違いもある。先人たちの作品が、象徴的な図式のなかで世界の「全体像」を示そうとしていた一方（たとえば、『やぶにらみの暴君』でいう聳え立つ城と地下の人々の垂直構図)、『父を探して』が語るのは、あくまでも少年の目が捉えた世界の「断片」の姿でしかない。少年が旅をすればするほど、世界は全貌を示すどころかどんどんと広大になっていき、少年の存在のちっぽけさだけが浮き彫りになっていくのだ。

『父を探して』において、少年は世界に何の影響も与えることがない。多くの長編アニメーション映画において、主人公たちは「特別な」存在で、世界になんらかの変容をもたらすキーマンとなる。ある意味において、世界の中心の位置を占めているともいえる。一方で、『父を探して』において、世界は強固にそびえ立ったままで、戦争も、破壊も、貧困も、みなを苦しめるなにもかもが終わることがない。少年は、特別でもなんでもなく、世界の端っこにぽつりと存在するにすぎない。

簡素なキャラクター造形が、それに追い打ちをかけるだろう。登場人物たちに個別性を与えることを拒否し、「匿名」性を刻み込むのである。『父を探して』の少年は、無数に存在する同じような運命を生きる少年たちのうちのひとりに、偶然のようにスポットライトが当たったただけにすぎない。他の登場人物たちも同じである。父親も、母親も、若者も、老人も、みなそれぞれが匿名の存在だ。

かつてのアニメーションがシンプルなキャラクター造形を行うとき、その多くは、人間のある種の側面(強欲だったり、愚かさだったり……)を誇張して風刺することが多かった。しかし、『父を探して』のシンプルな造形デザインは、ナイーブさ、曖昧さ、ぼんやりとした感じを残し、傷つきやすくて、たゆたうようで、そのときごとに印象を変えていく。そのシンプルな描線は、一義的であることはなく、常に流転する――まるで、この世界のなかで、決して「特別」ではなく「普通」に生きる匿名的な私たちの存在や感情のありかたを丸ごとに捉えようとするかのように。だからこそ、棒線画に近いスタイルでありながら、『父を探して』の登場人物たちの奥底には、鮮烈な血流や脈動を感じることができる。少年の存在は、身近で、生きたものとなる。匿名化された私たちの生を、鮮やかにすくいとるのだ。

『父を探して』が迎えるこの結末を、あなたはどう捉えるだろう？　安らぎなのか、悲しみなのか。『父を探して』が描くのは、きわめて平凡で、世界を何も変えることのない匿名の人生だ。本当であれば物語として取り上げる価値もないかもしれないものである。だが、人間へと肉薄する『父を探して』は、そういったちっぽけな生に対して、あえて物語を紡ぎ出そうとしているように思える。この少年のような生は、これまでも、これからもずっと、いろいろな場所で延々と続いていくのだから、せめてそこに意味を与えようとするかのように思える。

だから、『父を探して』は限りなく優しい作品なのだ。なぜならば、懸命に生きられていくものの、誰にも気づかれることなく密やかに終わっていくなんでもない生があるとして、それを一本の長編として仕立てあげることによって、わたしたちひとりひとりの生を意味あるものとして祝福し、最終的な休息と安堵の場までをも与えようとするのだから。

『父を探して』　監督：アレ・アブレウ　製作国：ブラジル　発表年：二〇一三年／日本公開年：二〇一六年
初出：『父を探して』オフィシャルパンフレット（ニューディアー・二〇一六年三月一九日発表）

「野生の」アニメーション

――セバスチャン・ローデンバック『大人のためのグリム童話 手をなくした少女』

セバスチャン・ローデンバックは、いま、アニメーションがその歴史上初めて変革の時期を経験していると考えている。そして、自身の初長編作品である本作『大人のためのグリム童話 手をなくした少女』が、その一角をなすものであるとも。

ローデンバックのキャリアは摑み難い。彼は常にアニメーションを作る人間として活動しつづけてきたが、自分自身を「アニメーション作家」であるとみなすことには、常に懐疑的であった。ローデンバックはそもそもバンドデシネ作家になりたくて、国立高等装飾美術学校（ＥＮＳＡＤ）に入学した。しかし、アニメーション専攻を立ち上げろと要求する学生たちの運動でいつの間にか陣頭に立たされて、そのまま一期生となってしまった。それならばと作った卒業制作の『日記 *Journal*』（一九九九年）は、彼の日々の出来事を綴っていくもので、本人もその周囲も、あまり観たことがないタイプのアニメーションだと思った。そして、ローデンバックは、アニメーションには未踏のままに残された領域が広大にあることに気づき、社会に出た彼は、野生ともいえるその領域を探索することをキャリアとして選ぶことになる。

『大人のためのグリム童話 手をなくした少女』以前にローデンバックが残した達成は、とても摑み難い。彼はアニメーションの可能性を信じているが、しかし現実的に作られているものはそれを活かしきっていないとも考えている。そんなローデンバックの短編作品におけるキャリアは、可能性を探る過程である。彼はアニメーション作家のなかで、高畑勲とノーマン・マクラレンをとりわけ好んでいるのだが、それは彼らが、作品ごとに必然性のある手法を選び、ひとつとして同じ作品を作らないからである。ドキュメンタリー、砂絵、抽象、物語、実験……本作『大人のためのグリム童話 手をなくした少女』にたどり着くまで、ローデンバックの短編作品群はとにかく多彩な顔を見せており、それは、あまりにも多彩すぎて、同一作家のものには思われないくらいである。実際、短編作家時代のローデンバックは映画祭シーンではそこまで認知度が高くなかった。専門家からしても、ローデンバックのスタイルというものを捕捉することが難しかったというのが、その理由だろう（キャリアの長いフランスの作家であるにもかかわらずアヌシー国際アニメーション映画祭に作品が選出されたのも、本作が初めてのことだった）。

そんなふうにして経歴を重ねてきたローデンバックがたどり着いた初長編『大人のためのグリム童話 手をなくした少女』は、長編作品としては異例のスタイルをもつものとなっている。長編でありながら作画をすべてひとりでやること……そのこと自体はいまや珍しくなくなった。しかし、人によっては未完成に思えてしまうようなデッサン調の絵柄によって全編が構成され、それでもなお、「実験的」であることが前面には出されず、ある種の大衆性を獲得しているというこの立ち位置は、おそらく前代未聞のものであろう。

本作はカンヌ国際映画祭でのプレミア上映からスタートして、世界中の映画祭で大きな評価を得ている。フランスでは子供向けにリリースされ、ヒットも飛ばしている。見慣れぬスタイルではあれど、受け入れられているのだ。『大人のためのグリム童話 手をなくした少女』は、ローデンバックにとって、「長い短編」

を作る試みでもあった――短編でしか可能でないはずの実験的で特異なスタイルを長編によって成立させることを試すという意味において。そんな態度の本作がこれほどまでに世界的な支持を獲得しているのは、この「長い短編」のようなスタイルで作られた長編アニメーションが、世界中で増えつつあるからだ。トム・ムーア（『ブレンダンとケルズの秘密』『ソング・オブ・ザ・シー 海のうた』）、アレ・アブレウ（『父を探して』）、アルベルト・バスケス（『サイコノータス *Birdboy: The Forgotten Children*』）……さらにはウェス・アンダーソンの人形アニメーション作品（『ファンタスティック Mr.FOX』『犬ヶ島』）だったり、『この世界の片隅に』の片渕須直、さらには京都アニメーションの山田尚子ら、独自の世界を作り上げるタイプのアニメ作品もその列に含めてもいいかもしれない。これら「長い短編」としての長編作品は、アニメーション産業における既存の定型を否定し、監督＝作家のパーソナルなスタイルを全面に押し出しつつも、大衆性を獲得する。これらの作品群が、本作のための着地点を準備したのだ。

ローデンバックはその象徴的な始まりを湯浅政明の初長編『マインド・ゲーム』（二〇〇四年）に見ている。カリカチュアの効いた造形のドローイング、自然主義とは程遠い色使い、臆せず用いられる実写……変化するリアリティに応じて多彩なスタイルを組み合わせる本作は、日本以上に海外で影響力が強く、若い作家たち（＝現在活躍する中堅の作家たち）にそのあとを追わせた。

『マインド・ゲーム』が何を教えたのかといえば、アニメーションにおいて、ビジュアルのスタイルはどんなものであってもよく、語られるべきものに従って変幻自在となってよい、ということである。それはつまり、ローデンバックが短編においてやってきたことでもある。湯浅政明が『夜明け告げるルーのうた』（二〇一七年）で世界最大のアヌシー国際アニメーション映画祭にてクリスタル（グランプリ）を獲得するその前年、『大人のためのグリム童話 手をなくした少女』は審査員賞を受賞している。これら「長い短編」の作品はいまや、世界のアニメーションの新たなスタンダードとなっているのだ。

これら「長い短編」作品たちは、それぞれに必然的なスタイルを見つけ、これまでのアニメーションのあり方にヒビを入れ、新たな景色を見せ、可能性を発掘していく。では、『大人のためのグリム童話 手をなくした少女』が見出したアニメーションの可能性、その「革新」とはなんだろうか？　それは、広い余白と、強固な輪郭もはっきりとした顔立ちも持たない抽象的なキャラクターを活用することで、寓話としてアニメーションを機能させることである。少女、悪魔、王子、庭師、水の精……本作では、誰もが固有名詞の名前を持たない。「クリプトキノグラフィー」を随所に用いながら走るように描かれた筆絵のアニメーションは、動的に姿を変容させ、とらえどころがない。少女は主人公であるにもかかわらず、顔がはっきりしない。作品は全体として、曖昧で流動的な印象を持ったままに揺れ動くのだ。

その「曖昧さ」は何をもたらすのか？　ローデンバックは本作の日本公開のために二度来日し、様々な媒体からの取材を受けたが、そこで日本人の記者から「少女が東洋人に見える」という指摘を受けるたび、苦笑していた。なぜなら、彼にとっては、少女はブロンドの白人だったからだ。これが意味するのは、造形上の失敗ではない。抽象度の高いビジュアルが、作品を観る人によって、それぞれ違ったイメージとして読み取ることを許容する、ということである。

観る人によって印象を変える、その揺らめき動きつづける感覚こそが、本作には必要だった。ローデンバックはグリム童話の原作「てなし娘」に、今でも通用するような普遍性を見出した。少女の辿る道、王子の成長、父親の葛藤といったものすべてに、自らの人生のどこかしらの部分を読み込んだ。おそらく、観客である私たちもまたそうだろう。画面のなかでうごめくイメージが、まるでロールシャッハテストのように、自分の人生を映す動的な鏡として、何かを読み込ませる。そして、感情を強く、深く揺さぶる。普段名前をつけることができないあの気持ちの揺れがイメージとシンクロする。何も確かなものを示さないがゆえに、無限に複雑で機微に富んだ感情を、本作のアニメーションは、豊かな井戸のように汲み取りつづけることを許す。

そのような作品のあり方にとってのキーワードとして、ローデンバックは「謎」という言葉を挙げる。それは、解釈にブレがなく、ひと目で見てわかる、一般的なアニメーションのあり方とは大きく異なる。フランスで本作は子供向けにリリースされたが、しかし本作は「子供にかしづく」ようなものではないという。「子供だからこれくらいでいいだろう」というものでもない。子供が見たこともない世界に背伸びをして、それによって何か未知なるものを読み込めるものにしているのだという。本作は謎を謎のままに残す。そこから何を受け取るべきなのか、何を見出すべきなのか、本作は明確な答えを用意しない。その答えはあくまで、自分で見出すしかない。答え合わせもできない。だから、本作を観ることは、まるで冒険のようでもある。筆者が本作を初めて観たとき、とても勇敢な作品だと思った。誰も作ったことがないような表現を、長編アニメーションという場で臆することなく行う、まったくブレるところのない作品に見えたからだ。私は自分の道を行き、曖昧で流動的な未踏の領域を切り開いていくが、きっとその場所から、あなたもなにかを汲み取るだろう?という、観客に対する信頼を感じたからだ。

少女は常に移動する。最初はやむなき事情だったが、最後には自分の意志で、未踏の地へと飛び立つことを選ぶ。本作を観るとき、この変化の過程を、観客もまた体験するはずだ。未踏の表現が見せる、誰もまだ確かな答えを持たない「野生の」場所への飛翔。他の数多くの「革新」たちとともに、本作はアニメーションの野生を切り開く。そして、その先に、自分だけの場所を探すことを促すのだ。

『大人のためのグリム童話 手をなくした少女』 監督：セバスチャン・ローデンバック
製作国：フランス 発表年：二〇一六年／日本公開年：二〇一八年

初出：『大人のためのグリム童話 手をなくした少女』オフィシャルパンフレット（ニューディアー・二〇一八年八月一八日発表）

アニメーションアクション映画の新次元——アリ・フォルマンとヨン・サンホ

アニメーションにおけるアクションは、デジタル化によって大きく変質しつつある。旧世代からすると顔をしかめるような「ニセモノ」の動きが、存在感を高めているのだ。

たとえば、レバノン内戦従軍時の記憶を取り戻そうと苦心するアニメーション・ドキュメンタリー『戦場でワルツを』に登場する人物の動きは、アニメーション大国に住む我々の目から見ると、なんだかぎこちない。それもそのはず、イスラエルにはアニメーション制作の伝統がほとんどなく、Flashというソフトウェアを用いた「デジタル切り絵アニメーション」を見よう見まねで作ってみたからだ。

ソフトウェアを使ってパーツを動かすと、動きにオリジナリティがなくなる。そこらへんの素人が同じソフトを使って作ったものと、動きの質が似てくるのだ。アニメーションは気持ちよく動いてナンボでしょ、という前提からすれば、同質の動きをする人物たちは、ゾンビのように見える。そんな話は、NHKのドキュメンタリー『終わらない人 宮﨑駿』を思い出させる。気持ち悪く動く「ゾンビゲーム」の動きに使えそうな」CGを見せられた宮﨑駿が、「生命の冒瀆」だと怒っていた。その怒りは納得できる。なぜならば、ジブリにとって、アニメーションの運動は、生の躍動を生きる生命力溢れた人間を描くためにあるからだ。動きは個性であり、決して誰かと同じであってはいけない。これはディズニー以来の、アニメーションの動きに対する旧来の考え方の王道である。ディズニーの教本のタイトルを文字通り訳せば、「生命の幻想」(『ディズニーアニメーション 生命を吹き込む魔法』)だった。

でも、『戦場でワルツを』の登場人物が生命力溢れたアクションをしていたとしたらどうだろう? フォルマンが描くのは、人生に疲れ果て、トラウマに打ちのめされ、失われた記憶を取り戻そうともがく「生き生き」などとてもできない存在としての人間である。となると、こう考えたくなる。デジタル時代の匿名的なアクションは、ある一定の条件下においては、根拠を持つのではないか? たとえば、ニセモノのような生を描くときには。

『戦場でワルツを』に続く『コングレス未来学会議』は実写とアニメーションをミックスする。未来の映画会社ミラマックスが開発したエキスを吸い込むと、「観客」の姿や世界はアニメーションへと変わり、彼らは映画で観たスターの人生を生きることができる(永遠にその夢から目覚めることなく)。そのアニメーションは相変わらずぎこちない。でも、このヘンさには根拠がある。(フライシャーをはじめとした一九三〇年代のカートゥーン・アニメーションへのオマージュであるという理由もありつつ)憧れの存在の劣化コピー、ニセモノにすぎない生だからだ。

ヨン・サンホのことにも触れておきたい。彼のアニメーションもまた、カクカクした動きを批判されることがあるからだ。ヨン・サンホは、いつまでも終わらないスクール・カーストの物語『豚の王 *The King of Pigs*』(二〇一一年)、絶望的な状況で新興宗教に救いを見出そうとする人々を描く『フェイク~我は神なり』(二〇一三年)という二本のアニメーション長編で、現代の韓国社会の闇に真っ向からぶつかる猛毒のエンタテインメントを作り上げた。初の実写長編『新感染 ファイナル・エクスプレス』(二〇一六年)の韓国での記録的な大ヒットは記憶に新しいが、その前日譚として、第三作の長編アニメーション『ソウル・ステーション／パンデミック』（二〇一六年）も作っている。象徴的なことに、ゾンビものである。旧来の常識に囚われて生きるしかない人間たちには、生き生きとした動きは似合わない。そんなものは単なる幻想だ——そんな声が聞こえてくるかのようだ。

CG時代、カクカクとしたアニメーションは、世界各地へと広がっている。まるで感染するかのごとく、ゾンビのように。それはデジタル表現が盛況を迎えているからだろうか？　アリ・フォルマンとヨン・サンホの作品を観ていると、それだけではないと思えてくる。私たちの現実をしっかりとエグるためには、この動き以外にありえない——ゾンビのように生きる私たちの姿を描くためには。

『コングレス未来学会議』監督：アリ・フォルマン
製作国：フランス＝イスラエル＝ベルギー＝ポーランド＝ルクセンブルク＝ドイツ　発表年：二〇一三年／日本公開年：二〇一五年
『ソウル・ステーション／パンデミック』監督：ヨン・サンホ　製作国：韓国　発表年：二〇一六年／日本公開年：二〇一七年

初出：『映画秘宝EX激闘！アジアン・アクション映画大進撃』（洋泉社MOOK 映画秘宝EX・二〇一七年）

「つくりもの」の可能性を信じる、人工性
――ミッシェル・オスロ『ディリリとパリの時間旅行』

「自然であることはとても良いが、崇高であることはさらに素晴らしい。」――『ディリリとパリの時間旅行』にまつわるインタビューで、ミシェル・オスロはこう語る。本作でも重要な役割を果たすサラ・ベルナールが舞台でのパフォーマンスについて語ったことを引用したものだが、これはオスロのアニメーション美学を集約する言葉ともいえるのではないか。

アニメーションは基本的に、観客がその世界に没入することができるよう、それがつくりものであることを前面に押し出さないようにする。つまり、「自然」な状態を擬態しようとするのだ。一方オスロは、「自然」を超えたものをアニメーションに持ち込もうとしてきた。レース素材や紙、影絵など、オスロは素材自体を前景化する作品を作ってきた。ただしアナログにこだわるわけでもなく、CGでの表現にも躊躇しない。CGアニメーションが行うこともまた、基本的には「自然」のシミュレートである。一方で、オスロのCGアニメーションの造形は、まるで加工された水晶や宝石のように輝き、その人工性を確かなものとして感じさせる。本作でも、人物造形にその特徴が出る。3DCGでモデリングされたキャラクターたちは異様

な物質感・存在感を放っている。表情はまるで舞台上の俳優のようにライティングが施される。実際、3Dモデリングのうえに、ドローイングの線を用いて、キャラクターに当たる光を「描いて」いるようなのだ。舞台俳優にメークアップするかのように。その一方、服装はベタ塗りの2Dのグラフィックで作られる。顔とそれ以外とで次元の違うものが共存する美しき「つくりもの」として、人物造形が完成する。

本作のビジュアル世界は様々な人工物の壮大なコラージュであり、ここに「自然」の居場所はない。背景にはオスロ自身が撮影をした現実のパリの写真が使われているが、3Dをはじめとするグラフィックに混じりこむことで、美的かつ異質な印象を与える。CGというコンピュータ内にしか存在しない全くの人工物から、現実のパリの風景――それはまさに実際の人間たちが作り上げてきた壮大な「つくりもの」である――まで、出自の異なる様々なモノが結集してこの美しい世界を作り上げる。

「自然」を超えること。それはフランス・アニメーションの伝統でもあった。ポール・グリモー、ジャン＝フランソワ・ラギオニ、ルネ・ラルー……その作品は常に社会批判の視点を持ち、崇高なビジョンに基づいた世界観を提示してきた。『ディリリとパリの時間旅行』は、その伝統を受け継ぎ、先鋭化する。本作の制作に並行して、フランス（のみならず世界）は激動の時期に突入している。急激な進歩が起こる反面、互いに心を閉ざし合って異文化を憎み、女性やマイノリティの権利を奪おうとする人々が頭角を表す（まさに本作が描く図式そのままである）。パリもまた幾多のテロに見舞われ、デモも相次いで起こり、色や血筋の違いが差別の元になる。あたかも、人間が野蛮な自然状態に戻ってしまったかのようである。

そんななか、本作はきわめて「進歩的」でいようとする。生来の価値観を疑わず自らを「自然」状態に縛り付けている反動的な人々に対抗し、そこに崇高な理想をぶつけようとする。オスロはフォトリアルな方向性のCGに対し「夢見ることを許さない」ものだと批判しているが、まさに「夢見る」ことこそが必要なのだ。かつての華やかなパリへと戻り、様々な出自の文化＝人工物が混じり合う様子を見せる本作の世界は、まるで夢のなかを探索するようであるし、そしてなにより、今とは違う社会のあり方を作っていけることを夢見させもする。「自然」を超えていき、「つくりもの」の可能性を信じる――それが、『ディリリとパリの時間旅行』が提示するオスロの崇高な理想なのである。

『ディリリとパリの時間旅行』 監督：ミッシェル・オスロ 製作国：フランス＝ドイツ＝ベルギー
発表年：二〇一八年／日本公開年：二〇一九年

初出：『ディリリとパリの時間旅行』オフィシャルパンフレット（チャイルドフィルム・二〇一九年八月二四日発表）

曖昧なアニメーションに共鳴する私たちのざわめき

――フェリックス・デュフール＝ラペリエール『新しい街 ヴィル・ヌーヴ』

二〇一〇年代、アニメーションは長編の分野において大きな発展を遂げた。デジタル化の進展を主な要因として、以前よりも小さな制作体制での制作が可能になったことで、かつてであれば短編の分野に限られていたアニメーション表現の可能性の探求や実験の場が長編にも広がったのだ。

本作『新しい街 ヴィル・ヌーヴ』はカナダから突如として現れたその一例である。カナダといえばカナダ国立映画製作庁（NFB）やフレデリック・バックらの存在を中心に、実験的で革新的な短編アニメーションを生み出す国として知られているが、本作の登場は、長編の場にもその魂が引き継がれたことを意味している。

本作は、アニメーションにおいて曖昧さが持つ可能性を突き詰めようとした作品である。曖昧さは様々な水準で本作を包み込む。ビジュアル面においては、鉛筆で作画されたあとに墨絵で着彩されることで輪郭がぼやかされ、その印象が生まれる。白や黒の群衆はそもそも個々の境界を失っている。

ジョゼフとエマ、そしてユリスといった主要な登場人物たちは、きちんと個別に描写されるけれども、別の意味で曖昧さを帯びる。悩みや迷いに揺れ動き続けるのだ。まるでスクリーンのこちら側にいる私たちと存在のあり方がなんら変わらないように。彼らのことを果たして「キャラクター」と言っていいのか戸惑う。「人物」と言うほうが適当に思えるほどに、その存在は現実の揺れと重みを持つからだ。あたかも、異物が現実からアニメーションの世界のなかにドスンと落ちてきたかのように。

アニメーションは基本的に、なにかを単純化したり、意味をストレートに伝えようとする。根本的に作り物であるがゆえに、ノイズが混ざってしまうと、観客を引きつけることに困難が生じてしまうので、クリアであろうとするのだ。本作においては、目の前の人物たちははっきりとした輪郭を持つように見えつつも、そこにはノイズが混ざっていく。そこに本作の「実験」性があると言ってもいいかもしれない。

本作を「動かす」にあたっての監督の方法論もまた、一般的なアニメーションとは違ったほうへと意識を向けていく。監督は本作を作るに当たって、「行為《アクション》」ではなく「実在《プレゼンス》」のアニメーションを志向したと語っている。重要なのは、描かれているものの存在の重みを感じ取らせることなのだ。

アニメーションにおいては長らく何かが「動く」ことが大事と考えられてきた。NFBのアニメーション部門の初代長官ノーマン・マクラレンは、アニメーションにとっては運動の創造こそが重要なのであり、何が動いているのかは二義的なものなのだと語った。それは、マクラレンが世界的に著名な実験アニメーション作家として数々の抽象作品を手掛けてきたことを考えると納得がいく。

一方で、本作が目指すのは、ある存在が「そこにいる」のを示すことである。ここではむしろ動きが副次的なものとなる。存在を示すためにこそ、動く。「実在」の感覚を描くため、監督は本作における人間たちの動きを「ゆっくり」作画したという。それはあたかも、現実を吟味し、再構築するような行為となる。それによっても、存在をあらためて多面的に、解像度高く（それによって逆にリアルな夢のように）確認される。

人物やモチーフが回転することもその一環だ。様々な角度から眺めさせ、2Dであるにもかかわらず立体的に存在せしめることで、平面的なビジュアルの向こう側に、世界が「実在」していることを感じさせようとするのだ。

世界は揺れる輪郭を持っている。摑まえたと思ったら、別の形へと逃げ出していく。分かったと思ったら、わからなさが増してくる。本作は、そんな曖昧な世界や人間の姿を、アニメーションにしか可能でないやり方によって表現しようとしている。登場人物たちや彼らの住む一九九五年のケベックの世界は、白い画面のなかで墨絵によって浮かび上がるようにして作画されるが、その溶け込むような映像は、人物や世界が絵にすぎないということを主張する。絵であることと実在する人間・世界であることを往還することで、確かなかたちで存在しながら、一方で変容も絶え間なく遂げるのだ。それによって、存在するその何かは、ますます多義的で曖昧になり、捉えたと思えば逃げていくようになる。

監督は、本作のストーリーテリングの仕方を「連想的《アソシエイティブ》」であると語っている。そのこともまた、柔らかな変容を本作にもたらす。一本の連続した物語の筋があるように見えて、実はいくつものモチーフや部品がつながりあうことで、その総体ができあがるようにしているのである。本作は、ジョゼフ、エマ、ユリスの三人がそれぞれにモノローグ的に自分自身の存在を定めようとする物語であり、ひとつではない複数の中心がゆるやかにつながりあい、関わり合うことでできあがっている。彼らは孤独な現代人であり、しかし一方で、社会が熱を帯びるとき、匿名の群衆の一部にもなる。個人の運命と政治的な運命がつながりあうこと、それが本作の物語であると監督は複数のインタビューで何度も語っている。孤独であり集団でもあるという変容の往還がここに生まれる。

「実在」のアニメーションによって現実を吟味・再構築すること。絵と現実を往還すること。個人と集団とがつながりあうこと。そういった仕掛けを通じて、本作は最終的にポジティブな意味を帯びていく——人は変わる、ということを語るように思えるのだ。しかもそれは、なんらかの原因に起因するものではなく、ただ単に変化してしまう、ということを示している。


主要な登場人物の三人は、迷い、悩み、戸惑い、そして決断するが、また迷ったり、かと思えばとんでもない跳躍もする。偶然置かれたシチュエーションに反応したり、熟慮があるとき突如として実を結んだり、何も理由はないがとにかく吹っ切れたり、いろいろな要因が、あるとき突然、人を変えていく。良い方にも、悪い方にも。しかしどれも決定的な変化ではなく、勇敢な決断のあとにまた、迷いが訪れる。

本作の終盤、ジョゼフは鐘を鳴らす時、果たして何者としてそこにいるのか。それを観たユリスの心のうちではなにが起こっているのか。その鐘の音を聞いたはずのエマは何を思うのか。その問いに対する答えは決して定まることはない。当の本人たちでさえ、理解はしていないのかもしれない。ただ間違いなく、三人は何者かとして、そこに存在している。ただ揺れ動きながら。

本作のラストに鳴る鐘は、彼らと同じく曖昧で迷い続ける身体を持つ私たちに眠っている多面性を引きずり出し、ざわめかせるための合図である。自分は自分であり、しかし思っていた自分とは違った存在として、過去や未来、孤独や群衆の熱狂につながりあい、しかしその集団化を経てまた新たに個として浮かび上がる。そんな絶えることなき、ざわめくような変容を帯びた存在であることに気づく、その震えるような体験こそが、本作におけるアニメーションの曖昧さがもたらす可能性だ。

揺れる隙間に人間や世界の実在が立ち現れるとき、私たちは自分自身もそういう曖昧さのざわめく存在であることをどこかで感じ取り、その鐘の合図に、共鳴を覚えていく。本作の曖昧さは、人間を変容の可能性の動的な塊として、世界をざわめきの止まらぬ何ものかとして提示するためにある。

『新しい街ヴィル・ヌーヴ』監督：フェリックス＝デュフール・ラペリエール
製作国：カナダ　発表年：二〇一八年／日本公開年：二〇二〇年

初出：『新しい街ヴィル・ヌーヴ』オフィシャルパンフレット（ニューディアー・二〇二〇年九月一二日発表）

ギンツ・ジルバロディスと、遥か彼方へと向かう冒険——『Away』

僕がギンツ・ジルバロディスという作家を知ったのは二〇一四年、オタワ国際アニメーション映画祭を訪れたときのことだった。彼の名前を世に一躍知らしめた短編作品『プライオリティーズ *Priorities*』（二〇一四年）がノミネートされていたからだ。北米最大のアニメーション映画祭であるオタワは、アーティスティック・ディレクターのクリス・ロビンソンのチョイスのユニークさで知られる。技術力よりは語られる物語・題材の生々しさ・切実さ、もしくは何らか光るものが感じられる作品を優先してコンペティションの作品が選ばれる傾向にある。上映も、「短編」という共通項のもと、一般部門や学生部門、さらにはCMやミュージック・ビデオなどの依頼作品も、すべてがごちゃまぜにされて上映される。いろいろなものがゴッタ煮となって、予期せぬ面白い発見がある映画祭なのだ。

ジルバロディスの作品は、そんななかで異彩を放っていた。『プライオリティーズ』がノミネートされていたのは高校生部門で、現在では廃止されてしまったこの部門の作品は、四—五ほどに分かれた短編上映プログラムのトップを飾ることが多い。高校生が作ったものであるわけなので、題材も手法としてもかわいらしいものが多く、「場を暖める」のに最適だと考えられていたのだろう。

しかし、『プライオリティーズ』は、「前座」という枠に収まりきらず、クオリティが突出していた。高校生が作ったということが信じられなかった。大人顔負けのうまさがある、ということではない。これまでの価値観では計りきれない、未知なるものを観たと思ったのだ。CGで作られたこの作品は、デザイン面はとてもシンプルで、でも高校生がひとりで作ったCGであることを考えると、当たり前のことなわけだが、それがひとつもマイナスには感じられない。むしろ、このスタイルだからできることが追求されている印象があった。なによりも、そこに確固たる「世界」が存在している感覚があったのだ。

『プライオリティーズ』(監督のVimeoページで観ることができるので是非チェックしてみてほしい)は、飛行機事故で無人島に流れ着いた青年と犬のサバイバルの物語を、美しく、そして迫真的に描く。不安定に揺れるカメラも印象的だった。まるで手持ちのカメラで撮影したかのような映像が、その場に居合わせているような臨場感と緊迫感を与える。

『プライオリティーズ』に圧倒的な新しさを感じた僕は、自分がフェスティバル・ディレクターを務める新千歳空港国際アニメーション映画祭のコンペティションでも上映させてもらった。ジルバロディスも来てくれて、そこで初めてきちんと話した(とてもシャイで内気で、声のトーンも抑えめで、なかなか感情を読み取るのが難しいのだが、しかし話し始めると止まらない、隠れた情熱のある好青年だった)。曰く、彼はかつて、ドローイングや立体でのアニメーション制作を試していたらしい。しかし、どうもうまくいかなかった。そこでCGを試してみたところ、しっくりときた。CGはカメラが操作できる。それが良かったのだという。

ジルバロディスははっきりと、自分自身の作家性はカメラにあるということを語っていた。彼の作品から感じた新しさとはこれだったのか、と思った。アニメーションはキャラクターを魅力的に動かすことだと思われがちだが、そうではない。人工的に組み立てた世界をいかにして撮影するか。それこそが彼にとってのアニメーションである。それは圧倒的に新しい。

『プライオリティーズ』から数作を経て、ジルバロディスがたった一人で作った長編アニメーション作品『Away』は、二〇一九年、ザグレブ国際アニメーション映画祭でワールド・プレミアされた。僕は幸運にもその場に立ち会うことができた。会場のスクリーンはとても大きく、そんな環境で観たこの作品は、とても一人で作ったことが信じられない、途轍もなく大きなスケールのもので、心底感動した。またここで、新しいアニメーションの可能性が花開いたと感じた。上映が終わり世界初上映を終えて興奮気味のジルバロディスといろいろと話したが、制作環境の話題になったとき、バッグからMacのノートパソコンを取り出して、「これだよ」と言っていたことにとても驚いた。そこらへんの大学生でも揃えられるノートパソコン一台という環境で、彼はこの個人制作3DCG長編という前代未聞の作品を完成させてしまったのだ。

『Away』はその後、世界最大のアニメーション映画祭アヌシーのコントルシャン部門でグランプリを獲得した。インディペンデントな長編を対象としたこの部門は二〇一九年に初めてできたもので、ジルバロディスはその初代王者となったのだ。前代未聞のこの作品にはまさにその賞はふさわしいわけだが、本人にとっては全く予期せぬことだったらしく、授賞式のあとに目撃した、トロフィーを裸のままで抱えて興奮気味に会場の出口あたりをウロウロする姿は、とても微笑ましかった。

『Away』もやはり、カメラが雄弁に語る。それにより、小さいのに大きな、どこまでも広大に広がる世界の姿が浮かび上がる。四章構成の『Away』は、舞台となる島を四つのセットに分けて作り（ソフトウェアはMayaだそうだ）、そこに少年と鳥、その他動物たちのキャラクターを配置して動かす。そして、彼らの必死な生存の模様を、揺れるカメラでドキュメンタリーのような臨場感を出しつつ撮影することで作られた。

前述のとおり、ジルバロディスは、カメラで語る作家だ。本作において彼はそこにこだわり抜いた。少年と動物たちの行動をどのようにして撮影するのか、何度も何度もテスト撮影を繰り返すことで見定めていった。ノートパソコン一台で、一人の力で作られた本作は、だから実際には、とても小さなセットのなかの物語である。でも、ジルバロディスがこだわりぬいたカメラワークによって、途方も無いスケール感を出すことに成功している。小さなパソコンの画面で作られたこの作品には、映画館の巨大なスクリーンに負けない大きさがある。いや、本作はむしろ、巨大なスクリーンで観ればみるほど、より没入感を与え、その小さくて大きな世界のなかに少年や鳥たちと一緒に「生きている」感覚を感じ取らせてくれる。

『Away』の設定について、ジルバロディスはそれほど多くの説明を与えていない。あたかも、そこから意味を見出すのは観客それぞれである、と言わんばかりに。この世界は夢にも見えるし、サバイバルのための鬼気迫る逃走の現実を描くようにも見えるし、死後の世界にさえ見える。カメラワークのみならず、物語全体が、世界の中にたゆたうのだ。その夢見心地の感覚も、小さな世界に広大さを与える。

『Away』においては、全貌は見えるようで見えず、隠され続ける。始まりや終わり、つまり物語の「端」を見せない。それゆえに、その解釈はオープンエンドになる。そしてそのことが、この作品の鑑賞体験に心地よさを与える。それぞれの観客が、自分にだけ意味を持つ、自分だけが存在する場所にいるように感じさせてくれる。

それは、誰も踏み入れていない場所へと進む、冒険の感覚に似ている。どこからどこへと向かうのかわからず、常に途上にいるということ。それはなんとなく、人生そのものにも似ている。前代未聞のやり方でアニメーションを作り、道なき道をゆくジルバロディスの姿がそこに重なったとき、人生は冒険のようなものであることを、冒険のようなものであっていいことを、思い出す。僕たちは、どこか遠く、ここではない遥かなる向こう側《アウェイ》へと向かっていく、そんな存在であるのだということを。

『Away』 監督：ギンツ・ジルバロディス 製作国：ラトビア 発表年：二〇一九年／日本公開年：二〇二〇年

初出：『Away』オフィシャルパンフレット（キングレコード・二〇二〇年一二月一一日発表）

「絵による映画」がアニメーション映画を更新する

――オーレル『ジュゼップ 戦場の画家』

フランスを拠点に風刺画やイラストレーションで活躍するコミックアーティスト、オーレルは、今から十年ほど前、画家のジュゼップ・バリトロの存在をふとしたことから知ることになる。彼の絵から受けたその衝撃から、オーレルは「バリトロを表現したい」と思いを抱き、映画を作った。

その映画『ジュゼップ 戦場の画家』（二〇二〇年）は、アニメーション映画ではない。オーレル自身がそのように言っている。彼によれば、アニメーションを作るには「絵を動かす」という独自の方法論をマスターする必要がある。イラストレーターである自分は手を出せない領域なのだ。では『ジュゼップ』は何かといえば、Drawn film（絵による映画）であると彼は語る。この映画の中心にあるべきは、アニメーションではなく絵なのだ。

とはいえ、アニメーション映画の専門家である僕にとって、本作はとても興味深い。「絵」を中心にするという方法論を採用したがゆえに、逆説的に、アニメーション映画の新たなあり方を発明していると思うからだ。

この映画は、二〇〇〇年代後半—二〇一〇年代前半の長編アニメーション映画シーンで流行した二つのジャンルが進化したものとして捉えられる。そのジャンルとは、「コミック作家による長編アニメーション」と、「アニメーション・ドキュメンタリー」である。前者であればバンド・デシネ作家のマルジャン・サトラピが監督した『ペルセポリス』、後者であればフィクションやドキュメンタリーなど実写畑の人間だったアリ・フォルマンが監督した『戦場でワルツを』がその代表例となるだろう。この二作は、当時のデジタル・ソフトウェアの発展により、「アニメーション映画」の技能がなくとも「絵による映画」を作ることが可能になった時代——動きはソフトウェアが付けてくれる——が生み出した傑作である。

アニメーション映画の専門家によるものではないこの二作が代表する両ジャンルは、アニメーションを「手段」化したという点でも共通している（つまり、『ジュゼップ』と同じく）。僕はかつてこれらのジャンルの作品のあり方を、「アニメーテッド・ドラマ」と表現したことがある。映画の中心にあるのは（自叙伝的）「ドラマ」であり、そのために「絵が動く」ことが副次的に必要になった作品、という観点によるものだ。

これらの作品のラインが交差するところに存在する『ジュゼップ』は、「絵」にこそ重点を置くという意味においてユニークだ。とりわけハイライトとなるのは、強制収容所を描いたバリトロの絵の登場シーンである。アニメーションは、その登場を際立たせるための「前座」にすぎない。

本作は、かなり意識的にビジュアル面での使い分けをしている。現在の視点から回想される構成のこの映画において、現在から遠い過去のシーンは、色調も暗く、アニメーションもほとんど紙芝居に近いくらいに動かない。一方、シーンが現在に近づくにつれ、次第に色合いや動きを豊かにしていく。それは、バリトロの絵のスタイルの変遷——白黒の荒い線による線画から、輪郭線の消えた豊かな色面——に対応している。あたかもバリトロの絵を際立たせるためにこそ、映画全体が構成されていて、アニメーションはそれを手助けするために、動いたり動かなかったりするようなのだ。

さらなるビジュアル面での工夫が、本作を際立たせる。本編のビジュアルはオーレル自身の絵のスタイルで統一され、バリトロ自身の絵を模倣するようなことはしない。本人の絵が登場するときは、映画自体のビジュアルに馴染ませることをせずに、そのまま画面に出している。強制収容所を描いたバリトロの絵は、現在の平和で色彩豊かな生活と決して馴染んではならない、という強い意志を持つかのように、グロテスクに登場する。音響も、まるで画面全体が苦悶の叫び声を上げるかのごとく響き渡る。それは、「生命を生み出す」芸術であるアニメーション技法を活用しては決して表現しえないような、静止画としての絵の力——動かされることを拒絶するようなー——によるものでもある。本作の「絵による映画」の本領は、ここにおいて極まる。


一方で、本作が与える最も強い印象は、強制収容所の非人道性ではない。むしろその逆で、そういった経験を各々隠し持った人たちが織りなす、人生の豊かな色模様である。本作は「コミック作家による長編」でもあれば「アニメーション・ドキュメンタリー」でもある。しかし、これらのジャンルが自叙伝的なテーマを取り上げがちなことに比べて、本作における「私」性のようなものは、極めて薄い。伝記も出版されていないジュゼップ・バリトロを「表現」するモチベーションで作られている本作において、オーレル監督は、「ジュゼップの存在に心を動かされた人」である。だが、この監督の立ち位置にこそ、この映画の感動の核心が隠れている。

本作が語るのは、「誰かの目を通じた」ジュゼップであり、「誰かとのつながりのなかでこそ生き延びてきた」彼についての物語である。本作においては、ジュゼップの存在は決して中心にならない。重要なのは、ジュゼップの描いた絵、そして本人によって感化され、自分自身の人生を変えてしまった人たちがいる、ということだ。そして、そのような人々のとった行動がまた翻って、ジュゼップ・バリトロという人物自体を新たに表現し、更新していく。

本作がフィーチャーするジュゼップ・バリトロの絵は、初期の線画のみではない。輪郭線もなく、穏やかで鮮やかな色の塊となった晩年の絵画も印象的に登場する。その絵の美しさ——それはそのまま、この映画の美しさでもある——は、メキシコ時代のバリトロと愛人関係にあったフリーダ・カーロが本作で語るセリフが、見事に言い当てている——「現実には描線も輪郭線もない／さまざまな色の塊がせめぎ合っている／そして補完しあっている」

本作が描くのは、芸術家についての映画がよくあるように、才能ある人間の孤独な物語ではない。とある人が生き、表現したことが、その周りの人たちを触発し、その人生に彩りや意味をもたらしていく、孤独とは程遠い物語だ。バリトロと、そのまわりの人々が織りなす色とりどりのマッス（塊）——「絵による映画」である『ジュゼップ 戦場の画家』は、決して消えてはならない過去の痛みも忘れないままに、それもまたひとつの色として、人生総体の絵を描くことに成功した映画である。

『ジュゼップ 戦場の画家』監督：オーレル　製作国：フランス＝ベルギー＝スペイン　発表年：二〇二〇年／日本公開年：二〇二一年

初出：『キネマ旬報』二〇二一年八月一五日号

二一世紀の「アニメーション映画」

cinéma d'animation

揺らめき、震える世界——山村浩二『カフカ 田舎医者』

実写映画が鏡を覗きこむようなものだとすれば、アニメーションとは水面を覗きこむようなものなのではないだろうか。平穏であれば鏡のようにもなる水面は、一旦波乱が起きてしまえば、そこに映る姿は震え、歪む。雪の降りしきる田舎町を舞台とする『カフカ 田舎医者』に水面自体は登場しないが、それに似た感触が作品全体に響いている。まるで水面に映っているかのように、キャラクターの姿は絶えず震えていて、かたちを歪ませる。

山村浩二の幾つかの作品には揺らめく水面が登場し、それを覗きこむ存在に揺さぶりをかけていた。大学の卒業制作『水棲』では、水面に落ちるリンゴが人物の姿を揺らし、魚に変化させる。『頭山』のラストでは、自分の頭にできた池を覗きこむ主人公の男は、同じようにして頭を覗きこむ無数の自分の姿を目撃してしまい、混乱して身を投げる。水面は鏡のように姿を正しく映してはくれないので、心には不安が訪れ、気持ちは波立ってくる。

山村によれば、『カフカ 田舎医者』における震えや歪みは、キャラクターの波立つ気持ちを映像によって表現するものなのだという。例えば、自宅から遠く離れた患者の家で、凶悪な馬子と共に残された下働きの娘のことを考える医者のシーン。医者の気持ちが徐々に乱れていく様子が、輪郭線の激しい揺れとして表現されていることがわかるだろう。普通であれば台詞や演技で表現される内面的な感情が、震えによって表現されているのである。アニメーションは一枚ずつ描きなおすがゆえに、連続して映写するときに震えが生まれてしまうこともある。だが、この作品ではそれが効果として意識的に使用されているのだ。あまり見ない例だ。

山村はこの効果を「精神の遠近法」と名付けている。「精神の遠近法」は、一般的な遠近法が目指すような目で見る世界ではなく、心が覗く内面的な世界を表現する。震える心が見る世界なので、遠近法は一つに安定せずに変化して、キャラクターたちは姿を絶えず歪ませる。唐突に大きくも小さくもなる。モノや人間自体のアイデンティティも不確かになる。頭蓋骨である月は首つりロープに変わり、そこに垂れ下がる医者も馬へと変わる。広島市現代美術館で開催された山村の個展は「可視幻想」と題されていたが、『カフカ 田舎医者』は内面的な幻想や夢の世界を可視化する。普通では目に見えるはずのないこの世界は、鏡が映すようなものではない。その揺れる世界を見つめていると、次第に不安が増してくる。

だが、揺れる状態というのは、そのリズムに乗ってしまえば楽しくもある。『カフカ 田舎医者』の世界は、目によって「聴く」ことができる。馬は首をゆらゆらと左右に揺らし、布はぶんぶん振り回され、医者は頭をぐるぐると回す。歪みや震えと並んで特徴的なこれらの反復の動きは、この奇妙な世界にユーモラスな雰囲気を与え、心地よいリズムを生み出している。この作品では、オンド・マルトノという電子楽器が大々的に使用されている。「オンド」とはフランス語で「波」の意味を持つ。この楽器が響かせる特徴的なビブラート（またしても「震え」だ）は、映像の揺らぎを補強するかのようにして、作品全体をさらに波立たせ、そのリズムを強めていく。

あまりに大きな揺らぎは、再びこちらの心を波立たせはじめる。大きく揺れる水面を見つめつづけると、自分の居場所がわからなくなってしまうものだ。『カフカ 田舎医者』のラストの展開は、まさにそんな不安感を体験させる。医者は行きと違う道を帰っているように思える。その背後に見える不気味な光景は何なのだろう。最後に見える二人の人影は一体誰なのか。医者はどこへ向かっているのだろう。そもそも彼は、一体どこにいるのか。フラッシュが頻繁に炊かれ、視界は微妙にずれ、カメラの視点がサッと入れ替わり、前後のシーンのつながりは次第に不安定になる。いろいろな音や視界が混じりあい、今見ているのが夢なのか現実なのかがわからなくなる。これらのシーンによって、映画の中でこれまで当たり前に見てきた世界もまた、突如としてその位置を揺らがせてしまう。アニメーションは確かにどこにもない世界を提示できるのだが、せめてどこかの世界であってほしいと願ってしまう。

『カフカ 田舎医者』のこの奇妙な世界が持つ感触は、悪夢が妙な現実感を持つときに感じてしまうものなのかもしれない。もしくは、悪夢から目覚めたばかりの混乱した頭に周りの事物が生々しく飛び込んできて、夢と現実の区別がつかなくなってしまうときの感触。この作品は水面を揺らす。そこに映る映像は、いまにも現実とひっくり返ってしまいそうだ。水面はそれを覗きこむ人の存在を揺らがせるものだった。僕たちは揺れる水面のどちら側にいるのだろう。二つの世界の間で揺られ、震えてしまう。

『カフカ 田舎医者』 監督：山村浩二 製作国：日本 発表年：二〇〇七年／日本公開年：二〇〇七年
初出：『カフカ 田舎医者』劇場用プログラム（松竹・二〇〇七年一一月一七日発表）

ライアン・ラーキンという「現在」

私はいかなる過去についても話したくない、なぜなら私が生きているのは常に現在だからだよ、と『ライアン・ラーキンの世界 特別版』（二〇〇四年）でラーキンは言っている。自分についてのドキュメンタリー『ライアン』（二〇〇四年）が作られると知ったときの素直な反応がこうだったという。ライアン・ラーキンを語る際には、いつも過去がついてまわる。若くして米アカデミー賞にノミネートされた栄光の過去と、そこからの惨めな転落。『ライアン』がまさにそうであったように、天才アーティストの悲劇の物語が彼については常に語られるのである。生涯を通じて過去にまとわりついてこられたラーキンのことだから、この発言は、そんな過去などもうまっぴらだ、という至極まっとうな反応なのかもしれないし、もしくは単純に、自分の過去から目を背ける言い訳なのかもしれない。

ただ、彼のこの発言は、そのまま彼自身の作品を評する言葉になりそうでもある。たとえば、『ストリート・ミュージック』（一九七二年）を特徴づけるあの活力溢れるメタモルフォーゼは、過去がどうかは存ぜぬとばかりに一瞬前の形状を裏切っていく、まさに常なる「現在」をみせつけていくようなものであり、彼の作品が滾らせる運動と変容は、今ここ以外を忘れさせてしまうようなものでもある。

興味深いのは、ラーキン作品のこの美しく瑞々しい変容のイメージが、現実の観察から生まれていたということだ。内的世界にどっぷりと浸かっていきがちなアニメーションにとっては珍しいことかもしれないが、ラーキンのアニメーションは路上で生まれるものなのである。彼は人間観察を愛し、まるでデッサンするかのように人々の動きを捉え、もしくは空想力を働かせて彼らをモンスターのなりに変えていく。それゆえに、彼は外の世界に没頭し、同時に自分の内の世界にもまた没入していたということになる。ラーキンは『ウォーキング』（一九六八年）の歩く姿がロトスコープを使ったものではないことにご満悦で、あれらの動きは全部私の心から出てきたんだよ、と言う。しかし彼の作品は、とある「芸術家」の内面世界を畏れ多くも覗かせるようなものではない。ラーキンの作品には見つめる人がたくさん登場する。『ウォーキング』の冒頭に配された数々のドローイングには、スクリーンのこちら側に目を向ける人たちが多く描かれている。『ストリート・ミュージック』の冒頭の実写映像には、カメラの方をじっと見つめるストリート・ミュージシャンたちの姿が映る。そういった視線のあとに始まるラーキンのアニメーションは、自分のことを見つめる人たちに「どうだい？」とでも言わんばかりに奔放なイメージを見せつけるかのような、そんなサービス精神にも溢れているのだ。

それゆえに、ラーキンの作品を観るとき、僕たちはふたつの距離を体験すると言えるのかもしれない。一方で、視線を交わしあい見つめあう人々の姿がある。ラーキンの世界をつかの間だけ共有する親密な近さと、見る人と見られる人がきっぱりとわかれてしまう遠さ。最初から最後まで同じものを共有しつづけるわけではなく、距離を取ることもまた要求される。彼の世界と完全に一体化してしまうようなことは許されない。思えば、『ウォーキング』だって『ストリート・ミュージック』だって、ものすごく愛らしい世界ではありながら、その信じがたいくらいのリアリティやあまりの奔放な展開ぶりは驚きでしかないわけだし、完全に吸収し理解してしまうことを容易に阻むような、眼前で常に逃れていってしまうような異質さもまたどうしても感じられてしまう。

ラーキンをめぐっては、親密さと疎遠さとが絡み合う。『ライアン』のラストが思い出だされる。クリス・ランドレスは、街を行き交う人々に小銭を求めるラーキンの姿を見つめ、それに気づいたラーキンは、おどけた仕草でお辞儀をする。ランドレスは『ライアン』で、ラーキンや彼の人生に思いを馳せ、アルコールをやめろと助言さえしていたが、しかしそれは結局ラーキンを変えることがなかった。このラストシーンは、二人のあいだにある決してゼロにならない距離を象徴するかのようである。ラーキンには他人の視線や関心を引き寄せずにはいられない何かがあったようで、ランドレス以外にも彼に自分の人生を重ねたり、路上生活をするラーキンを救おうとする者は多かった。しかし『ライアン』の例と同様にして、ラーキンはその救いの手を最終的にはいつも振り払ってしまっていたようだ。彼は物乞いをするにあたっても、惨めさが生み出す同情で人を引き寄せるのではなく、刹那的な出会いのなかで、人々に対してパフォーマンスをして楽しませることで、日々のビール代を稼ごうとしていた。彼のこの態度もまた、演じる人とそれを受け止める人とのあいだに親密かつ疎遠な距離を作り出す。

それゆえに、ラーキンの作品と向き合うことと、彼自身と向き合うこと、その二つは似ているのかもしれない。経歴からわかる彼の移り気な性格を、彼の作品から読み取る人は多い。もしかしたら、ラーキンの場合、作品も人生も、同じようにラーキンによって貫かれているといえるのではないか。『シティスケープ』（一九六六年）から『ストリート・ミュージック』までに共通する路上というテーマは、あたかも彼のその後の人生を予見していたようでもあった。だからこそ、自分にとって過去などないというラーキンの言葉は正しい。遺作の『スペアチェンジ 小銭を』（二〇〇八年）は路上生活での経験を取り上げるものとして構想されていたわけだし、それならば、人からみれば転落に思えた人生も、彼にとっては新作に向けた準備であり、やはり彼は常に「現在」の最中にいたといえるのかもしれない。
個人的な話をしてしまって恐縮だが、僕はラーキンの死の知らせを聞いて、彼と一度も直接対面したことがないにもかかわらず、尋常ではないショックを受けた。しかしそれは、天才アーティストの没落物語が悲劇的な結末を迎えてしまったからなんていう理由からではない。ラーキンの作品があまりにラーキン自身に似ているように思えるので、作品を愛することを通じて、なんだかラーキン自身が自分のなかに住み着いているように感じてしまっていたからだ。私は永遠に生きたいんだ、と生前のラーキンが漏らしていたことがあったという。自分の身体でなくてもいいから、みなの心の中で生きられればいいんだ、と言っていたという。ラーキンの場合、こんなセリフはまったく陳腐なものではなく真実で、充分にありえることなのだ。たとえば僕は、この現実の世界に生きて、今目の前で展開する人々の動き、そしてそれを捉える心が引き起こすめくるめく変容にふと愛おしさや歓びを感じたとき、ラーキンの作品が植え付けていった彼のまなざしが、自分のなかで蘇ってくるのを感じる。ラーキンの作品は愛おしくて同時に異質なものでもあり、それは誰かの存在そのものを自分の中に住まわせるときの感触に似ている。それゆえに、ラーキンの眼差しを胸に潜ませ、時にはその視線で世界を眺めていくことができれば、彼は永遠に「現在」として生き続けていくといえるのではないか。ライアン・ラーキン、そして彼の作品の存在は、そういうものであるに違いない。

『ライアン・ラーキン 路上に咲いたアニメーション』 監督：ライアン・ラーキン、クリス・ランドレスほか
製作国：カナダ　日本公開年：二〇〇九年

初出：『ライアン・ラーキン 路上に咲いたアニメーション』オフィシャルパンフレット（トランスフォーマー・二〇〇九年九月一九日発表）

定点観測——ウィリアム・ケントリッジ「プロジェクションのための9つのドローイング」について

アニメーションは物理的制約を蒙ることがないゆえに無限の自由が可能になるとはよく言われることだが、実際にはそうではない。アニメーションの自由は、制作者の想像力の限界によって厳密に規定される。そして、ウィリアム・ケントリッジの「プロジェクションのための9つのドローイング」は、そういったアニメーションの本性に沿いながら、彼自身が捉え想像するすべてをそのキャンバスの平面に浮上させる。

ケントリッジはこのアニメーション作品のシリーズを、あたかも自分の思考の変遷を逐次デッサンするかのごとく作っている。大多数のアニメーションは、高度な分業のもと、集団によって一本の作品を作るので、完成形のイメージがあらかじめ共有されている必要があるが、それと比較すると、ケントリッジはたった一人でキャンバスに向かい、ほんの少しの木炭をそこに描き加え、そして少し距離を置いたところにあるカメラの元へと歩いていき、撮影する。そしてまたキャンバスへと戻り、木炭を再度加えていく。

この作業工程は、彼に即興性を許す。ケントリッジは作品の制作にあたってあらかじめ全体像を抱かない。制作中の即興的な変化に身を任せ、おぼろげで曖昧なものであった来るべき作品の完成形に、徐々にかたちを与えていく。ケントリッジは、たった一枚のドローイングを仕上げていく際でさえ（アニメーション作品においてはワンショットとなる）、自分の興味関心が当初とは違うところへと次第に移っていくと言っている。アニメーション技術によってその生成過程が記録された彼のドローイングは、そのときどきに彼を捉えるものを反映し、それゆえに当然のことながら、変容を繰り返すこととなる。

アニメーションに対する取り組み方のこうしたユニークさは、彼のアニメーション作品を思索過程のデッサンに仕立てあげる。シリーズが進展するにつれ、中心的な登場人物たちがそんなケントリッジの姿と大きく重なっていくのも、当然の帰結であるのだろう。

このシリーズの作品は年代を追うに従って、内省的なものとなっていく。第一作『ヨハネスブルグ、パリの次に素晴らしい都市』（一九八九年）において、ケントリッジと外見的に酷似した裸の男フェリックス・タイトルバウムはストライプのスーツを着た実業家ソーホー・エクスタインに肉弾戦の戦いを挑むが、それと比較すると、『流浪のフェリックス』（一九九四年）や『潮見表』（二〇〇三年）における二人の受動性は驚くべきほどのものである。前者においてフェリックスは部屋から飛び出さず、虐殺を記録に留めようとする黒人女性を想起しようとするだけだし、後者においてソーホー（彼もいつしかケントリッジの写し絵のような姿になっている）は、過去の記憶を想起しながら、永遠に打ち寄せる波が人々を洗い流していくさまをただじっと眺めるだけなのだ。ケントリッジは、この「ドローイング」シリーズの制作の途中に、フェリックスもソーホーも共に自分の分身であることを発見したと語っているが、彼らはいつしか積極的な行動を避け、変容する周囲をただ受け止めるだけになるのである。

ケントリッジのアニメーション作品がいかなるものであるのかを理解するうえで象徴的なシーンがある。『忍耐、肥満、そして老いていくこと』（一九九一年）において、フェリックスは「世界に耳を澄ませる」。彼のアニメーション作品を語るにあたっては、外部世界との関係性について無視するわけにはいかない。彼の作品からは、アニメーションを用いて作りごとの世界をでっちあげようとする気配は微塵も感じられない。むしろ、自分に属さぬ外部であるように思われる世界を注視し、それを適切に認識することが目指されているように思われる。彼はアニメーション制作を通じて、現実を「知る（視る）」ことを望んでいるかのようだ。

ケントリッジは「知る（視る）」ことに対して「見る」ことを対置し、「見る」ことは誤りをもたらすものとして否定的に捉えられる。彼はとある場所でこのように語っている。「ものごとが誤りうるのは、それらが事実に閉じ込められてしまい、プロセスの一瞬として考えられなくなってしまうときだ」。彼がここでいう「事実」とは、今現在自分が目撃しているものが、過去も未来もそのままの姿でありつづけ、絶対的な真理だと思い込んでしまうことである。それに対置される「プロセスの一瞬」としての認知は、「事実」とは逆に、眼前にあるものが過去においては違った状態にあること、それでいて、過去と現在は一連の流れのうちに捉えられることを認識することによって可能となる。「事実」は今そこにあるものを無批判的にただ甘受する（「見る」）だけで到達しうるが、「プロセスの一瞬」に辿り着くためには、今そこにないものの存在が、想像的に補完されねばならない。

ケントリッジは木炭を用いているがゆえに、以前に描かれていたものの痕跡はキャンバス上にうっすらと残りつづける。また、このシリーズは、後年になるに従って過去（登場人物の過去であるのと同時にケントリッジ自身の過去でもある）をテーマにしはじめる。こういったこともまた、今ここにあるものと、かつてあったものとのあいだにプロセスという鎖を通すことであると考えられるのではないか。

ケントリッジのアニメーション作品は、その表現媒体の本性に忠実に、彼の想像力のプロセスの展開となっている。しかし、彼の想像力が向けられるのは、自分を取り巻く世界を過去も含めてまるごと捉えようとする作業だ。それゆえに、作品に反映されるのは、外の世界を「知る（視る）」試みとなる。そして、「見る」ことだけでは捉え難いその世界の姿は、当然のことながら、変容を止めることはない。

アニメーションやドローイングは、「今ここに何があるか」よりも、「今ここにある何かをどのように捉えるか」ということを記録する。それはある意味で、現存するものを現存しないものとどのように結びつけるか、もしくは、現存するものをどのように解釈するかということである。つまりは、無意識的に「見る」のではなく、対象を「知る（視る）」領域へと浮上させていくことだ。

ケントリッジは自らのアニメーション作品が従事するそういった作業に極めて意識的であるように思われる。基本的には黒一色のキャンバスには、ときおり赤や青が現れる。たとえば『流浪のフェリックス』では、大地へと吸収されていってしまう虐殺の現場が、赤い線で検証されていく。『ステレオスコープ』（一九九九年）の青い線は、電話信号の痕跡をなぞり、本来は不可視であるはずのそれを可視化し、果てには人間を破壊し、猫を生み出しさえもする物理性をも保有することとなる。「見る」ことの不可能なものが注視の対象となるのである。

ケントリッジのアニメーションは、夢想も、捉えられた現実も、思い出された過去も、（木炭を用いているがゆえに）かつてあったものの痕跡も、彼の心に去来するあらゆるものをキャンバスの同一平面上に差別なく記録する。「プロジェクションのための9つのドローイング」には様々な記録装置が繰り返し登場する。CTAスキャン、X線写真、地震計……そういったものが何をするかといえば、あまりに混沌とした現実のうちから、ある特定の要素を抽出し、その要素をただ忠実に記録していくことであり、もしくは、肉眼では捉えきることのできないものにかたちを与えていくことである。ケントリッジが行っているのも、こういったことなのではないか。それゆえにおそらく、後年のフェリックスやソーホーの受動性は、「何もしていない」ということを意味しない。今そこにないものや自分に属さないものを見つめ想起しつづける彼らを分身として持つケントリッジは、「プロジェクションのための9つのドローイング」において、過去や空想と現実とを混ぜ合わせながら、目の前の世界のその変容を定点観測しつづける。

「プロジェクションのための九つのドローイング」 監督：ウィリアム・ケントリッジ 製作国：南アフリカ共和国 発表年：二〇〇五年

初出：『現代の眼』（東京国立近代美術館ニュースレター）第五七九号（二〇〇九年発表）

『緑子／MIDORI-KO』、これが私たちの正体だ！

あれは二〇一〇年、北米最大規模を誇るオタワ国際アニメーション映画祭の記者会見でのこと。一般の観客にも開かれ、朝早い時間にもかかわらず一〇〇名近くの聴衆で埋まった会場。その空間が、日本からやってきた一人の監督に対する万雷の拍手で埋められた瞬間があった――一三年かけて完成した自身初の長編『緑子／MIDORI-KO』のプレミア上映のために現地に乗り込んでいた、黒坂圭太に対するものだった。それはこの奇妙な長編を持って極東の国からやってきた黒坂が、日本の商業マーケットにおける『緑子』の位置づけを問われたときのことだったと思う。黒坂圭太は、その質問に対してこんなような答えを返した――自分自身の位置づけはわからないが、ただ私は独力で作品を作ってきたし、これからも独力で作っていくよ、と。拍手が起こったのはこの時である。

なぜ拍手が起こったかといえば、北米のアニメーション・シーンは商業分野が異常ともいえるほどに発達し（日本もまた同じである）、アニメーションといえば大規模スタジオで作られるものだという前提が当たり前になっているからだ。北米の観衆は、長編だろうがなんだろうがインディペンデントで作ってやるのだという反骨心剝き出しの黒坂の答えに心打たれたのである。

世界を見渡すと、近年、個人（もしくは限りなく個人に近い小規模）制作の長編アニメーションは少しずつだが作られはじめている。イギリスのフィル・ムロイ、アメリカのニナ・ペイリーやポール・フィアーリンジャー……黒坂が彼の志を理解する少数精鋭からのサポートを受けて完成させた『緑子』を、この流れのなかに位置付けることもできるかもしれない。

だが、こういった作家たちは、有益なコンピュータ・ソフトウェアを適度に利用しながら、可能な限りの省力化を行うことで長編を完成させている。それと比較すると、『緑子』はそれとは少し毛色が違う。一枚一枚丹念に手描きで絵を仕上げていくやり方で作られたこのアニメーション。戦前にロッテ・ライニガーが影絵を用いてコツコツと長編を完成させたことがあったが、それにも似通ったような感覚がある。つまり、コンピュータがない時代であっても作り得たような、アニメーションの誕生以来常に可能であったはずの、オーソドックスなやり方が採用されているということだ。『緑子』は極めて基本的であるゆえに、逆に反時代的なのである。

だが『緑子』の特異性はそこに留まらない。『緑子』は作品そのものが異質なのだ。日本のみならず世界を見渡してみても、アニメーションが作り出すのは意外と理性的な世界である。作り手の意志が世界の隅々まで反映するので、よくできていればできているほど、その世界は整い、破綻がなくなる。永遠の凪のような小ぎれいさのなかで、観る者の期待や欲求に応えて提示される安心の世界――アニメーションとは基本的にそういうものだ。『緑子』は違う。『緑子』を観ると、アニメーションのスタンダードに欠けているものが見えてくる。アニメーションの世界に理性や精神はある……だが肉体は？

『緑子』は肉体に効く。黒坂史上初めて（作家の言葉を借りれば）「古典的物語」が採用された『緑子』においては、むしろ物語の定型からはみ出す瞬間、その定型がぶち破られた瞬間が、魅力的である。取り繕いが破られる瞬間と、物語の筋とはあまり関係しない数々のディテールが、とても心地よく、そして気持ちいいのだ。

『緑子』で登場人物たちは欲望を剝き出しにする。食べるという欲望だ。『緑子』での食事は快感だ。たとえば、日本ソバの清涼感、そして啜るという行為自体の官能性がタマらない。啜り、飲み込み、噛み砕き、咀嚼する。そんなふうにして生命は成り立つ。つまりそれぞれが境界を持つ個であったものが、砕かれ、混じりあい、次なる生命力を生み出していく。そう考えると、『緑子』は登場人物たち自身が食事行為のエクスタシーの結晶化だ。MIDORI-KOは植物と動物のハイブリッドだし、女子高生は野菜や果物と融合しているし、アパートの住人たちもナチュラルに動物化している。食べる行為が破壊と融合のハイブリッド化であるとするならば、彼らの存在は、ナチュラルな生命力のあり方そのものである。だからこそ、エロや食欲に従順な彼らの行動は、嫌らしさを感じさせず、ウソがなくてとても気持ちがいい。

人は取り繕うし、演じる。取り繕っていないつもりでも、無意識の仕草にそれが出る。他者との関係性や社会の要求のなかでがんじがらめになっており、欲望を剝き出しにする行為は忌み嫌われる。食べれば気持ちいいし、排泄するのも気持ちいいのに、そんなことをあまり口に出してはいけない。だから知らぬ間にストレスが溜まっていく。

『緑子』はそんなタブーを破るだろう。あの祝祭的なラストシーンの高揚感はなんだろう。我欲・独占欲をむき出しにするラストは、自己中心的な視野の狭さではなく、むしろはじけ飛ぶようなスケール感を感じさせる。おそらく生物の生存本能・生殖本能に忠実だからであり、どんなに拘束されようが否定しきれない人間の本性・気持ちよさのツボに寄り添っているからだろう。クライマックスへと至る展開は快楽の嵐だ。真夏の銭湯――このセッティング自体が暑苦しく、かつ気持ちよい――でのくんずほぐれつの肉弾戦と、ジブリ以上においしそうな肉体的かつ官能的な喰いちぎり行為で溢れ出すドロドロとしたもの、そして巨大な排泄・出産。みんながぐちゃぐちゃべちゃべちゃとなめ合いかじりあいを行う様子を見守るマンテーニャの星は、赤子のような笑顔を浮かべている。一歩引いて眺めれば我欲剥き出しの地獄絵図かもしれないが、しかし、そのなかに加わったら気持ちいいに違いないという想像が止まらない。

『緑子』の特異性とは、欲望の剥き出しが生み出す肉体の発見、そしてナチュラルな解放感である。これは長らくアニメーションから忘れられていた。『緑子』は作品の成り立ちからして前提を覆していた。大集団で作られるものであるはずの長編アニメーションの行程表は、黒坂圭太の生命力によって塗りつぶされていった。社会の取り繕いを無効化する中身もまた転覆的だった。でも、これらの破壊行為は破壊のための破壊なのではなく、人間の素直な本性に立ち返るためのナチュラルでニュートラルな行為である。『緑子』において破壊され裏切られるものはおそらく本質的ではまったくなく、その表層的な何か、整った何かは、きっと私たちを知らぬ間に生きづらくしている。『緑子』はそんなふうにがんじがらめの私たちの存在を喰いちぎり、傷口からドロドロとした生命力のマグマを噴出させる。『緑子』は破壊的だが、しかし同時に、治療行為にも似た、きわめて健康的なアニメーションでもある。驚き困惑した後に待つ悦楽……『緑子』は、観る者すべてのドクドクする欲動にも火をつける。『緑子』は人間すべての肉体的本性に生命《アニメート》を吹き込む、直球のアニメーションだ。このカーニバルは世界人類全体の拍手に値する！

『緑子／MIDORI-KO』　監督：黒坂圭太　製作国：日本　発表年：二〇一〇年／日本公開年：二〇一一年

初出：『緑子／MIDORI-KO』公式パンフレット（ミストラルジャパン・二〇一一年九月二四日発表）

そこにはもう戻れない――和田淳『グレートラビット』

『グレートラビット』（二〇一二年）は、これまでの和田作品の延長線上にあるようでいて、何かが決定的に違う。相変わらず気持ちの良い動きに溢れているが、胎内回帰にも似たかつての感覚がここにはない。冒頭から風の音が鳴る。なんだか少し乾いている。そして、いつまでたってもどこにも着地しないような宙ぶらりんの感覚がある。

最近の和田作品は丸っこかった。痩せたサラリーマン的風貌の男たちがふくよかな半裸の子供に変わり、和田が「儀式」と呼んでいる一連の運動――みんなが輪になって奇妙な動きを繰り返す――もグルグルと回る。なによりも、作品自体が円環の構造をしていた。多くの和田作品は奇妙なセッティングで展開する。そのなかで、同じような姿かたちをしたキャラクターたちが、自分が知らぬ間に巻き込まれている奇妙な日常のルーティーンに特に疑問も抱かぬままに従う。もしかしたら少しくらいは気づいているのかもしれないが、だからといってなにかが変わるわけでもない。エンディングの状況は、最初と少しも変わらず、円を描くようにして始まりのところに戻ってくる。

しかし、一見どん詰まりを描いているように思えて、和田の視点は基本的に優しい。匿名化され画一化された私たちにだってどこかしら他人とは違うところがあることを描くからだ。多くの作品において、登場人物たちは自分の内側に広がる密やかで居心地の良い空間にゆったりと浸かっていて、私たちはその秘密を覗き込む。その秘密は少々奇妙だが、なんだかかわいらしく、動物も人間も区別なく暮らす。

『わからないブタ』(二〇一〇年) はそんな和田作品のひとつの到達点だった。この作品では、あらゆるキャラクターが、それぞれに密やかなファンタジーを抱えた主役となっている。これまでの作品が集団のなかの特定の一人に注目していたとすれば、『わからないブタ』には中心が複数ある。登場人物たちはひとつの家族である。だから彼らは最も親密な関係性のなかにいるはずだが、それでもなお、それぞれがプライベートな世界をゆったりと守り、それゆえに、ギャップやズレ、不理解が生まれる。だが、そのことを和田はネガティブに捉えない。それでいいのだ、そういうものなのだ、と優しく微笑む。

しかし、『グレートラビット』には少しばかり異なる感覚がある。この作品は、『係』(二〇〇四年) や『鼻の日』(二〇〇五年)、『やさしい笛、鳥、石』(二〇〇五年) のように、社会の (奇妙な) 仕組みを描いているように思えるが、何かが違う。和田作品は基本的に、ひとつの空間をセッティングし、それを俯瞰する。しかし今回は、冒頭から延々とクロースアップが続き、ふくよかな子供の肉体が画面の大部分を占めることが象徴するように、すべてを見通すような感覚がないのだ。

和田はこの作品には円環の構造が似合わなかったと言っている。和田作品にとって「わからない」感覚はとても重要だ。しかし、これまでの作品が、世界全体を俯瞰したうえで「わからない」と結論づけていたとすれば、「丸くおさまる」ことのないこの作品は、世界全体が不透明で見通せないがゆえに「わからない」と結論づけているかのように思える。『グレートラビット』では左右へと一直線に延びる空間のなかで、大規模に「儀式」が展開されるが、物語は円環を描いて最終的に始まりの場所に戻ってくることがなく、過去は過去として、監視カメラの映像のなかに冷たく記録される。『グレートラビット』の世界には乾いた風が吹く。それは時の流れのようにひとつの方向に吹いているように思える。この世界のすべてに行き届くわけではないのだ。これまでの和田作品ではすべてのキャラクターが同じ次元に属していたが、監視カメラの映像を眺める子供は一体どこにいるのかわからず、そこでは風も止んでいる。『グレートラビット』は超次元的な構造を持っていて、全貌が摑めない。

もちろんこの作品においても、登場人物たちの奇妙な「儀式」は同じように延々と繰り返されていく。しかし同時に、「何かが起こってしまった」という感覚がある。円環を描いてそこに再び戻ることのできない、取り返しのつかなさの感覚だ。起こってしまった何かは自分とは別の場所に属している。次元は飛び、過去は巻き戻されることでしか戻ってこない。物語は終わるべきではないところで終止符が打たれる。なにかを信じるためにはそのための前提が必要だ。それは自分が依って立つ根拠である。しかし、この世界においては、信じるための基礎が見えない。惰性に従うことが作りだしてしまったひとつの大きな流れのなかで、キャラクターたちは、自分が何をしているのかも理解することなく、ただ往復を繰り返す。時間は刻々と進んでいくというのに。

『グレートラビット』　監督：和田淳　製作国：フランス　発表年：二〇一二年／日本公開年：二〇一二年

初出：「『グレートラビット』と世界のアニメーション傑作選」公式パンフレット（ＣＡＬＦ・二〇一二年六月二三日発表）

動物たちが佇んでいる――山村浩二『マイブリッジの糸』

日常的な光景に動物が佇んでいる――山村浩二のNFB作品『マイブリッジの糸』は、そんな数枚のスケッチから制作が始まった。『マイブリッジの糸』は一九世紀の写真家エドワード・マイブリッジと現代の東京の母と娘の人生を交差させる。マイブリッジという著名人と顔かたちがはっきりと認識できない匿名の母と娘。男と女。過去と現在。アメリカと日本。多くの面で対をなすこのふたつのエピソードを結びつけるのもまた動物だ。

山村浩二によれば、この作品における動物は、動物そのものでもなく、かといってアニメーションにはおなじみの擬人化された動物でもなく、時間を象徴するものなのだという。エドワード・マイブリッジは自分が発明した機器によって動物たちの運動を連続写真として記録した。山村はこのことが人類の時間に対する観念に大きな影響を与えたと語っている。このときはじめて、人類は過去を目の当たりにしたのだ。だからそこで撮影された動物たちは、ただ単に動物であるだけではなく、可視化された時間でもある。初めて目にされたそれは、おそらく見慣れない実在感を持っていたことだろう。『マイブリッジの糸』に登場する動物たちは犬や猫といった日常的な動物ではない。巨大で、質量があり、威圧感もあり、何を考えているのか分からないような、少々異質に見える動物たちである。

待ちかまえている。母は娘とともにピアノを奏でる。その背後では、馬が砂時計の砂のようにして、ゆっくりと姿を現す。動物が時間であるとするならば、彼らは時間とともにあることになる。「今」ではない時間とともに。しかしなぜかその光景は寂しい。動物という過去がわざわざ回帰しているというのに。今の私たちを私たちだけに放っておかず、一緒にいてくれているというのに。

マイブリッジは動物を記録する。自作の装置を誇らしげに撫でる彼の背後には、動物たちが自分の出番を待ちかまえている。母は娘とともにピアノを奏でる。

私たちはときおり「今」をはみだした時間を生きる。私たち誰もがときおり生きる、特別な瞬間。物理的には他と変わらない平凡な一瞬であるはずなのに、特別な意味を持ってしまい、それこそ死ぬまで心のなかに留まりつづける一瞬がある。人生の意味、人生そのもの、永遠となってしまうような一瞬。私たちはたとえばフェイスブックに無数の写真をアップする。そこに捉えられたのは、一瞬が「今」をはみだしていたあの時の様子だ。私たちはその写真を通じて、楽しかったあのときを思い出す。でも一方で寂しい気持ちにもなる。思い出すということは、私はもうあの一瞬にいないということだ。至福のあの一瞬が過去になってしまったということだ。無数の写真という過去を目の前に、私たちは喜びとともに悲しみを覚える。

『マイブリッジの糸』にも喜びと悲しみがある。まずは一人でなくなるという喜びがある。母親は子を身ごもる。マイブリッジは結婚する。しかしそれはかりそめのものだ。悲しみがやってくる。母娘二人が奏でる「蟹のカノン」の連弾がちょうど半分を過ぎたとき――つまり、前から弾いても後ろから弾いても同形の鏡像のような楽譜において、右手と左手、母と娘の役割が変化を迎えるとき――、アメリカと日本、過去と現在、その両方においても、何かが変わる。娘は成長し、母親の元を去る。マイブリッジは自分の妻が不貞を働いていたことに気づく。二人はともに、誰かと一緒にいたはずなのに、いつの間にかひとりになっている。生きる時間も場所も異なる二人は、同じように悲しみを抱く。時間が絶え間なく流れつづけていくこと、おそらくそれが問題なのだ。だから私たちは、あの絶対的な時間を永遠にとどめようとする。

それに長けているのは芸術家だ。マイブリッジが留めた絶対的な一瞬たちは、今もまだ私たちの目に触れている。だが、時間を止めようとするのは無謀で傲慢な行為だ。『マイブリッジの糸』ではドクドクと時を刻む心臓の音やチクタクと進み続ける時計の音が聞こえてくる。それらの音はときおり意識から消えることはあっても、響き続ける。だから時間をとめて、過去を永遠に留めようとするなんて、狂人のすることなのだ。マイブリッジは馬の運動を連続写真で捉え、自作の円盤に閉じ込めた。円盤が回ると馬はふたたび動く。その円盤はリボルバーに似ている。妻の愛人を殺したあの拳銃に。でもそれ以上に、目玉に似ている。あまりに澄んでいて穏やかなので、瞳孔の開いた狂人の瞳に似ている。

芸術家は自分が捕まえた一瞬を普遍のイメージにしようとする。流れゆく時間に掉さす。自分の固定した一点にすべてを凝縮させようとする、徹頭徹尾自分自身を貫徹する試みだ。だが変わりゆく世界は自分の思い通りにおさまってくれない。心臓は鳴り時計は刻む。マイブリッジにとってはさぞかし腹立たしいことだろう。だからマイブリッジは時計を海に投げ捨てる。

そしてマイブリッジはノアになる。放っておけば果てしなく刻まれていく時間。その濁流に呑み込まれてしまう前に、動物たちを自分の箱船に救いいれるのだから、その資格はあるのだ。だが、彼の箱船に愛する家族の姿はない。ノアは妻とともに箱船に乗り込んだはずだったのに、マイブリッジは一人だ。彼だけではない。動物たちもまた一匹ずつ。だからマイブリッジの救った世界は続かない。その世界は、彼とともに終わる。山村作品の男たちは、常に高慢で孤独で、破滅に向かう。『年をとった鰐』（二〇〇五年）の鰐や『カフカ 田舎医者』の医者、『頭山』（二〇〇二年）のケチな男……マイブリッジもまた、彼らと同様の運命を辿るのだろう。

現代、東京の母親はマイブリッジが投げ捨てた時計を受け取る。女はマイブリッジが海へと投げ捨てた時計を、切り裂いた魚の腹から手に入れるのだ。過去の山村作品で女性がこれほどまでに大きな役割を果たしたことはなかった。『年をとった鰐』のタコや『カフカ 田舎医者』の娘ローザは、傲慢な男たちの犠牲になり、その運命に抗う術を知らなかった。その点でいえば『マイブリッジの糸』の母親も変わらないのかもしれない。女は子を生み、育て、そして子は自分のもとを去っていく。冒頭の印象的な手のシーン。マクラレンの『カノン』にオマージュが捧げられたあのシーンで、母と娘の重ねられた手は、その上下を変えるたびに時間を経過させていく。子の手は成熟し、大きくなる。しかし、母の手は変わらない。いや、衰えていく。時間を養分として貪欲に吸収していく娘を尻目に、母は容赦ない時間の流れに身を削り取られていく。手を重ねあわせること、触れ合うこと、それは歓びであるはずなのに、その行為が重ねられると、意味が変わっていく。例の時計はここでも時を刻んでいく。前の一瞬はもう戻らない。そのことが重くのしかかってくる。あのときにまた戻るためには、マイブリッジのように時間を止め、逆戻しするしかない。

母親にとっての甘美な思い出、それは娘と連弾したバッハの「蟹のカノン」だ。二人の手が交差しあうとき、そのフォルムは蟹に見えた。「蟹のカノン」を弾く蟹の手。他愛もないただの偶然かもしれないが、それにしてはよくできすぎているので、そのイメージは、母親の心に深く刻まれる。だからそれを再び弾いてみることが、あの時に戻る手段となる。娘が去った後、ただひとり残されてピアノの前に佇む母親は、ピアノの鍵盤に手を重ね、そして、連弾の記憶を探る。至福のときだったあの瞬間を。そこにはぼんやりと、あの瞬間の娘の手がイメージとして現れる。母親はそこに手を伸ばす。もはや彼女にとって、「蟹のカノン」は単なる楽譜でも単なる曲でもない。それは他の無数の瞬間、他の無数の曲とは明確に異なっている。良くも悪くも。それは歓びの再生であり、そして同時に、時が無慈悲に刻まれ、娘に取り残されたことの悲しみでもある。ひとりピアノを弾く母親の手は蟹を生み出す。それもまたもちろん、時間の凝固である。一瞬が永遠であったあの瞬間の。

『マイブリッジの糸』において動物が異質なのは、あの瞬間が動物と化したとき、自分が生み出したものでありながら、それがもはや私たちの手元を離れているからだ。記憶はどれだけ鮮明に思い出そうとも、あの瞬間そのものではない。しかし私たちは、現在を、過去を、未来を、そんなふうにしか記憶できない。馬や蟹にするしかないのだ。『マイブリッジの糸』においてアキレスは亀に追いつかない。今にも追いつきそうなのに、永遠に追いつくことはない。同じように私たちもまた、動物と化してしまったあの瞬間そのものに、たどりつくことはもうない。彼らは消えない。しかし、ただ傍らに佇むだけだ。

私たちは分離を運命づけられている。『マイブリッジの糸』では雷が鳴る。生命はかつて巨大な雷が海へと落ちたときに誕生した。だから私たちの誕生は、すべてが溶け合う海からの離脱である。『マイブリッジの糸』において、母親と娘は海から姿を現す。その顔の時計盤は数字を変容させ浮遊させながら、いつしか「誰か」の顔となる。私たちは私たちとなるとき、無限の選択肢を捨てて私たちとなることを選んだ。誕生とは可能性の海からの分離なのだ。二人でいることは寂しい。なぜなら、私たちはもはやひとつではないということだから。

クリス・ロビンソンは『頭山』以前の山村作品に「今を生きる」感覚を指摘した。その感覚は、散文的な日常が本当に持っている価値・意味を見出す子供の眼差しが受け止めるものである。惰性化した毎日のベールを剝がし、世界そのものと直接的に触れ合う子供の眼差し。『キップリングJr.』（一九九五年）で少年は水たまりを見つめる。彼がそのとき体験している時間は、他の瞬間と差別化しえない惰性的な一瞬ではなく、あたかも世界と初めて触れ合ったかのような新鮮さを持つ、更新されつづける時間である。そこには過去も未来もない。

しかし、「今」しか存在しない時間、それは、忘却のうえに成り立つ自己中心的なものでもある。『頭山』や『カフカ 田舎医者』にはその感覚はない。子供の眼差しは自分自身の存在を無意識的に世界の中心に置くことで成立するが、でもこれらの作品は、そんな自己中心性を砕き、私たちを宇宙のちっぽけな一粒に帰すからだ。存在を震わせるのだ。

『マイブリッジの糸』の時間感覚は『頭山』以前に似ているが（それぞれの一瞬がいかに豊かさで余韻に溢れていることか）、しかし、明らかに『頭山』以後の時代を通過したものである。『マイブリッジの糸』が描くのは「今」の体験だ。しかしその「今」を味わう主体は、『頭山』以降に示された、無限の時空に漂う塵のような存在としての私たちである。『マイブリッジの糸』のぼやけて滲んだ輪郭線は、一コマごとに表情も存在の次元をも変容させている。それこそが、『マイブリッジの糸』が示す「今」なのだ。「今」ではない時間が流れ込む「今」。

「今」にすべての時間が共存すること。それが教えてくれるのは、私たちは「今」でしかないということである。私たちは残念ながら過去でもないし未来でもない。私たちの存在はほんの一瞬の出来事でしかない。雷の一鳴りが生み出した、たったひとつの可能性でしかない。無数の瞬間と共存するとき、もっとも強く思わされるのはその事実だ。ほんの一瞬でしかない私たちは、いつかここを去らねばならない。残りのすべてを、自分ではないものに託しながら。

孤独に佇む母親が弾こうとするピアノのなかには、マイブリッジの馬がいる。あのときと同じように、たくさんの糸を目の前に、走り出す瞬間を待っている。ピアノの装置とマイブリッジの装置が重なる。時と場所を隔てたマイブリッジと母親が重なり合う。マイブリッジは母と娘の写真を撮っていた。そこに写された花束を母親に渡す子供の姿を、マイブリッジは、自分を取り残す遠い出来事として見ていたはずだ。彼女たちはマイブリッジにとって「動物」である。しかし、母親にとってみても、娘と同じフレームに収まっている時間は永続しない。だからその写真は、自分が子供に取り残されてしまうことへの予兆と悲しみを孕んでいる。取り残されること、それは入れ子のように無限に繰り返されていく。

私たちはひとりぼっちで、でもあの瞬間に思いを馳せながら一人残されていくという点においてひとりぼっちではない。ピアノの前に座る母親は、おそらく何度も「蟹のカノン」を弾くだろう。あのときの感触を思い出すために。そしてその感触が、永遠に失われてしまったのだということを認識するために。おそらくそれは何度も何度も繰り返し確かめられてきたことなのだ。遠い昔、バッハが「蟹のカノン」を生み出したときから。そしておそらくそのずっと前から延々と。マイブリッジが撮影した写真として繰り返されたこともあるだろう。そして、『マイブリッジの糸』というアニメーションとしても。そうなのだ、私たちの日常も、この些細な仕草も、孤独であるということも、それが生み出すちっぽけな感傷も、今ここにいる私たちだけで行われるのではなく、永遠に繰り返されてきたものなのだ。だから今のこの仕草には、過去、現在、未来のすべてが重なりあっている。今ここにはあらゆる瞬間が降り注いでいる。
時間が過ぎていく。『マイブリッジの糸』の時間は懐中時計のように冷酷に時を刻み、私たちを砂時計の砂のようにこの場所に取り残していく。でも、あるとき、同じ場所に時計の針は戻ってくるだろう。ただし、私たちとは違う雷のもとで生まれた、また誰か別の人のところに。私たちのいないところに。その事実に私たちはどんな気持ちを抱くべきなのだろう？　私たちは永遠にあの瞬間を思い出し続ける。今に取り残されながら、ひとりぼっちになりながら、傍らに動物たちの存在を感じながら。永遠に流れゆく時間のなかで、私たちは何度も何度もひとりぼっちであることを繰り返す。だから蟹は生まれつづける。いつまでも、無数に、こぼれ落ちるようにして。

『マイブリッジの糸』　監督：山村浩二　製作国：カナダ＝日本　発表年：二〇一一年／日本公開年：二〇一一年
初出：『マイブリッジの糸』ブルーレイブックレット（紀伊國屋書店・二〇一二年発表）

ブルース・ビックフォードの「アニメーション」はすべてを愛する

どれだけ仙人のような風貌をしていて、どれだけの「伝説」と「神秘さ」が付随しようとも、ビックフォードは人間なのだということをようやく実感した。僕たち皆と同じように幸せを求め、でも現実に裏切られて傷つき、自分の道を頑なに進むことでその傷を懐へと隠すけなげな存在。一二月一三日から二二日までの十日間、高松メディアアート祭での展示「Sublime World of Mr. Bickford」のために六八歳にして初めての来日を果たしたブルース・ビックフォード。シアトル在住のクレイ・アニメーション作家。フランク・ザッパとの仕事で有名になり、しかしその後の消息を知る人はあまり多くない。

彼はいったい何者なのか？　昨年数時間だけ会ったときにはビックフォードはやはり人間離れした存在のように思えた。でも、今回、展示のコーディネーターとしてビックフォードの来日にずっと付き添ったことで、人間としての彼についての理解の解像度はずいぶんと上がった気がする。強さと弱さと脆さが混じり合い、矛盾する感情に飲み込まれ、翻弄される人物としてのビックフォード。社会性がまったくないがゆえに、それらの感情をむき出しのままに歩き回る存在。自らの社会性のなさも十分に理解し、それゆえに自分なりの「殻」を生存のために作り上げ、だがそのためにますます社会性を失ってしまうスパイラルに陥り、唯一無二の創作ができてしまうがゆえに、さらにその変人としてのアイデンティティが固定されてしまうこと。

そのことに誇りを持ち、でも、わたしも皆のように楽しい社交生活を送りたい、という悲しみも同時に備えて……ビックフォードは蠢き渦巻く感情が入り組んで流転する、とても複雑なエモーションの集合体なのだ。

複雑さ……それは、ビックフォードの作品を理解するためのひとつのキーワードである。彼の作品においては、物事が複線的に、同時並行で進んでいく。ふつうアニメーションの作り手は、画面上の情報の取捨選択をする。観客が認識し、受け止めきれる範囲ですべてをおさめる。見せるべきところをきちんと観客に見せれば、それでよし。それがアニメーションの王道なのだ。その原則は基本的に変わらない。ディズニーだろうが、ノーマン・マクラレンだろうが、ユーリー・ノルシュテインだろうが、アニメーション界の巨匠たちも口をそろえて言っていることだ。

一方、ビックフォードは、その王道からは外れた場所にいる。ザッパ時代にはかろうじてあったストーリーラインとでもいえるものは、『プロメテウスの庭 *Prometheus' Garden*』（一九八八年）以降の作品では消えている。物語のようなものはあるのだけれども、人間の視野の限界を超えて、画面上のあらゆるところで生起する運動の中に埋もれてしまって、そのすべてを追うことは、人間の認知の限界と映画というメディアの直線的な時間軸を考えるととても不可能だ。

面白いのは、それでもなお、ビックフォードが自分の作品を「エンタテインメント」と言っていることである。確かに一部だけを取り出せばそうかもしれない。起こっていること自体は高尚でも深遠でもなく、俗っぽい。だが、全体を俯瞰して見てみれば、ビックフォードの作品において起こっているのは、まごうことなきエンタテインメントのアクション（もしくはホラー）が、数本が同時に上映されている状態である。エンタテインメントが累積し過剰化し、とても受け止めきれないものとなるのだ。

ビックフォードの作品において限りなく続くメタモルフォーゼは、ビックフォードの脳内で生起する無限のリンクを反映してもいる。ウェブ上に転がるビックフォードについての情報はとても少ないが、そのなかでとても良質なものである「シアトル・ウィークリー」の記事で、ビックフォードは興味深いことを語っている。彼の作品には様々な神話のモチーフがたくさん登場するのだが、その関心はいったいどこに由来するのかと聞かれたとき、それらはつながっているのだとビックフォードは答えるのである。ある神話やモチーフに関心を持っていると、いつしか別のものを引き寄せてしまう……「私はそのつながりを書き留めないといけないのだ」とビックフォードは語る。ビックフォードがしているのは、自分自身の脳裏に流れ込む無数のつながり＝物語＝エンタテインメントを、ただ記録することだ。

年末に某所［white-screen.jp。ただし本サイトは現在消滅している］で出る記事のインタヴューが、なかなかビックフォードについての面白い情報を引き出しているからさわりだけ紹介しておきたい。ビックフォードは、幼年時代の記憶をとても良く覚えているという。なぜなのかといえば、他の皆と違って、ほとんど社交をしていないからだ。他の皆はいろいろな人と会って、新しい経験を重ねていくから、昔のことを忘れてしまう。それらは外へと追い出されてしまう。だが一方ビックフォードは、覚えている。なぜなら新しい経験をしないから、昔の記憶をいつまでたっても忘れる必要がないのだ。ビックフォードは、小さなころからの記憶を、とても大切な飴玉のように、丁寧に、丁寧に、舐め続けている。

そういう意味において、ビックフォードは子供に近い。世界に対する、無垢と言っていいような、経験の少なさによって。自分の世界に閉じこもり、ただ脳内に流れ込む複数のストーリー＝コネクションを書き留めることに精一杯なビックフォードは、外界に対峙するとき、まるで初めて雪を見た子供が感じるであろう新鮮さを感じる。来日初日、東京都庁の展望台から東京の夜景を眺めたとき、ビックフォードは唖然とした表情で固まってしまっていた。「東京には何人の人間が住んでいるんだ?」とその表情のままに問うビックフォードに「一三〇〇万人だよ」と答えると、軽く頭を抱え、「想像もつかない」とつぶやく。高層ビルや家屋から溢れる光のそれぞれが内側に宿す人々の物語をどうしても想像してしまうようだった。それらが頭の中で独自に動き出すと、もう頭の容量がいっぱいになってしまう。「もう限界だから私はホテルに戻るよ」とフラフラとソファーに駆け寄り、座り、首を振る。外の世界を見ることに慣れておらず、情報の取捨選択をする機能がおそらく不十分にしか発達していないので、フィルターなしで「すべて」を受け止めてしまう。

その無垢ぶりは、彼を紛うことなき「変人」にしている。ビックフォードが変人なのは間違いない。たとえば偏食。彼はベジタリアンを超えたフルータリアンである。果物オンリー。固形物はバナナが主。一〇〇%ジュースが手放せない。チョコも食べるけど、一〇〇%カカオのもののみ。プルーンやレーズンの袋をいつもカバンに忍ばせている。すべて有機栽培でないといけない。それ以外の食べ物は自分を殺すと思っている。肉魚はもちろん、穀物も毒だと思っているので、香川に来てもうどんも食えない。ただ、食べ物自体に対する興味関心はあるのだ。来日中、居酒屋について来たがった。何も食べないのに。水さえも飲まなかった。ただ、届いた料理を、まるで異星人のように「これは何だ……?」と分析・解体する儀式は欠かさない。リサーチャーとして居酒屋に来るのだ。そのくせ、僕らがそれらの食物を食べているのを見ると、「私はそういうものを食べることができなくて寂しい思いをしているのだからな」と言うのを忘れない。やはり複雑に入り組んだ感情の持ち主なのだ。

だから、ビックフォードは孤独である。彼の存在自体は、良質なアニメーション作品が持つ孤独さを凝縮したようなものだなと思った。彼らの想像力は私たちのものととても似ている。でも、何かが決定的に違う。まったく違うわけではなく、まったく同じわけでもない。ちょっと違う場所にいるがゆえの、孤独の感覚。なんとなく、ある程度は分かってしまうがゆえに、完全に同じになることはない、理解が完全に重なることはない、ということを感じてしまうこと。

でも逆に、だからこそ、彼らの視点にハッとさせられる可能性がある。ビックフォードの「変人」さと、ふとした瞬間につながりあう瞬間がある。なんとなく、彼の視点を手に入れたような瞬間だ。少しだけ異なるものたちがつながるときに生まれるものこそが、そういえばアニメーションだった。少しずつの変容が、この世界の見方にも少しだけの違いをもたらしていく。今の自分と、それに似た少しだけ視野の異なる世界が交わるとき、世界はその両者から眺められて、立体的に生気を帯びていく。高松滞在の最終日、昼間が快晴だったので、会場近くの瀬戸内海を見にいった。「ブルース、茶色い灯台があるね」「目が悪いから見えない」「ブルース、潮の香りがするね」「私は鼻があまりきかないんだ」なんだか漫才みたいな掛け合いをするなかで、「ブルース、海は好き?」と聞いたとき、「私はすべてが好きだよ」とボソリとつぶやき踵を返してタクシーへと向かうビックフォードの後ろ姿を見て、僕は思わず少し泣いてしまった。そう、「すべて」なのだ。ブルース・ビックフォードは、「すべて」を愛することができる。さまざまなものを引き換えにしながらも。僕にはそれはできていない。できたことがない。そんなことを思ったとき、幸せとはいったい何なのだろうかとふと考えた。ただし、答えは見当たらない。ビックフォードの言葉を聞いて以来、なんだかすべてが曖昧でふわっとして、世界のすべてが大きな謎となった気がした。

初出:カタログ『ブルース・ビックフォード』(ニューディアー・二〇一六年発表)

この「つくりもの」の世界

——ユーリー・ノルシュテイン監督特集上映「アニメーションの神様、その美しき世界」

今まで見知っていたように、温かい。でも、それと同時に、冷たいし、儚いし、脆い。今回初めてデジタルリマスター化されたユーリー・ノルシュテインの作品を観て感じられるのは、そんなふうに絡み合った感情だ。

その繊細な複雑さが、細かいパーツに分かれた切り絵を用いるノルシュテインの制作手法に多くを拠っているのは間違いない。気の遠くなるようなアニメーションの作業は、細かなパーツの組み合わせであるに過ぎないはずのキャラクターたちを、あたかも本当に生きているかのように見せる。

だが、今回のデジタルリマスター版で驚くべきは、彼らをつくり上げる「部品」——切り絵の素材となる透明なセルロイド版のフチや筆の跡といったもの——が、とても細かなところまではっきりと見えてしまうことだ。動く彼らが「つくりもの」であるということが、嫌でも認識されてしまうのだ。

それはまるで、演劇において舞台装置の骨組みがむき出しになり、黒子の存在が目に入ってくるかのように、作られたものの人工性をあらわにする。だが、面白いのは、それによって、ノルシュテインの作り出す世界の迫真性やアクチュアリティが失われることなく、むしろ以前よりも増すことである。

このような事態は、ノルシュテインの作品を、彼のアニメーション観により寄り添ったものとする。彼は、アニメーションは映画よりも演劇や文学に近いと考える。これらの芸術は、書割の舞台や文字列など、作品が作り上げる素材がむき出しになっている。しかし、受容者はそのことを気にすることなく、作品の世界に入り込む。ノルシュテインにとって、アニメーションも同じである。動くはずのないものに動きを見出し、生命なきものにその息吹を感じ取り、キャラクターたちの存在の息遣いを聴き取らせるアニメーションは、それらの芸術と同様、存在するはずのない世界を約束事のなかで作り上げ、感じとらせる。

虚構性をあらわにする「つくりもの」の世界には利点がある。表層的な類似に囚われることのないがゆえに、描きたいものを、その深みのなかで、本質までえぐる形で描き出すことができる。ノルシュテインはそれを、「メタファー」の力と言っている。

「つくりもの」であることを露わにする今回のデジタルリマスターは、ノルシュテインのアニメーションそのものをひとつの「メタファー」とするように思えてならない。細部まで神経をめぐらせたこの繊細な人工物の世界は、空想的な世界を作り上げるというよりは、私たち人間の世界のことを語ろうとしているようにみえてくるのだ。私たちの生きる世界は、ノルシュテインのアニメーションのように、繊細に組み上げられた「つくりもの」なのだということを伝える気がしてくる。

代表作である『話の話』がその例証になる。戦後のモスクワを舞台にしたこの作品は、いま私たちが享受している平和な世界が、繊細なバランスのうえに成り立つことを描く。戦争が日常を破壊した歴史があり、それが終わっても、来るべき戦争が予兆として響く。オオカミの子の些細な仕草が感動的だが、それもまた、ちょっとした日常生活のディテールが成立することがまったくもって当たり前ではなく、少しの衝撃で

「つくりもの」のように崩れ去る儚いものであるという認識あってこそだということが分かる。ノルシュテインは、きわめて日常的な仕草に満ちた世界を、多数の切り絵を同時に動かす気の遠くなる作業によって丁寧に作り上げていくことでこしらえる。今回のデジタルリマスター版でよりはっきりと意識されるこの事実は、観客に、私たちの生きる一瞬一瞬が、途方も無く貴重なものであることを悟らせる。まさに「メタファー」となって、突き刺さってくるのである。

今回のデジタルリマスターは、ノルシュテインの作品世界の繊細さを、肌理のレベルまで感じることを許す。その作品に触れることは、私たち自身の世界を成り立たせる細やかさを理解するということなのかもしれない。私たちがそこで耳を澄ませれば、ちっぽけな存在の息遣いがとても近くに聴こえてくるようになるだろう。そこで目を凝らせば、（『霧の中のハリネズミ』のように）小さな世界の向こうに広がる「遠く」が見えてくるようになるだろう。私たちは、ノルシュテイン作品を通じて、自分たちが生きているこの「つくりもの」の現実を、細やかに、鮮やかに、より深く、広く、理解していくための瞳と耳を得る。

ユーリー・ノルシュテイン監督特集上映「アニメーションの神様、その美しき世界」
監督：ユーリー・ノルシュテインほか　製作国：ロシア　日本公開年：二〇一六年

初出：「アニメーションの神様、その美しき世界」公式パンフレット（チャイルド・フィルム・二〇一六年一二月一〇日発表）

二一世紀型インディペンデントのありか

日常に勇気づけられるために

――ドン・ハーツフェルト『きっと全て大丈夫』、『あなたは私の誇り』

ひとりでぼんやりとしているとき、ときおりとても遠くの音がふと耳に入ってくることがある。たとえばそれは波の音だったり、船が鳴らす汽笛の音だったり。モヤのかかったようなそれらの音は、どこか遠くで本当に鳴っているのか、それとも鳴っている気がしているだけなのかわからない。日常のリズムから解放されたとき、ふだん気づかなかった何ものかが、ふと意識のなかに浮かび上がってくるときがある。

『きっと全て大丈夫』、『あなたは私の誇り』（二〇〇八年）の主人公ビルは、ぼんやりとバスを待つことが多い。バスのスケジュールが決まっている以上、特に何をすることもできない。そのほんの数分のささやかな時間には、彼の脳内にふだんの生活とは関係のない、たくさんの想像や思い出、思いつきが脈絡もなくぼんやりと浮かんでは消える。そのなかには、過去の出来事の意味がふと分かってしまうような予期せぬ瞬間があるかもしれない。でも、その意味についてよく考えようとしたそのときにバスが到着して、考え事は中断され、その曖昧にふくらんだイメージはかき消されてしまったり。かくして再び、これまでと何も変わらない日常のリズムが始まる。

僕たちはぼんやりと生きている。程度の差はあれ、みんなそうだ。物事をきちんと端から端まで厳密に考えてみることなどしない。たとえば自分が生きる宇宙のはじまりや終わりについて考え、さらにその先のことを考えてしまうとゾッとする。この世界のことであるはずなのに、想像もつかないからだ。自分自身のはじまりや終わりだってそう。どんな偶然で今自分がここにいるのか。どんな偶然で去ってしまうのか。死んだあとはどうなる？　こんなことばかりを考えていたら、とても日常生活を平穏に暮らせない。だから、ぼんやりと生きることは、ある意味で生存の本能なのかもしれない。そして僕たちは日常を少しずつルーティーンの集積に変えていく。惰性的な反復のリズムのその外にあるもののことは忘れてしまい、ありとあらゆる事象をそのルーティーンのなかに回収し、自分の世界のなかに住みはじめる。

アニメーションはそんな僕たちにぴったりだ。アニメーションは、世界が実際にどうあるかではなく、世界をどう捉え、どう感じるかを表現するのが得意である。時に、実在するもの以上に、実在しないものに強い存在感を与えることもある。アニメーションは作り手の想像力、妄想力・欲望・幻覚などを絵として定着する。アニメーションは物理的現実から解放されているという意味では確かに自由だ。しかし、それは要するに、すべてをルーティーン化してしまった僕たちの日常を反映するかのごとく、貧しくて狭いものにもなりうるということだ。そこにノイズは入りこまない。最も想定外のものでも想定内である。だからその世界に浸っていればとても落ち着く。ルーティーンの世界はより強固になっていく。

ほぼひとりで作品を作るハーツフェルトのアニメーションもそうなのかもしれない。特に「きっと全て大丈夫」の三部作は、ビルの眺める主観的な世界の描写であるからなおさらだ。暗闇のなかにいくつものウィンドウが浮かぶ。それは、ビルのぼんやりとして散漫な想念を反映している。そこで展開されるのは、平凡な日常の出来事だ。

ただし、ビルは日常のルーティーンを疑いはじめてしまう。脳の病気ゆえなのだが、ルーティーンをルーティーンとして消化できなくなってしまう。そうすると、知らぬ間に意識から消していた日常の外が、ウィンドウに出現しはじめる。アンティークな35㎜カメラでの撮影が可能にする鮮やかな閃光がほとばしり、ビルは想定もできない力に襲われはじめる。だから、ハーツフェルト作品の世界に安住するのは難しい。神経症的な不安を呼び起こされるような、脅かされるような感じがあるのだ。

ハーツフェルトは常々、絵そのものは重要ではないと言っている。美しい絵に目を引き付けることなどせずに、余計な装飾を排して、物語へとフォーカスを当てることが大事なのだと言っている。棒線画には、物語へとのめりこませる効果があるのだ。観客は、あまりにシンプルな絵だからこそ、骨組みのようなビルの姿に勝手に肉付けをして、活き活きとして愛らしく、そして弱々しくもある現実的な人間を自分の脳内に作り上げる。ハーツフェルト作品はまるでイタコのように、実際には描かれていない何ものかを呼び出してしまうのだ。

背後の空白や暗闇もまた、イタコとしてのハーツフェルト作品の強さを高めるだろう。彼の作品には、現実の確かな手触りのようなものがある。ハーツフェルトは「きっと全て大丈夫」の三部作について、観客を圧倒してしまいたいと語る。早口でたたみかけるようなナレーション、それをかき消すようなノイズ、溢れだす光、同時にエピソードを展開する複数のウィンドウ……そういった過剰な情報量で観客を呑みこんで、すべてを適切に消化させないようにするのだと言っている。短編というちっぽけな枠組みのなかに、そんなにたくさんのものが放り込まれたとしたら、『リジェクテッド』（二〇〇〇年）の最後のように、その世界は破裂せざるをえない。亀裂の向こうには、完全なる無としての暗闇が覗いていて、それは『きっと全て大丈夫』『あなたは私の誇り』の背後の宇宙的暗闇につながっていく。それは、ぼんやりと生きる僕たちの頭のなかの空白なのかもしれないが、同時に、気づかぬふりをしていた宇宙の重みを呼び出す余地にもなる。ハーツフェルトは、その作品のなかに、人間が日常的に許容できるキャパシティをスケール的にはるかに凌駕する宇宙をねじ込む。だから、ハーツフェルト作品の空白や暗闇は、単なる無ではなく、むしろ何かがありすぎて何も見えなくなってしまっている結果なのだ。ハーツフェルトはイタコのように宇宙の姿を呼び出してくる。ビルという普通でちっぽけな人の頭のなかに。そして、それを共有する僕たちの頭のなかに。

『あなたは私の誇り』は実写の波の映像で始まる。対して浜辺に遠足に来ている幼いビルたちは棒線画でとても小さい。そのなかには障害を抱えるビルの弟ランドルもいる。ランドルは遠く空を舞うカモメに自分のなかの何かを刺激され、走りだし、そして波間に消えていく。ハーツフェルトが作品のなかに呼び込むとても大きな宇宙は、笑ってしまうくらいにあっさりとちっぽけな存在を翻弄し、呑みこんでいく。

ビルの家系では多くの人が列車に轢かれて死んでいく。それはビルの家系の呪われた運命を象徴するエピソードであり、同時に、ある時代における事実でもあった。汽車が走りはじめた一九世紀、そのスピードは人間の想定を超えていて、実際に多くの人が跳ね飛ばされたのだ。時代が変わるとき、僕たちは自分自身が生み出した現実に凌駕され、対応する術もなく、心を病んだり死んだりする。ハーツフェルトは、ぼんやりと生きる僕たちが突如として姿を現す無慈悲な現実のなかに呑みこまれるさまをよく観察していて、作品に投入する。

僕たちは宇宙的規模で考えればとても短い期間しかここにいられないのに、生きているそのあいだであっても、宇宙のたった一部を時間的・空間的にささやかに占めるにすぎない。自由に動かすことができると信じているもの――僕らの身体――でさえ、管理下を離れることが多い。僕たちは人生の三分の一を眠って過ごすし、覚醒しているときでさえ、無意識や生理的なものが自分の意志に関わらずやってきて、僕たちを翻弄する。なんとまあ、僕たちの存在は限られていることか。『きっと全て大丈夫』では、病気がビルを悩ませる。しかし、『あなたは私の誇り』は、もっと容赦ない。このビルの人生・運命のすべては、もしかしたら生まれる前から、遺伝としてビルという存在に刻まれていたかもしれないのだ。そうなると逃げ道はどこにもない。

ならばせめてちっぽけな存在同士で連帯しあえばいいのだろうか。いや、そうもいかない。ビルの母親の人生はとても悲しい。幼い息子を亡くし、母親は痴ほう症になり、自分自身も離婚を重ね、身体にはベビーパウダーとチーズのニオイが染み付いている。もうひとりの息子は脳を病み、看病に向かえば予期せぬ暴力に傷つき、そして最後は発作で列車にはねられて死に、死んだあとでも遺言通りの場所に埋めてもらえない。彼女の思いは誰にも何にも伝わっていない。幼いビルにときおり送られていた「あなたは私の誇り」というメモ書きは、果たしてビルの心に届いていたのだろうか？　おそらくそうではないだろう。ありきたりの表現で伝えられた愛の言葉の背後にどれだけの愛情が込められていたのか、それが本当に伝わるのは、母の死後のことである。これは残酷なことなのだろうか、それとも、伝わっただけマシなのだろうか。「あなたは私の誇り」なんていう言葉は、誰でも言える、誰でも書ける言葉で、特別な愛情を示しているなんて、気づきようがない。だから、ありきたりの言葉を使った彼女に責任があるのだろうか。でも仕方がない、彼女にはそれ以外の表現は思い浮かばなかったのだから。そのありきたりのフレーズこそが、彼女の最も伝えたかったことなのだから。

『あなたは私の誇り』で、ビルはバスを待っている。外から眺めれば何の変哲もない普通の姿だろう。でも母親の死や彼女が自分に捧げていた致命的にもなりうるような命がけの愛情を知った彼の頭のなかには、死や母親をめぐる自分自身の思い出、記憶、推量、思いつきが、過去も現在も未来もごちゃまぜになりながら、とりとめもなく浮かぶ。ビルは自分自身に潜んだ宇宙的規模の思いに圧倒され、押しつぶされそうになっている。思いを宇宙のなかにぼんやりと漂わせるビルは、想像上の死の場面で、若者たちに死についての大事なことを伝えようとするときにさえ、目的を果たせない。でも、そこで彼の口から不意に発せられた言葉は、予期せぬものであり、だけどなんとなく納得できるようでもあり、とても美しい――「土煙と月光の匂いがする《イット・スメルズ・ライク・ダスト・アンド・ムーンライト》」。大事なものはいつも、ルーティーンの外側からふと、こぼれおちてくるのだ。

ハーツフェルトが語るのは、僕たちに備わった有限性についての物語だ。ハーツフェルトが真正面から向き合っているのは、僕たちの想像力が貧しいということだ。でも、だからこそ、ルーティーンの外側に目を向け、耳を傾けたとき、この世界は痛切でありながら、同時にとても美しいものにもなりえる。『人生の意味』は「きっと全て大丈夫」三部作のプロローグのような作品だ。そこで人生の意味を探る未来人の子供は、知らぬ間に自分を包んでいた大きな星空に気づいて小さく微笑む。『きっとすべて大丈夫』のラストでは、退院して再び日常のルーティーンに復帰するビルの目に、きわめて日常的な雨というものが、限りなく美しく、そして圧倒的なものとして映る。『あなたは私の誇り』で幼いビルはもう一度砂浜の上に戻ってくる。そばにいる誰かに目の前の大きな海や波がビルの存在を時間的にも空間的にも圧倒的に凌駕することを教えられるが、でもビルが思うのは、ステキな人生への期待なのだ。彼らはみな、毎日のように存在するありふれた物事に、人生の意味を見出している。ハーツフェルトはこの世界を活気づける《アニメート》。いつのまにか意識の外側に追いやられていたこの世界そのものを、痛みも含めてすべて抱擁しようとすることで。「きっと全て大丈夫」――ビル三部作のタイトルには、ありきたりなフレーズが使われている。しかし、日常のルーティーンの外へと連れ出された僕たちは、このフレーズが原初持ち合わせていた、限りなくポジティブな気持ちを、まるで初めてこのフレーズを思いつき、口に出したかのように実感する。そうだ、きっとすべてうまくいくに違いないと、何の根拠もなしに。ビルの悲痛な有限性の物語を通じて、僕たちはこの世界をまるではじめて訪れたかのような目、耳、あらゆる感覚を取り戻す。極めて当たり前のことがもつ本当の価値を改めて実感するのだ。

『きっと全て大丈夫』で、ビルは砂場に残された「愛してる」という言葉を微笑みながら眺め、とても美しいと感じる。このフレーズもまたありふれている。でも、砂の上に刻まれ、明日には消えてしまうかもしれないこの脆い描線――まるでハーツフェルトの絵みたいだ――は、この世界のどこか、自分のあずかり知らぬ場所で、見知らぬ誰かが、これまた見知らぬ誰かに向けて、限りなく美しい気持ちを抱いていて、それを伝えようとしていたという事実を教えてくれる。もちろん、当たり前といえば当たり前のこと。でもよく考えてみれば、それはとても勇気の出ることなのではないだろうか？

『きっと全て大丈夫』　監督：ドン・ハーツフェルト　製作国：アメリカ　発表年：二〇〇六年／日本公開年：二〇一二年
『あなたは私の誇り』　監督：ドン・ハーツフェルト　製作国：アメリカ　発表年：二〇〇八年／日本公開年：二〇一二年

初出：カタログ『ドン・ハーツフェルト』（ＣＡＬＦ・二〇一二年発表）

すべてを充足させる『オーバー・ザ・ガーデンウォール』の「最も愛らしい嘘」

いやあ、驚いた。アニメーションを観てこんなに新鮮に驚いた経験は、本当に久しぶりかもしれない。カートゥーン・ネットワークのミニシリーズ『オーバー・ザ・ガーデンウォール』である。このシリーズ、二〇一四年の暮れにアメリカにて五夜連続放映でプレミア放映されていて、現地ではかなりの評判だったようだ。「未知」と呼ばれる不思議な場所に迷いこんだワートとグレッグの兄弟が、家への帰り道を探して様々な場所を訪れる。その世界の奥底には、「ビースト」と呼ばれる恐ろしい何かがいて、最終的に二人の兄弟もまた、それと対峙することになる。一一分×十話、一気に観てしまった。一回だけではおさまらず、何度も何度も観てしまった。この世界はそもそも一体なんなのかということが、二度観てみると、さまざまな場所に伏線として隠されていたことがわかって感心する。最初と最後で円環を描く構成になっていて、それがあまりに見事なので、このシリーズの第一話の始まりを観て、そして最終話のラストを観るというのが毎日のルーティーンになってしまった。完全に取り憑かれてしまった。

カートゥーン・ネットワークが最近随分と上り調子なことは気になっている。アメリカのアニメーションのインディペンデントの良質な部分が集結しているような雰囲気があるのだ。その象徴的な存在はもちろん『アドベンチャー・タイム』(二〇一〇―二〇一八年)だろう。最近は日本でもかなりの人気になってきたこのシリーズは、とにかくポップでぶっとんでいて、デイヴィッド・オライリーや湯浅政明をゲスト監督として招いてさらにぶっとんだエピソードを作らせたり、とにかく攻めている印象だ。『オーバー・ザ・ガーデンウォール』の監督を務めたパトリック・マクヘイルは、ほかでもないこの『アドベンチャー・タイム』のメインスタッフの一人で総合監督のペンドルトン・ウォードらとともにこのシリーズの立ち上げに関わり、第五シリーズまで参加した。『オーバー・ザ・ガーデンウォール』の制作には『アドベンチャー・タイム』のスタッフも加わっていて、弟分のような作品であるともいえる。

『オーバー・ザ・ガーデンウォール』で驚かされるのは、その密度である。マクヘイルによれば、この濃さはまさに十話で完結するミニシリーズという形式だからこそ(物理的・経済的に)可能になるものなのだという(『アドベンチャー・タイム』と比べてみても、たとえば背景など、非常に手がかけられているのが一目瞭然だ)。一般のシリーズと比べたら短いがゆえに、クオリティをぐっと凝縮させている。

声優がその濃さをプロフェッショナルに支えている。主人公のワートの声を担当するのはイライジャ・ウッド。マクヘイルは彼が本当に担当してくれるとはまったく思わないままに、彼の声のイメージで脚本を当て書きのようなかたちで書いたようなのだが、なにかがスッとハマったかのように、イライジャ・ウッドが引き受けてくれたのだという。兄弟が連れて歩くカエルの声を演ずるのはジャック・ジョーンズ。このカエル、普段は全然しゃべらずゲコゲコ言うだけなのだが（この声はさすがに彼が担当したわけではないだろうが）、展開によっては急に歌いだしたりもして（その歌声の安定感といったら！）、しかもどの曲も物凄く良い。音楽はブラスティングカンパニーという哀愁漂うブラスバンドが担当している。すべてが生楽器の演奏であることが、本当にハマっている。いくつもの名曲を歌う弟のグレッグの歌声がまたたまらない。

このシリーズを観ることで得られるこのなんともいえない充実感はいったいなんなのだろう。関わったすべてのひとがやるべきことをやって、すべてがあるべき場所にあって、みなが自分自身のポテンシャルを存分に発揮しているような感覚を受ける。あらゆる部分が伏線に思えてしまうようなところもそうだ。あらゆる存在に意味がある、とも言ってしまいたくなる。無駄な部分がない。不足も過剰もなく、すべての加減がちょうどいい。とにかく、作品自体の佇まいが感動的なのだ。最後まで見終わって、作品の全体像が明らかになったとき、満ち足りた気分になるとともに、ゾクッとした。こんなに美しく終わりを迎えることがありうるのだろうかと思った。第一話のオープニングでは、ジャック・ジョーンズの歌うテーマ曲「Into the Unknown」をバックに、すべてのエピソードのキャラクターたちが少しずつ姿を見せる。最終回のエンディングで、その同じ曲が今度はフルで歌われるとき、彼らはまた登場する。彼らはトボけた存在感のまま、しかし、自分自身のいるべき場所で、満ち足りているように見える。すべてが優しく穏やかとなって、幕を閉じるのだ。

作品のなかで、すべてが響き合っている。あらゆる場所に、別の場所からのエコーが聞こえる。『オーバー・ザ・ガーデンウォール』には少しばかりレトロ調な雰囲気がある。そこに寄与しているのは、過去のカートゥーン・アニメーションからの引用だろう。ディズニーの『スケルトン・ダンス』（一九二九年）や『蒸気船ウィリー』（一九二八年）、カラー化された三〇年代の奇妙なスタイルの時代。フライシャー。それらの作品に影響を受けたシルヴァン・ショメの『ベルヴィル・ランデブー』（二〇〇一年）のエコーも聞こえてくる。でもそれらの「引用」は、少しもこれ見よがしではない。すべてのものはナチュラルに滑り込んだかのようだ。このミニシリーズを通じて、この作品の内部の存在だけではなく、それが手を伸ばす過去のすべてが肯定され、すべてが意味を持ってくる。そんなふうにさえ思えてしまう。

自足した世界のなかを覗くこと、それは良質なアニメーションが与えてくれる体験の要件のひとつだと思う。アニメーションを観ることの醍醐味といってもいいのではないか。すべての優れたアニメーションがその法則に当てはまるというわけではないけれども、僕が好きな作品は少なからずそういう性質を持っている。個人作家の短編作品が、きわめて帯びやすい性質だ。社会のことなど気にせず、もしくは少しばかりのあいだ忘却して、自分自身の存在を十全に生きるような、そんな世界を立ち上げること。『オーバー・ザ・ガーデンウォール』はパーソナルなものだとマクヘイルは言っている。長い時間をかけて、少しずつ生まれていったアイデアたちが、パトリック・マクヘイルの想像力のなかでまとまり、熟成され、かたちをなす。それを丁寧に彫塑していったような作品世界がこのシリーズでは展開する。マクヘイルの個人的な世界を、彼の抱いたハーモニーを、覗き見るかのような体験。

ノルシュテインは芸術の主要な機能を追体験だと考えている。自分とは違う「異質な」世界を追って体験すること。それによって、観客は他者への想像力を獲得できる。ノルシュテインのアニメーション作品はそういう考えをベースにしている。アニメーション作家にとって、自足した小宇宙をつくり上げることは非常に重要なことなのだ。良質な作品は、自分自身を覗き見させることを通じて、観客自身にも、自分がひとつの小宇宙を自らのうちに抱えているということに気づかせる。自分自身の存在を十全に生きることを教えてくれる。

マクヘイルの作品は、ノルシュテインのアニメーション観を身体で理解しているように思える。個人的な世界を描くアニメーションは、親密さと同時に、寂しさも感覚させる。自分自身の世界に満ち足りるというのは、孤独であることによってしか可能ではないからだ。マクヘイルが学生の頃に作った作品や、きわめてパーソナルなプロジェクトとして作った過去作品には、その「寂しさ」側の感情が滲み出る。ひとりの世界、もしくは小さく自閉した世界に生きざるを得ない人々、生きさせられてしまう人々の感じる寂しさがそこでは描かれる。たとえば、LAKE(メンバーのアシュリー・エリクソンは『アドベンチャー・タイム』のエンディングテーマの名曲「Christmas Island」を歌っている)というバンドのミュージック・ビデオとして作られた『Efforts』という影絵の短編は、人間たちに理解されず、森の奥で孤独に暮らすモンスターの物語だ。そのモンスターは決して他人と理解しあったりしない。そこには諦めさえも感じているような印象もある。そういうものなのだと。『Body』という短編もまた素晴らしい。これらの作品に漂う、残酷さも含んだ充足的でやさしい感覚は『オーバー・ザ・ガーデンウォール』の感情の種のようなものになっている。

現実において自分自身の存在を十全に生きることなどほとんど不可能だろう。あまりにも雑事が多すぎるし、十全に生きさせない力も多く働いている。だからこそ、『オーバー・ザ・ガーデンウォール』のような作品の存在は重要なのだと思う。自分自身の根本を確認させてくれるからだ。このシリーズのテーマ曲「Into the Unknown」は、最後、「世界で最も愛らしい嘘」というフレーズで終わる。このミニシリーズのキャラクターたちの存在のように十全さを獲得すること、それはもしかしたら、歌われるように「嘘」なのかもしれない。でも、この世界でもっとも愛らしいシリーズが描く「嘘」はきっと、必要な嘘なのじゃないかと思う。

『オーバー・ザ・ガーデンウォール』監督：パトリック・マクヘイル
製作国：アメリカ　発表年：二〇一四年／日本公開年：二〇一六年

初出：「Animation Unrelated」Vol.24（「boid マガジン」・二〇一五年七月二五日発表）

騒がしさのなかに安らぎが、静けさのなかにざわめきがある

――ペンドルトン・ウォード&ダンカン・トラッセル『ミッドナイト・ゴスペル』

二〇二〇年四月二〇日、Netflixにてシーズン1が公開されたシリーズ『ミッドナイト・ゴスペル』は、アニメーションとして珍妙で、しかしその独特さが持つ必然性によって、観る者の心に深く刻まれる。本シリーズは、二〇一〇年代、世界を席巻したアメリカのアニメーション・シリーズ『アドベンチャー・タイム』の生みの親ペンドルトン・ウォードが、俳優・コメディアンのダンカン・トラッセルと組んで制作したものだ。トラッセルのポッドキャスト「ダンカン・トラッセル・ファミリー・ツアー」のファンだったウォードがトラッセルに熱烈なアプローチをすることで成立した企画である。

本作の珍しさは、ほぼ類例のない「ポッドキャストのアニメーション化」という点に留まらない。そのアニメーション化の仕方、なによりも映像と音声との関係性が、その珍妙さをさらに押し進める。

クロマティック・リボンと呼ばれる次元宇宙において、主人公の若者クランシー（トラッセル本人が声を演じる）は、ポッドキャストの宇宙版「スペースキャスト」を行う。マルチバース（多元宇宙）・ジェネレーターで作り出した星にアバターをまとって訪問し、その星の住人をゲストとしたインタビューを全宇宙に配

信するのである。各エピソードでは、過去、トラッセルのポッドキャストに出演した何らかの分野の専門家が招かれ、クランシー＝トラッセルと対話する。かつてのポッドキャストを「再演」するのである。ただし、後述する特殊な状況に置かれながら、だ。

インタビューや対話を再演しアニメーション化するという試みは、実はそれほど珍しいものではなく、アニメーション・ドキュメンタリーというジャンルによく見られるものである。それらの作品では一般的に、アニメーションが音声の挿絵のような役割となることが多い。一方、『ミッドナイト・ゴスペル』はそうではない。映像と音声はそれぞれ別々の話を語るのだ。まるでひとりの人格が分裂するかのごとく。実際、レコーディングに招かれたゲストたちは「分裂」を要求される。ゲストは専門的な話をしながら、一方でその話の内容とは直接的には関係のない、奇妙な星の住人が立ち向かうアドベンチャーを演じるのだ（そんな本シリーズの映像と音声の関係性について、制作者たちは「（専門的な内容の）ポッドキャストをインディー・ジョーンズと組み合わせる」ようなものだと評している）。

映像と音声の分裂に基づく、異なる質のものの併存。そのアプローチは結果的に、一度みただけでは内容を摑みきれないほどの情報量を本作に詰め込むことになる。数百に及ぶオリジナルのポッドキャストのなかから、このシリーズが「原作」として選んだのは「精神世界」「死」「瞑想」といったかなり形而上学的なテーマで、交わされる議論もそれなりにぶっとんでいる。一方で映像は、一般的なアニメーション・ドキュメンタリーのように、その理解を助けようとはせず、『アドベンチャー・タイム』ファンならおなじみの、ウォード流の気の狂ったような高速スラップスティックを展開する。どちらを単独で追いかけても咀嚼の難しいものが併存するのだ。その結果、『ミッドナイト・ゴスペル』を観ることは、おそらくほとんどの人にとって、追いかけるのが大変で、とにかく圧倒されっぱなしの鑑賞体験となる。

しかし、この過剰なフォーマットが生み出すのが「振り回される楽しさ」だけであるかといえば、そうではない。この狂ったような仕組みは、最終的には途方も無い感動をもたらすのである。

情報過多であまりにも騒がしいこのシリーズは、後半になるにつれ、段々と静けさを帯びるようになる。映像と音声の距離も次第に縮まっていき、最終エピソードでは完全に一致しさえする。この最終エピソードは、すでにさまざまな論者が本シリーズのベストとして挙げているものである。確かにその通りで、本シリーズのあらゆる騒がしさは、このラストに向けた壮大な助走であったのだとさえ、全編を見終わってみると思えてくる。

そんな最終エピソードのゲストは、クランシー＝トラッセルの実の母親だ。対話のテーマは死と向き合うこと。ポッドキャストの収録時、彼女は末期ガンと診断され、死の間際であった。そんな状況で、心理学者でもあった母親は、死と直面することについて冷静に語る。時に心を乱すクランシーをなだめ、そして、胸が張り裂けんばかりの悲しみに襲われる彼に、ただ「泣きなさい」と促すシーンは感動的で、それまでの様々な騒がしさは、このあまりにもまっすぐなシーンのためにこそあったのだ、とさえ思わされてしまう。このシリーズの騒がしさとは、あまりにも辛い現実を目の前にした、それと向き合うための時間であり、準備のプロセスなのだ。

思えばすべてのエピソードは無数の死に彩られていて、そのなかでクランシーと「ゲスト」たちは、そんな危機的状況のなか、いかに心の平穏を手に入れるのかを語り合っていた。それは、軽口を叩いて気晴らしをしようとしても、頭のどこかでその問題のことを考えてしまったり、誰かと話すことで冷静さを取り戻そうとしたりする、誰もが体験したことがある心の動きを描くかのようだ。ウォードはトラッセルのポッドキャストの持つ「静けさ」に惹かれていたというが、このシリーズが辿るのは、まさにこの、騒がしさから静けさへの道である。

一方で、このシリーズは、最後の最後でそれとはまた逆の道を歩き始める。静けさのなかに、ざわめきを見出すのだ。

クランシーが最終的にたどり着く認識は、(これもトラッセルの言葉を借りれば)「自我の死」である。それは、自分という存在が一枚岩ではないという気づきである。それは自分自身が常に変化のプロセスのなかにあり、さまざまなものと混じりあいながら、無数に死に、そして生き返っている存在だと認識することである。

本シリーズが辿るのは、カタストロフを繰り返す星々への訪問、つまり無数の死である。基本的に彼が出会うすべてのキャラクターはみな死んでいく。ただ、その繰り返される死こそが、クランシーの生のかたちや認識を変えていく。

それが最高潮に達するのもやはり最終エピソードだ。このエピソードが映像として語るのは、死が次の生を生みだし、そしてまたそれが死へとつながっていくということだ。しかし、それは直線的な時間軸で起こるものではない。時間は逆行し、交差し、ねじられていく。はじめ、クランシーと母親は共に年を取るのだが、しかしいつしかその順番は入れ替わり、ついにはクランシー自体が出産を体験し、母親を生み出しもする。死者たちが残したものを受け取ったクランシーが新生し、逆にまた死者たちを生まれ直させるプロセスが描かれるわけだ。

ここに来てわかるのは、本作における「分裂」は、死者や過去をまた別の姿で蘇らせるその変容の過程として捉えられるということだ。それは、かつての自我が消え、新たなものへと育つその過程だ。やはりここでも最終エピソードがその可能性を極限にまで高める。他のエピソードではアニメーション用に対話は新たに録音されなおしていて、ゲストたちもフィクション部分の要請にしたがい、キャラクターを演じてさえいる。しかし、この最終回では、当然ながらそんなことはできない。もうすでに母親はこの世にいないからだ。死者は、死後に設定された新たなキャラクターを演じることはできない。ただ、この世界に残った生者たちが、死者たちに物語を与えていくこと、伝説化していくことはできる。

やはりここにこそ、このシリーズが語るなによりも感動的なものがある。それは、いちど発せられた声がこの宇宙のどこかに漂っているかぎり、その声をただ何度も聞くだけでも、それと想像上の対話をするだけでも、その変化は訪れる、ということの証明となっているからだ。たとえその声が、いまこの次元宇宙にはいない死者のものであったとしても、それはいま別の世界に生きる私たちに、影響する。過去、VR、アバター、死、多元宇宙、解釈されなおす対話……さまざまなギミックを通じてこのシリーズはそれを語りつづける。スペースキャストとは、ポッドキャストのアニメーション化とは、そんなプロセスをまたいつか生み出していくためのきっかけを作る作業、その象徴だ。

宇宙に死者・過去の声を発信すること、そしてそれに耳を傾けること。それは変化の引き金になりうる。

死者が生者の一部となり、死者は新たな生を身にまというる。そして死とは実は身近に起こりつづけている。本シリーズはそう語りかける。

トラッセルはインタビューで、「ひとは呼吸するごとに死を繰り返しているんだよ」と語る。その言葉はまさに、騒がしい変転・流転に身を委ねるようなこのシリーズの視聴体験にぴったりだ。自分のなかに蠢く死や生（しかもそれは他者の生・死によってもたらされている）に気づかせる本作は、静けさのなかにざわめきを、騒がしさのなかに安らぎを感じさせてくれる、アニメーションによる生まれ変わりの体験、その可能性なのである。

『ミッドナイト・ゴスペル』　監督：ペンデルトン・ウォード&ダンカン・トラッセル　製作国：アメリカ　発表年：二〇二〇年

初出：「QJWeb クイック・ジャパンウェブ」（二〇二〇年七月一六日発表）

『エクスターナル・ワールド』が示す、無限への道

アイルランド生まれのアニメーション作家デイヴィッド・オライリーは、インディペンデント分野における3DCGの革新的な使い方を示した存在だ。彼の作品におけるCGイメージはシンプルで抽象的で、ポリゴンやグリッチがいたるところに見られる。それはまるで、作り物としての本性を自ら宣言しているかのようだ。

それは、本来、現実をシミュレートするために生まれたCGアニメーションの全体的な傾向とは異なる。通常、CGアニメーターは、自然な世界を作るために、このメディアの作り物としての性質を隠そうとする。視聴者が、世界に没頭できなくなることを恐れるからだ。

しかし、オライリーはそれをさらけ出すことを好む。以前、彼はインタビューで「CGアニメーションは何も参照しない野生の領域である」と言っていた。アナログメディアでは、映像を作った人の痕跡が残る。例えば、粘土を使えば指紋が残る。その痕跡は、それを作った人間がいることの存在を示唆する。一方、CGの映像にはそのような痕跡はない。それは完全に仮想空間上の物質でしかないからだ。それは、匿名的である。

そのことを理由に、CGの映像に対して「冷たい」とか「人間性を否定する」などと非難する人もいる。

しかし、オライリーはこの冷たさにこそ、このメディアのユニークな可能性を見出しているようなのだ。それは人間を否定するのではない。むしろ拡張するのだ。特定の人の痕跡に属するものではないからこそ、日常的な経験の領域を超え、新しい世界観を切り開くことができるのだと。オライリーの映画『エクスターナル・ワールド *The External World*』（二〇一〇年）において、CGは超越のための手段である。

　この作品は、宇宙に浮かぶ地球の映像から始まる。その地球の中では、単純な姿をしたキャラクターや人々が、ごく平凡な生活を送っている。映画は、テレビドラマを模したような架空かつ不条理な複数のマイクロエピソードを挟み込む。そのミニドラマの登場人物に知性は感じられず、与えられた役割《キャラクター》をこなすだけである。

　一方で、その「外」の世界のキャラクターたちもさほど変わらない。虚構と現実の境界線が希薄になっていく。例えば、あるエピソードでは、男が街中でハテナブロックを見つけ、スーパーマリオのように下から叩く。その行動は馬鹿げている。しかしそのブロックからは実際にキノコが出てきてしまい、食べると頭も大きくなる。現実的ではない行動が、報われてしまうのだ。

　『エクスターナル・ワールド』はメディアとそれが我々に与える影響について思考する。実際、メディアの影響力について、キャラクターたちが議論するシーンがあるのだ。映画の中盤、夫と妻が、ビデオストリーミングチャンネルが子供に与える影響について語り合う。妻が「悪い影響を与えるのではないか」と問うと、夫は「大丈夫、あれはただのアニメーションだ。人には何の影響もないよ」と答えるのだ。しかしその瞬間、夫はどこかから飛んできた触手に殴られる。

「悪い影響」に関する議論は陳腐なものだ。しかし、そこには真実の一片が含まれている。見たものこそ《ユー・アー・ホワット・》が私《ユー・ウォッチ》たちを作る。私たちがさらされているフィクションは、私たちの考え方を形成し、私たちの現実を変えていく。そして、私たち自身がフィクションになる。私たちはアニメーションなのだ。そう語るかのごとく、終盤付近、映画はこう宣言する。「気をつけろ、これは単なるアニメーションに過ぎない。このどれもが現実ではない。（……）ちょうどあなたがそうであるように。」

この映画は一体、現実のどの部分がどのようにして「作り物」になると考えているのだろうか？『スーパーマリオブラザーズ』生みの親の一人である宮本茂氏は、優れたキャラクターはその外見ですべてを説明してしまうと言っているが、これはアニメーションでも同じことだ。アニメーションは見えるものですべてを語る必要がある。キャラクターが遍在する『エクスターナル・ワールド』においては、まさに外見こそがすべてだ。完全に、「外面的な《エクスターナルな》」世界なのであり、それを極端なものにしさえする。老人ホームに入居しているキャラクターが、その典型例だ。彼らの一人がパイを食べようとするが、パイそのものではなく、その輪郭だけを食べるのだ。彼らにとって、見えているものこそがすべてである。因果関係もまた、目に見える範囲で組み立てられる。ある人がライターを着火しようとした瞬間、側にある車が爆発する。それは単なる偶然にすぎないのだが、彼はいまや、自分のライターは爆発のボタンなのだと思いこむ。そんな彼に対し、世界はまた報いる。ライターの着火で、彼はさまざまなものを爆発できるようになるのだ。

目に見える範囲ですべての説明がつくと思い込んだとき、視野はとても狭いものにならざるをえない。『エクスターナル・ワールド』において、背景は壊れていたり、バグっていたりするのに、登場人物は気づかない。想像力も欠如してしまう。見た目がすべての世界では、未知なる領域の存在は見逃されてしまう。

そんな状況のなか、オライリーは解決策を提案する。目には目を。虚構には虚構を。フィクションが世界の見方を形成するのであれば、違う種類のフィクションを生み出すことで、異なる考え方を示し、作り出すことができるのではないか。

オライリーが「野生的な」CG映像の性質を活用することで提示するのは、アニメーションには決して目に見えない「向こう側」を見せることもできるということだ。

その点において重要なのは、猫と少年という二人のキャラクターだ。ほとんどの人が自分自身の狭い了見の世界に閉じ込められ、最終的には薬を飲むか自殺するかしか解決策がないように思えるこの作品世界で、唯一猫と少年だけが、別の道があることを明らかにするからだ。

猫の外見や動きは、他のキャラクターとは少し違っている——滑らかで、繊細なのである。映画の中には孤独を恐れるキャラクターもいるが、猫はそれを気にせず、孤独であることに満足しているようだ。猫は自分の人生を生き、人とは違う方向に進むことを恐れない。自然な（そして美しい）動きで、猫は背景の裂け目に飛び込み、未知の距離をワープして、またこの世界に戻ってくる。猫の存在領域は「ここ」を超え、埒外の世界にも属している。

少年はピアノを習っているが、いつも間違える。腕前は完璧ではないまま、いよいよ観客の前で演奏する時が来てしまう。練習での彼の演奏は、ぎこちなく、間違いだらけ。音は震え、はみ出す。しかし、最後の演奏で、彼は初めてミスなくメロディーを奏でる。それを目にし耳にした観客たち——映画に出てくる全キャラクターである——は、泣いてしまう。

『エクスターナル・ワールド』のこのシーンを見るたびに、僕は、自分の世界観を一変させる作品に偶然出会った瞬間を思い出す。そういった作品は、間違いなく「何か」を示している。しかしそれを説明するのは難しい。それが自分の理解を超えていること――それだけを理解させるのだ。それは、未知なるものとの対峙である。ただただ圧倒され、泣くしかない。そして、それまで考えも及ばなかったような異なる考え方や理解のための種を植え付ける。この映画の最後のエピソードは、このような体験を語るように思える。

オライリーは『エクスターナル・ワールド』において、CG映像のもう一つの可能性を示している。それはシミュレートすることではない。「野生的」で手つかずのイメージを使うことで、CGは超越させるための手段ともなりうることを示すのだ。

直接的には何も意味せず、現実の何の痕跡でもない映像を示すとき、CGは観る者の想像力を果てしなく飛ばしてしまうことがありえる。現実をシミュレートせず、何か特定のものを見ることを強制しないとき、目は無限の領域を見始めることができる。

作品の最後のクレジットにおいて、宇宙に浮かぶ地球の周囲には、トンボマークがある。地球でさえ、すべてではないのだ。デイヴィッド・オライリーの「野生的」なCG映像は、私たちの想像力を刺激し、外の世界を思い描かせ、それによって、無限への道を思い描くことに挑戦するのだ。

『エクスターナル・ワールド』原題：The External World　監督：デイヴィッド・オライリー　製作国：ドイツ　発表年：二〇一〇年

注記：本稿は、*40 Years of OTTAWA, Collected Essays on Award Winning Animation* (2016) のために書かれた英語でのエッセイをもとに、本書のために日本語訳をしたものである。

デイヴィッド・オライリーは、CGアニメーションの分野において革新をもたらした人物だ。オライリーは、現実のリアリスティックなシミュレーションの方向ではなく、ポリゴンやグリッチといった現実模倣のためには消し去ってしまいたい「素材」の段階におけるCG表現の可能性を切り開いた。それは、マンパワーとマシンパワーが必要な「金持ち」のCGではなく（リアルな表現を行うにはとにかく金がかかる）、個人だからこそできるCG表現の探求でもあった。

オライリーにとって、現実模倣のCGには「美学」が不足していた。「美学」は「スタイル」と言い換えてもよい。もしくは「一貫性」。CGは写実的でなくとも、作品が一貫した法則によって編み上げられていれば、たとえ見た目がリアルでなくとも、人はそこに何らかの「現実感」を感じとる。オライリーのそんな考え方は、代表作である『プリーズ・セイ・サムシング *Please Say Something*』（二〇〇九年）を観て、僕が訳した彼のテキスト「アニメーション基礎美学」〔現在非公開〕を読んでもらえれば、よくわかるだろう。この考え方によって、オライリーは数多くのCGクリエイターたちに新たな表現の道を切り開いた。

オライリーはその後大傑作『エクスターナル・ワールド』をリリースしたのち、短編アニメーション制作からは遠ざかっている。そのかわり、人気カートゥーンシリーズ『アドベンチャー・タイム』初のゲスト監督エピソードを担当したり、スパイク・ジョーンズの『her／世界でひとつの彼女』の映画内ゲームをデザインしたり、世界的に注目を浴びる作品でキーとなる「名脇役」的な役割をしばらく担当していた。

そしてオライリーはいま、ゲームを作っている。二〇一四年にその第一弾として突如リリースされた『Mountain』（たった一ドル！）は、山シミュレーター。冒頭の簡単な質問（「あなたの人生最初の思い出は？」など）にドローイングで回答を入力すると、それに従って、プレイヤーそれぞれの山ができあがる。あとはこの山が宇宙空間のような場所をゆっくりとくるくる回りつづける様子をただ眺めるだけ。

視点を変えることはできるし、ズームインもズームアウトもできる。キーボードを押せば鍵盤のような音が鳴り響く。でも、決して山自体に何かができるわけではない。デスクトップ・パソコンでプレーするのであれば、仕事をしているかたわらにウィンドウを置いて、まるで観葉植物のように眺めるという楽しみがベストだろう。スマートフォンでプレーすれば、それが全画面になってしまうのでスクリーンセーバーのようになる。ときおり「山のつぶやき」のようにして、とてもシンプルなメッセージが画面に表示されるし（どうも噂ではこのテキストの一部はドン・ハーツフェルトが書いているらしい）、宇宙の果てからいろいろなものが飛んできて山に刺さる（カラーコーンやレコードプレイヤー、立入禁止の標識など、飛んでくるものはなんでもありのシュールさがある）。時間が経てば夜になるし、四季もある。雨や雪も降る。それなりに変化があるのだ、僕たちが生きている現実世界と同じように。

永遠にそれを眺めているわけにはいかないので、プレイヤーはどこかの段階で放置してしまうことになる。プレイ時間が五〇時間くらいすると、何らかの原因で山は滅ぶ。だけどそれがいつあるかわからないし、プレイ時間が表示されることもないので、だいたいの場合、山は放置しているうちに気づいたら消えてなくなって、ゲームオーバー画面が表示されているのをみて唖然とする。

『Mountain』は、何もできないゲームなのだ。放置するしかないゲームであるがゆえに「アンチ・ゲーム」などとも評された『Mountain』は話題を呼んで大ヒット。注目を集めれば集めるほどに「こんなのゲームじゃない！」と怒るプレイヤーが出てきて、その炎上がまた注目を集めるという状態。CGの常識を覆したオライリーは、『Mountain』においで今度はゲームとしての常識を覆したのだ。

『Mountain』には、「手の込んだ冗談なんじゃないか」という批判もあった。それに対してオライリーは、「冗談なわけない、真剣だ、制作中に二度も僕の銀行口座はゼロになった」と真面目に反論している。数多くの個人制作ゲームと同じように、オライリーも制作費は全部自分で出資している。『Mountain』は何十万本か売れたようで、最終的にオライリーの銀行口座は結構潤ったようだった。

『Mountain』の好評を受けて、オライリーはその続編的な存在の『Everything』をほぼ三年かけて制作。これもまた自己出資で作られ、つい先日、プレイステーション4向けにリリースされた。

オライリーは二〇一六年のイベント「GEORAMA2016」にゲストとして来てもらったが、ゲーム制作が佳境に入っていた時期で、ほとんどの時間をホテルにこもって作業していた。共同制作者はオースティンとベルリン在住なので、日本にいると時差の関係で彼らとのやりとりがほぼ一日中起こってしまうことになるのだ。そのときは『Everything』はまだSteam向けに発売とだけアナウンスしていたのだけれども、「いまプレイステーション4で出せるようにソニーと契約を進めているんだ」と言っていて驚いた記憶がある。たった数人で作られたゲームが、PS4で出せてしまうのかと……。

短編アニメーション作家がゲーム制作に乗り出す事態が、散見されるようになってきた。スイスの作家ミヒャエル・フライは、短編アニメーション作品『プラグ・アンド・プレイ *Plug & Play*』（二〇一三年、ゲーム版は二〇一五年）をゲーム化した。これもオライリーの『Mountain』同様に「謎ゲー」という評価を受けて、相当売れたらしい。フライも現在、その儲けと助成金を活用して、新作ゲームの『KIDS』の制作に取り掛かっている。Vimeoコミュニティで存在感を放つ作家たちのコレクティブ「レイト・ナイト・ワーク・クラブ Late Night Work Club」の設立者のひとりスコット・ベンソンも、大学を中退したネコの冒険ゲーム『ナイト・イン・ザ・ウッズ』（二〇一七年）の制作をずっとしていた。これもつい先日リリースされたばかり。インタラクティブなグラフィック・ノベルといった様相で、プレイしはじめたばかりだが面白い。

なぜアニメーション作家がゲームに惹かれるのか。

オライリーが二〇一四年の第一回新千歳空港国際アニメーション映画祭のために来日した際、映画祭が終わって東京に来た彼を湯浅政明監督のスタジオ「サイエンスSARU」に連れていったときのことを思い出す。その当時のサイエンスSARUはたった数人が働いているだけの小さなスタジオで、場所もマンションの一室だった。そこでオライリーが湯浅監督に対して、ゲームとアニメーションはほとんど変わらない、時間軸が一方向かそうじゃないかが違うだけだから、アニメーションをやっている人は試してみたほうがいいと言っていたことを覚えている。

『Everything』をプレイするために、プレイステーション4を買った。オライリーやフライが作っているようなゲームは、俗に「インディ・ゲーム」と呼ばれるものだ。インディ・ゲームの分野では、メジャーな制作会社のように予算とスタッフを大量に投入するのではなく、少数精鋭のスタッフ（ときには一人だけ！）

で、先入観に囚われない、サイズとしては小さめの（クリアするだけなら数時間でできてしまうような）斬新なアイデアのゲームが生まれている（オライリーの「プレイしない」ゲームは、まさにその定義を十分過ぎるくらいに満たしている）。

この時点でおわかりのように、この図式は、大スタジオとは違うやり方で作る個人作家の短編アニメーションにとても似ている。ただ違うのは、制作費を回収することなどとても望めない短編アニメーションとは違い、インディ・ゲームはヒットすれば（小規模スタッフで作ったにしては）大きなお金が手に入る。短編アニメーションは一般的なものと比べると「奇妙な」構造をしていて、「奇妙な」物語の語り方をする。それに顔をしかめる人は多い。しかしそういった側面はゲームにおいては、システムの新規性としてとても喜ばれる（怒る人もいるが、しかしそれは話題になってセールスにつながる）。そりゃあ、インディ・ゲームに流れる作家が出てくるわけだ。

お金になる分野に自然と才能が集まるのは世の常で、インディ・ゲームはいま、とても面白いことになっている。ネット上の記事をいろいろと漁っていくなかで（Steamやアプリストアをはじめとするオンライン上の販売が主であるインディ・ゲームは、ネットの記事がとても充実している）、何個かゲームを購入してプレイしてみたが（プレイステーションストアでも、メジャーな製作会社のゲームと並んで普通にインディ・ゲームが買えるのだ）、かなり楽しくて、ここ最近は暇を見つけてはゲームをしている状況になってしまった。

でも、このゲームプレイは（言い訳みたいにきこえるかもしれないが）単なる「遊び」ではない。僕が良質な短編アニメーションに感じていた魅力を、インディ・ゲームは持っていると思った。ある面においては、むしろゲームの方がより濃密かもしれない。なぜか。ゲームは、遊び方も含めてゼロから世界を設計する。

その世界の法則・ゲームのルールは、作り手が決められるからだ。その点でいえば、「映画」としての形式に従わなければならない短編アニメーションは、インディ・ゲームと比べると、むしろちょっと弱い。

「作家」的なゲーム開発者がいて、その世界観を完成にもっていくために、ゲームを作るためのコードを書く少数のスタッフがいる。インディ・ゲームの制作スタイルはきわめて小規模で、意思疎通をしやすい。それに、自己資金（＋クラウドファンディング）で作っているがゆえに、他人の意見を気にする必要がない。結果としてできあがるのは、作家の意志や配慮が隅々まで行き通った、つまり作家こそが「Everything」なひとつの世界なのだ。優れた短編アニメーションが異質な他人の世界観を「追体験」することであるとするならば、良質なインディ・ゲームは、追体験どころか、その作家の世界観そのものに浸ることを許す。

インディ・ゲームは、グラフィックを用いた新たなストーリーテリングのあり方としても面白いと思った。たとえば、『Everybody's Gone to the Rapture －幸福な消失－』（二〇一五年）。美麗なグラフィックで描かれたイギリスの田舎町には、人が誰もいない。プレイヤーは幽体のようなものとなって、住民全員が消失してしまったその町をさまよい、彼らの「最後の日々」の記憶を集め、この町に何が起こったのかを見定めようとする。その全貌は決して明らかになることはなく、解釈が必要になる（それをめぐる議論もまた、ウェブ上での広まりに一役買うわけだ）。このゲームはクリアするまでに四時間くらいしかかからない。値段は二〇ドル前後。濃密なフィクション体験ができる。かかる時間と使うお金的には、大作映画とあまり変わらない。もしくは、ハードカバーの小説。映画や小説と並んで考えられるようなフィクション装置なのだ。

同様の規模のゲームで、かつ「美学」のあるゲームの代表として考えられているのが、Playdeadというスタジオだ。『LIMBO』（二〇一〇年）『INSIDE』（二〇一六年）という二本の作品は、やはり四－五時間でクリアできる。どちらも身元の知れぬ少年が主人公で、アクション・ゲーム。雰囲気はかなり不穏で、少年はちょっとしたミスですぐに無残に殺されてしまう。この無慈悲さが魅力だ。パズル要素もあるが、きちんと考えれば誰でもクリアできる設計になっていて、世界観をきちんと楽しめる。これらのゲームもやはり背景の設定は完全に明かされることなく、プレイヤーの解釈に任される。どちらも言語無しのゲームなので英語がわからなくとも楽しめる（し、日本語版も出ている）。

Netflixに入って、『インディ・ゲーム：ザ・ムービー』（二〇一二年）を観た。インディ・ゲームの重要なプレイヤーたちの姿に密着したドキュメンタリーで、これを観ればインディ・ゲームの作家をめぐる環境が把握できる。そこで中心的に取り上げられているフィル・フィッシュの『FEZ』（二〇一二年）というゲームに度肝を抜かれた。２Ｄキャラが３Ｄ空間内を動き回ってキューブを集めてまわるアクションパズルゲームなのだけれども（ボタン操作でダイナミックに世界が回転する）、本当に隅から隅まで、作家の意志が染み通っているようなゲーム世界だった。あらゆる配慮が行き届いていて、アクションもパズルも苦手な僕でも何のストレスもなくプレイできる。その居心地の良い世界をフラフラとさまよっているうちに、気づいたらクリアしている、というような。インディ・ゲームは（おそらく人材と開発用のマシンパワーのリソースが不足しているがゆえに）ドット絵によるグラフィックも定番なのだけれども、このゲームはあらゆるピクセルに意志があるかのように感じてしまった。

そしてオライリーの新作ゲーム『Everything』。オライリー自身も『Mountain』の拡張版であると語っているが、このゲームでプレイヤーがなれるのは山だけではない。動物にも、鉱物にも、植物にも、人工物にも、惑星にも、微生物にも、元素にも、銀河にも、昆虫にも、建物にも、ありとあらゆるものになれる。自分より大きなものや小さなものの視点に乗り移っていくことで、プレイヤーはあらゆる次元のスケールを生きていくのが『Everything』なのだ。

この世界にいないのは人間だけだ。GLASアニメーションフェスティバルで『Everything』をフィーチャーした特別プログラムがあったのだが、そこで「なぜ人間がいないのか」を問われたオライリーは「（プレイヤーである）君が人間じゃないか」と言っていた。これが核心をついている。『Everything』は、端的に言って、人間と人間じゃないものが折り重なっていくゲームだ。プレーするのは人間だが、スケールの異なる世界を自在に移動していくことで起こるのは、自分のいる場所が脱中心化していくということだ。普段は付かず離れずの日常・人間的な世界が、相対化され、ちっぽけなものに感じられるようになっていく（思えば先に紹介したインディ・ゲームも、そういった「脱人間」的な要素が強い）。

だが、それだけではない。面白いのは動物たちの動きだ。『Everything』の動物たちは、足を動かすのではなく、回転しながら進む。まるで、動物のおもちゃのように。これはこのゲームの別の核となる。おもちゃのような動物たちを操作していると、これらの世界が、まるで巨大なジオラマで遊ぶ行為のように思えてくるからだ。人形を使ってごっこあそびしているかのような。すると当然、遊ぶ人間は世界の中心になる。このゲームでできるのは視点を変えることに限らない。群れをつくったり、歌ったり、踊ったりもできる。それはゲーマーに全能感に似た感覚を与える。操作したように動いていくからだ。

中心であって中心でない……その二重の性質が、折り重なる。このゲームで今のところ一番の魅力を感じているのは、オートプレイモードである。数秒間放置しておくと、勝手に世界が動き出すのだ。そして、このモードがとにかくできがいい。『Mountain』同様に「鑑賞」を楽しませるのはもちろんなのだが、オートプレイモードが結果的に作り上げる世界が、あまりに感動的である。途中、プレイヤーは他の物体に変身できるようになるのだが、オートプレイでもそれらがランダムに発生する、すると、池のなかに銀河が生まれたり、逆に広大な宇宙のなかにウンコが出てきたり。それは笑えるし、驚くし、ハッとする。しばらく画面から目を離していて、ふと気づくと、都市のなかで、地面に落ちたピザの切れ端と並んで、小さな銀河系が浮いていたりする。それを見て、震えがくる。極大なものが極小のものと並列となることで、まさに「Everything」の感覚が感じられる。すべてはすべてにつながっていることが、嫌でも実感されてくる。

オライリーはこれらのプロジェクトを、ゲームを用いた「世界」の提示なのだと言っている。どうもオライリーは、ゲームというフォーマット自体に惹かれているようなのだ（かつて短編アニメーションというフォーマットに惹かれていたように）。『Everything』というゲームが目的とするのは、それゆえに、世界の万物はつながりあい、影響しあっているということを、ゲームという形式で示すことだ。いま、彼の哲学・世界観はゲームによってこそ示せる。

プレイヤーはゲームのなかで、哲学者アラン・ワッツの講演音源を少しずつ拾っていくことになる。ワッツが語るのは、あなたは万物の一部なのだ、ということだ。オライリーは「ゲームによって人の認識を変えることができる」と言っている。このゲームが認識させるのはやはり、「YOU ARE EVERYTHING」ということである。ゲームもまた、フィクションなのだ。哲学や小説や映画がやってきたように、それに触れた人の現実を更新しうるメディアなのだ。その世界を、作り手の美学で満たすことによって。作家の世界観が「Everything」となることで。

『Everything』 デベロッパー：デイヴィッド・オライリー 製作国：アメリカ 発表年：二〇一七年 日本版リリース年：二〇二〇年
初出：「Animation Unrelated」Vol.40（「boidマガジン」・二〇一七年四月二一日発表）

パターンのなかで――『ナイト・イン・ザ・ウッズ』

『ナイト・イン・ザ・ウッズ』というゲームを昨日ちょうどクリアした。アニメーション作家のコレクティブ「レイト・ナイト・ワーク・クラブ」の一員スコット・ベンソンが制作したゲームである。アニメーション作家がゲーム制作に乗り出すというテーマ自体は既にこの連載でもデイヴィッド・オライリーなどの例で触れているが、それらの例に漏れず、このゲームもやはり既存のゲームのイメージからは少し外れたものである。個人的には、「物語もの」という点で、かなり衝撃的なゲームでもあった。オライリーの『Everything』と並んで、アニメーション表現自体のこれからを占う部分もあるような気さえしている。

『ナイト・イン・ザ・ウッズ』は、とある田舎町にネコの女の子メイが戻ってくるところから始まる……という書き出しだと、なにか非常にファンタジックな物語を想像してしまうかもしれないが、実際には違う。二〇歳のメイはかなりパンクな感じの女の子で（実際以前パンクバンドをやっていた）、大学をちょうどドロップアウトしてきたばかり。彼女は久々に戻ってきたホームタウンを毎日走り回り、人々と会う。木や電線や屋根の上を歩き、万引きをして、パーティーで酔っ払って大失態を演じる。かなりやんちゃなキャラクターでもある。しかし、じゃあカリカチュアされたコミカルな感じなのかといえば、それも違う。

このゲームが与える感覚は、かわいらしい見た目に反して、なにかリアルで生々しくて、フラジャイルだ。このゲームの登場人物はみな動物である。しかし、それが実質的に捉えているのはアメリカのさびれた田舎町のリアルであり、切なさや脆さ、儚さといった、ふとすると消えてしまう刹那的に変容する感情だ。

前述のメイは「元気いっぱい！」みたいなポジティブなキャラクターというよりは、ときおりゾッとしてしまうくらいに、性格が破綻している。実際彼女は、精神的な崩壊の危機を常に抱えているキャラクターだ。中盤では眠りにつくたびに奇妙な夢を見て、ときには神様に出会ったりもする。万引きをはじめとする彼女の「悪事」ややんちゃは、リアルで生きている人間がギリギリ行いうるようなスレスレのバランスだ。

だから、キャラクターたちが動物なのは、むしろ残酷で厳しい現実をコーティングするためのものであるかのように思える。メイが帰ってきた町には、どこかしら重苦しい雰囲気が漂っていて、いちどここに留まってしまえば、ずっと出ることができないような気分を感じさせる。かつて鉱山で栄えていて、しかし今では何もなくなってしまったこの町にあって、メイの帰還は、家族にも、昔からつるんでいたバンド仲間の三名にも、鈍い衝撃としてのしかかる。母親がメイにぼそりと言うのは、「うちの家系で初めて大学に行った子が出たのに」ということだし、バンド仲間のひとり、親友のベア（彼女はワニだ）は、私たちは大学に行きたくてもいけないのに、ということを語る。メイはこの町から出ていけない人たちにとってのひとつの希望であったのに、彼女は戻ってきてしまった。

残りのバンド仲間二人、クマのアンガスとキツネのグレッグは同性愛者の恋人同士で、一緒に住んでいる。だが、物語を進めていくことでわかるのは、彼らは町で唯一のクイアであり、町の人々からの無言の圧力を常に感じ、二人で懸命に働き、どこか別の町へと引っ越そうとしている最中だということである。

やはり、誰もがここからは出ていきたい。メイの帰還で久々のバンド練習をするとき、その一曲目に選ばれるのは「Die Anywhere Else」という曲だ。それが歌うのは、ここではなくどこかで死にたい、ここでなければどこでもいい、ということだ。

『ナイト・イン・ザ・ウッズ』はジャンルとしてはアドベンチャーゲームで、ほとんどすべての時間は、同じようなパターンの一日を繰り返しながら。町を探索して、人々と話すことに費やされる。

メイは、毎日自宅のベッドで目を覚ます。パソコンのチャットで仲間たちとやりとりをし、居間で読書をしている母親と少し世間話をして、その後外に出て、町の人々の話を聞く。バイトをしている友達に会いに行く。ベアは家業の電気屋で店番をしているし、この町から出たいアンガスとグレッグはビデオレンタル屋とコンビニで働いている。毎日欠かさず、だ。一日の終わりには何か少しだけ特別なことが起こり（たとえば車に乗ってパーティーに行ったり、前述のようにバンド練習をしたり）、しかし最終的にはメイは自宅に戻ってきて、テレビを見ている父親と話し、パソコンのチャットをチェックして（ときおりゲームもして）、眠りにつく。そして朝に目を覚まし……永遠とも思えるほどに、その一日のルーティーンが繰り返される。

家族もバンド仲間たちもそれぞれに問題を抱えている。みんなはそれぞれいつもトボけたような顔と態度で毎日を過ごしているけれども、ときおり激情が爆発することもある。だが、次の日には何事もなかったかのように戻っている。決定的な何かが起こるわけではない。

このゲームには、何もはっきりしたことがない。そしておそらく、その曖昧さこそが素晴らしい。たとえばキャラクターたち。プレイヤーはしばらくのあいだ、自分が動かしているメイというキャラクターのことが分からない。多くの人は男だと思っていて、しかし、あるときなんとなく会話の流れのなかで女の子だとわかる。アンガスもグレッグも性別がわからない。同性愛者たちであることが、必要以上に強調されることがないからだ。それはなんとなく分かってくる。かわいらしい動物のアイコンのようなキャラクター・デザインがそこで効いてくる。絵自体が何かを語るわけではない。しかし、むしろ何も語らないからこそ、プレイヤーは彼らを「汲む」ようになってくる。私たちもまた、現実世界において、友人たちに対して行っているように。何も明示しないからこそ、彼らはみな、曖昧で繊細で複雑な気持ちを抱えたキャラクターたちとなる。

曖昧さのなかで、町もまた少しずつ表情を変えていく。毎日を繰り返し続けるこのゲームのなかで、変わらないように思われる町にも、少しずつ変化が訪れる。ある日、昔ながらのピザ屋が閉店し、そしてタコス屋ができる。もうひとりの友達ジャームがいつしか毎日出会うルーティーンに加わる。たまに屋根の上を散歩すると、星を見るおじさんがいて、知られざる星座の物語を教えてくれる。屋根の上は、アウトサイダーや見捨てられた人たちにとっての休息の場所なのだ。ブルースという浮浪者が教会近くに住み着き、メイは友達になるのだが、しかし彼は住民たちの無言のプレッシャーによって、いつしかまたどこかへと消えていく。毎日毎日、ほんの少しだけだが、でも確実に、少しずつすべてが変わっていく。そしてあるとき雪崩のように、大きな出来事が起こり、皆が巻き込まれていく。

小さな出来事と大きな出来事の組み合わせが、このゲームでは「ゲーム内ゲーム」という構造で作られていく。バンド練習はそのひとつで、リズムゲームのようにしてベースを演奏することになる。初めて聞く歌なので当然うまく弾けるわけはない。だがべつに演奏がまずかったからといってその後の進行に支障が出るわけでもない。ただ「ひどいね」と言われるだけだ。そのかわり、もういちどやりなおすこともできない。で、おそらく、これこそがこのゲームの要点なのだ。選択によって結果は少しだけ違って、でも大勢に影響を及ぼすことなく、でも、やりなおすことは決して許されない。ダイアローグのなかでも、頻繁に選択肢が出てくる。そこで違う答えを選んだとしたら、相手はどのような返事を返すのか、それをプレイヤーは知れないままだ。いちど選ばなかった選択肢はゲームデータを消して初めからやり直さないかぎり体験できない。よくあるように、選択によってバッドエンドが待っているわけではない。辿り着くエンディングは、ほんの少しディテールが違うだけで、大きく異なるわけではない。そのほんの少しのバージョン違いのエンディングを見るために、最初からゲームをやりなおすことはないだろう。

町の住民たちとメイのあいだにはそれぞれにさまざまな関係性があり、毎日会話を重ねていくと、深まったり離れたりする。だが、別にそれを掘らずとも大筋の物語は問題なく進む。ただ単に、可能性として存在していた何かが実現されずに終わるだけだ。たとえば、このゲームのハイライトとして語られることの多い「ナイフでの戦い」を僕は体験できなかった。ベアと遊ぶことを選びがちで、グレッグとはあまり絡まなかったからだ。でも、それが人生の選択というものなのだといわんばかりに、実現されなかったその他の可能性を背後に残し、物語はどんどんと進んでいく。

インディーゲームにとって、オンラインでの評判は生命線である。このゲームに関しては、YouTubeにアップされているたくさんのプレー動画の存在が重要になってくる。選ばなかった選択肢をYouTuberが選ぶとき、そこで展開されるものは、自分のよく知ったキャラクターたちの見知らぬ側面だからだ。複数に分岐するようなパラレルワールドを見つめるかのような気分になる。

無数のパターン。『ナイト・イン・ザ・ウッズ』をプレーすると、この言葉がパッと頭に浮かぶ。毎日の繰り返し。田舎暮らしのパターンから抜け出せない焦燥感と、大学生活のパターンからこぼれ落ちてしまう切なさ。少しのズレがもたらすパターンの崩壊と、そのなかで簡単に失われる命。しかしそれでも生き残るもの。パターンとそこからのズレ、そしてまた新しいパターンが生成される……それは、人が延々と生き続けていくなかで常に体験しつづけてきたことである。脆く、壊れやすいもの。揺れ動き、でも新しくできあがるもの。繰り返される、でも少しだけ違っていく物語。パターンの一部であり、だからこそ、みんなそれぞれが違う。

メイたちの年齢は二〇歳に設定されている。子供ではなく、しかしお酒の飲める年齢（二一歳）ではない。日本であれば一九歳の感覚だろう。小さなパターンから、大きなパターンへと生活が変わっていくとき。そこでこぼれおちる、あぶなっかしくて、脆い、なにか。青春の瞬間。『ナイト・イン・ザ・ウッズ』が描くのは、まさにそれなのだ。

『ナイト・イン・ザ・ウッズ』には「パターンを読むのが人間なんだ」というセリフがある。このゲームは実際に、パターンを体験し、読むことを何度も何度も行わせる。星座を見つけるエピソードが象徴的だ。星座とは、本来はまったく関係のない星同士に関係性を見出し、自分たちに関係する物語に仕立て上げたものである。無限に広がる世界に、なんとかパターンを認識することは、世界を意味づけし、意味づけした私たちを意味づけしなおすことでもある。『ナイト・イン・ザ・ウッズ』の宣伝文句は、「すべてが終わる場所で、なにかにしがみついて *At the End of Everything, Hold On to Anything*」。このゲームは、どうにもならないことばかりが起こる人生のなかでなんとかふみとどまって生きていこうとするときの懸命さを描こうと（生きさせようと）するものなのだ。その懸命な試みの中で、わたしたちは別の星座を見つけていく。『ナイト・イン・ザ・ウッズ』をプレーすることで気づくのは、袋小路に陥ってしまっているように思える私たちの普通の人生・日常には、微細に別れた無数の可能性が秘められていて、そのすべてを体験することはできないけれども、常に別のなにかへと開かれているということである。自分自身のパターンから抜け出しても、もっと大きなパターンに囚われるのかもしれない。でも、その試みを続けていくなかで、自分自身の頭上にまた新たな星座が浮かんでいることに気づくのだ。

『ナイト・イン・ザ・ウッズ』　デベロッパー：Infinite Fall/Secret Lab　発表年：二〇一七年／日本版リリース年：二〇一九年

初出：「Animation Unrelated」vol.41（「boid マガジン・二〇一七年五月二七日発表）

日本アニメーションの新世紀《ネオン・ジェネシス》

私たちの戦場、私たちの楽園《パラダイス》——ひらのりょう『パラダイス』

「マイ・ファースト・クラッシュ」——ジュリア・ポットはかつて、そんなタイトルのアニメーション作品を作った。かわいい動物の姿で、様々な年齢・性別の人たちが初恋をめぐる自らの思い出を語るその作品。突如として私たちの前に姿を現し、その世界を以前とはまったく違うものに変えてしまう恋というもの、それはまさに「衝突《クラッシュ》」なのだ。

ひらのりょうの『パラダイス』で物語を動かすのも数々の衝突だ。人々がぶつかり、異なる生物種たちもぶつかり、そして時代もぶつかる。恋という衝突《クラッシュ》は、ひとときの高揚感と未来への楽観的な期待を抱かせ、叶わぬことで心を傷つける。クマとぶつかる黄色帽の男の歯はその衝撃で抜け落ち、幼年期の乳歯の記憶がふいに浮上する。戦場に飛び交う銃弾は若者たちの身体にぶつかり物理的に損傷させ、その人生を損なわせる。最後の大衝突では、宇宙ステーションや宇宙船が瓦礫へと姿を変えて宙を漂う。どの衝突も、その当事者たちの世界を一変させ、衝撃によって変容を蒙ったその姿のままで浮かばせる。

『パラダイス』の世界には過去と未来が漂う。この作品の舞台はとても広いようにみえて実際にはわりと狭い。日本とその上空の宇宙だけが垂直的に切り取られた、まるで地層図の保存されたビーカーのなかのような世界だ。地球は回転を止めていて、過去はそのまま足下に堆積して現在の基盤となり、そして未来の肥やしとなる。そんな時間の積み重なりのなかで穴が開けば当然過去が顔を覗かせる。猿人は宇宙ステーションで花を集める。

この限られた空間には、あらゆる時間の痕跡が残されて漂う。未来でさえも過去の残骸を集めてできあがる。宇宙ステーションのリゾート施設——設定だけみれば未来的なその場所は、うらぶれた温泉地の温浴施設のような風貌をしている。南の島のイメージをベースにしたその楽園は、地球の土を運び込んで作られていて、過去の記憶の亡霊もまた運びこまれる。かつての戦争で南の島において死んでいった若者たちの記憶のうえに作られるリゾート地、電飾や装飾に彩られて楽園のように見えるその場所は、若者たちが恋に破れ、死にたい気持ちを抱える現代の戦場となって、新たな傷の記憶を堆積させていく。

過去の破片が現在を漂い、その両者の衝突が未来を予感させる。『パラダイス』の冒頭、黄色帽の男は宇宙に浮かぶ一本の歯と遭遇する。その出会いは、過去、現在、未来を貫く糸となる。目の前にある歯は、自分に似た過去の誰かの成れの果てであり、将来的に自分が辿り着く姿でもあるからだ。宙に浮かぶ歯を見つけてしまったとき、逃れられない運命へと男を導く流れができあがる。『パラダイス』で生起する様々な規模の衝突が、共鳴をはじめる。現在進行形の恋が終わりつつある彼の心に残る衝突の傷跡、その痛みは、大きくて深刻で取り返しのつかない未来の衝突の予感となるのだ。

『パラダイス』が語っているのは、失恋がもたらす衝撃を感じる私たちはかつてこの同じ場所で砕け散った人々の記憶を受け継いでいるということだ。返ってこない——送ることさえできない——メールの返事は、戦争の銃弾、墜落する飛行機、すべてを洗い流し見慣れた景色を一変させる大破局へとつながる何かを隠し持っている。私たちは恋の傷跡を通じてあらゆるカタストロフィをすでに生きているのだ。過去に共感し、未来を予感する。恋はすべてのはじまりで、その最初の衝突と衝撃、いつも突然訪れるそれは、受け取りたくなくともいつの間にか体内に埋め込まれている時限爆弾のようなものなのだ。その爆発は最初は小さくとも、導火線は最終的な破局へと向かっていく。身の回りに漂う過去の残滓、小さな歯、それを寄せ集めてみたときに私たちが理解するのは、私たちもまたいつかは砕け散り破片となってしまうこと、その事実である。

でも、衝突には、悲劇の響きとともに、人の心をワクワクさせる何かもある。衝突は、破滅をもたらすその前に、人をふわりと浮かせる。突然の衝撃のあと、自分の身に何が起こったのか理解するまでの短い時間、上下左右前後過去現在未来を探るレーダーの座標からロストする一瞬が、そこには埋め込まれている。地に足がついたとき——そもそも着地できるか定かではないのだが——、どんな現実が待ち受けているのかも分からない。今は歯のカケラとなって漂うかつての私たちの姿が語るように、それは最終的に私たちを物理的に変形させ、砕いてしまうはずだ。でも、完全なる粉砕の前、不意の衝突のうちに宙に浮かぶ私たちには、特別な気持ちを抱えるための時間が許されている。

だから、『パラダイス』の終盤、死者としての歯が、他の死者のＤＮＡに刻み込まれた衝突の痕跡からメッセージを読み取って微笑むとき、その穏やかな表情が意味するのは、この生は捨てたものではなかったのだという確信なのだ。「あのね、私さ、好きな人できたかもしれない」——その言葉に秘められた、震えるような高揚感の記憶こそが。

クマと黄色帽の男の出会い、つまり、『パラダイス』の最初の衝突《ファースト・クラッシュ》のことを思い出す。ふたりがわけもわからぬままに過ごすことになった曖昧な時間、そこには確かに幸せの予感が含まれていたはずなのだ。思いもよらない衝突が切り開く未知の世界。友達でも恋人でもない、もしかしたら自分を食い尽くしてしまうかもしれない存在との出会い。危険をどこかで感じながら、その不明瞭さこそがワクワクさせてくれたあの記憶。慣れないダンスを思わずしてしまったときの、恥ずかしくて浮かれる思い。もちろんそれは、最終的な破局を待つだけの戦場におけるひとときの休息のようなものだけれども、でも、砕け散ってしまうその前に、宙に浮かぶようなそんな気持ちを抱えた瞬間があったこと、それもまた確かなのだ。

だから、私たちがいつか歯となって宇宙に浮かぶとき、そのDNAには二つの記憶が混ざり合う。すれ違いと届かない思いを抱えたままに私たちを砕け散らせる悲しい衝突の記憶とともに、ふわりと浮かぶような照れ笑いをいつも呼び起こしてくれる、すべてのはじまりとしての恋の記憶《ファースト・クラッシュ》もまた。チャイナブルーの音響を背後に聞こえる声――「ヘタ！　ひどいねほんとに」――、ネオンサインの人工的で安っぽいエコーのなかで響くその記憶。その甘美な思い出もまた、私たちのこの戦場、この楽園《パラダイス》で起こるすべてなのだ。

『パラダイス』　監督：ひらのりょう　製作国：日本　発表年：二〇一四年
初出：『パラダイス』公式パンフレット（FOGHORN・二〇一四年発表）

「デビルマン」たちが立ち上がる――湯浅政明『DEVILMAN crybaby』

抽象的なアニメーション

永井豪はデフォルメの効いた湯浅政明のアニメーションのスタイルを「抽象的」と評し、それが『デビルマン』のアニメーション化にうまく作用するだろうと考える。悪魔が日常に現れるという物語は「リアルにつくりすぎてもうそくさい」。そのとき、「抽象的な」スタイルはしっくりくる。さらにいえば、『デビルマン』は、永井豪にとって、人間が自ら生み出した兵器により「悪魔」化し自滅する可能性について象徴的に語る物語でもあった。その点からしても、湯浅の抽象的なスタイルによって、『DEVILMAN crybaby』(以下『DEVILMAN』)が、現代社会の空気を吸い込んで、単なる悪魔と人間の物語ではない別の意味を帯びたものになる可能性があるとも感じとったのだろう。

実際、湯浅政明の長編『夜明け告げるルーのうた』は、グランプリを受賞したアヌシー国際アニメーション映画祭での上映時、ヨーロッパの関係者に移民問題のメタファーとして読まれたこともあった。ただおそらく、湯浅自身がそういった読みを想定していたかといえば、そうではないだろう。人間と人魚のあいだの関係性を語る『ルー』は、人間が自分と似た(しかし決定的に違う)何かと対面する物語を語る。その図式が多様な読みを許容したのだ。湯浅政明の「抽象的な」アニメーションの特質とは、実はこの読み取りの可能性のファジーさにある。多彩な意味を帯びて流動的に変容し、そこに何を読み込むのかは、観客次第なのだ。

何かが混じる存在

人間と人間に似たなにかとのあいだの相克という図式は『DEVILMAN』でも繰り返される。流動的なメタファーは不安定な日常の不穏さを掻き立て、光と闇が流動的に混じり合い、後者が前者を圧倒するときが来ることを予感させる——光に溢れるようなピュアな心の持ち主である不動明も牧村美樹も、いつか汚されるのだろうと。

明も美樹も、中間的な存在だ。明は飛鳥了の策略で人間と悪魔の中間であるデビルマンとなる。高校陸上界のスターである美樹もまた、「普通」の人間の領域をはみだす眩しい存在で、人々の羨望とその背後に潜む妬みの的となる。悪魔の存在が世間に知れ渡り、日常の均衡が崩れたとき、中間にいる者は「普通の」人間たちの犠牲になる。誰が悪魔であるか分からない猜疑心に苛まれた一般人たちは、未知なる状況に恐怖を見出す。自らを残忍さに浸し、匿名の群衆の一部となって、自分たちと少しでも「違う」と思った人々を吊し上げ、石を投げ、処刑する。

明はもちろん、美樹もその絶好の獲物だ。美樹はハーフでもある。残虐な死が身に迫るなか、「外人」であると罵倒された美樹はつぶやく——「私は、魔女よ」と。混血であることを自ら認め、そしてそれがもたらす運命に殉ずる。『DEVILMAN』が舞台とする川崎は、磯部涼『ルポ川崎』でも触れられるように、在日コミュニティの存在ゆえにヘイトデモが頻繁に起こる場所である。そして、貧困層の人々のなかから、BAD

HOP（ラッパーのキャラクターたちのモデルとなっている）を中心にヒップホップが盛り上がりを見せる場所でもある。中心人物の声優にラッパーを起用する『DEVILMAN』は明確にそのような空気を吸い込んでいる。

魔女という言葉が同時に思いださせるのは、湯浅政明が、日本国内に限らず世界的な活躍を見せる人物だということでもある。彼の率いる「サイエンスSARU」も、FLASHアニメーションの独自の使い方を売りにするスタジオだ。二〇一四年頃、現在とは異なりまだ小さかったサイエンスSARUを訪問したことがあるが、湯浅以外のスタッフが全員外国人であったことを覚えている。FLASHが使える人材を求めた結果ゆえの国籍構成らしいが、それはつまり、純粋に日本国内の伝統が生み出す人材を頼るだけでは成り立たないアニメ表現を求めていたということでもある。そもそも、湯浅が国外で活躍したことも、日本が彼に充分な環境を与えなかったからだ。そんなようなことを考えると、『DEVILMAN』がNetflixだけでリリースされる初のオリジナル・アニメ・シリーズであることもまた新たな意味を帯びてくる。この作品自体に、「新たな血」が混じっていることが感じられるのだ。

白い画面に何を見出すか

『DEVILMAN』は、異なる血が交じるものたちが放つ光に、私たちが何を見出すのかという物語だ。第九話における美樹の「演説」。白いスクリーン上で語られるその言葉は、その純粋さと高潔さによって、眩しい。悪魔を恐れる大部分の人々は、そこに憎しみを読み込むが、しかし一方で、世界中に潜んでいた「デビルマン」たちは、そこに立ち上がるための勇気を見出す。たとえそれが直近における死や敗北を運命づけられたものであろうと。

終盤では、様々な疾走と果てなき挑戦が絡み合う。第十話でのバトン・リレーのモチーフが象徴するように、明も美樹もミーコも懸命に走りながら、了に何度もバトンを渡そうとしては失敗する。でも、最終的に訪れる死まで、それを決して諦めることはないのだ。そこには様々な感情が入り混じる。それでも未来への可能性を信じつづけるようなこの終盤の疾走と挑戦は、湯浅政明の伝説的な長編『マインドゲーム』のクライマックスを思い出させる。現実に行き詰った人々が、それでもまた外の世界に戻ろうと、クジラの腹の中から脱出しようと精一杯の疾走を見せるなかで、自分が生きることのできたはずのあらゆる可能性が、時間のくびきがバラバラにほどけたかのように全方向的に広がって展開するあのシーンは、走り続けるかぎり可能性は閉じないということ、そしてその走るための力は、「普通」の人間にも眠っているということに気づかせる。

同じように、『DEVILMAN』を観て、希望から怒りや悲しみ、憎しみまで、抽象的なイメージのなかに無限の色合いの感情や記憶を思い起こさせられ、それらの感情に心揺さぶられるとき、観客である私たちは、自分もまた「デビルマン」でありうることを思い出す。「デビルマン」とは、誰か別の血潮を受け継いで、もしくは誰か他人の境遇に涙し、そんなエモーショナルな振る舞いのなかで人々の存在を自らの血肉としたなかで今存在する自分のことだと見出す。

見たことがない世界に直面したとき、恐怖ではなく、誰かとともに新たな一歩を踏み出す勇気を読み込みうること――『DEVILMAN』が信じるのはその可能性である。たとえそれが達成されるのが今ではなくとも、走り続けるかぎり、（美樹が言うように）きっと「何かが変わる」ことを信じて。

『DEVILMAN crybaby』 監督：湯浅政明 発表年：二〇一八年 初出：『MdN』二〇一八年三月号（エムディエヌコーポレーション）

ただ優しくただ尊く存在させるだけのアニメーション

——湯浅政明『きみと、波にのれたら』

『きみと、波にのれたら』は、まるで水晶のように輝く印象を残す。透明で、澄んでいて、そして脆さを含んだ硬さを感じさせる。

これまでの湯浅政明監督は軟らかく、ダイナミックだった。今回の作品は、硬質で、静的だ。内包する時間感覚も異なる。『マインド・ゲーム』や『夜は短し歩けよ乙女』(二〇一七年)のような複線的な時間感覚も、『夜明け告げるルーのうた』や『DEVILMAN crybaby』のように世代を超えていく超人的なタイムスケールもなく、ただただ、今ここで経過していく時間を描くことに専念している。過去を探ろうとはするが、そこから現在まで時間は一直線に伸びるだけだ。寄り道をしようともせず。

本作の後半にはいかにも湯浅らしい大スペクタクルが展開されるが、それでさえ『マインド・ゲーム』の大脱出劇のように現実のポテンシャルを解放しバラけさせていくようなものではなく、むしろ地に足をつけるためのものである。昇天するべきものを天に登らせ、まだこの世に残るものは硬い地面へと降ろすための儀式のようなものなのだ。

本作に登場する幽霊は、やれることがあまりにも限られている。常に一定のポーズで登場する港の幽霊は、まるで心霊写真のようでもある。ひな子は途中「地縛霊」と背表紙に書かれた本を手にしているが、港は実際、水に縛られている。死んだ場所に縛られているといえるのかもしれないし、生前の職能を未練として残しているのかもしれない。生の領域に、死の影としてもしくは過去の残像として現れる本作の幽霊は、決して成仏することのない、悔恨の塊のような存在にも見える。

本作は、死の領域を死の領域としてありつづけさせる。そのことによって、本作は自然と近年の二本のアニメ長編を思い出させる。たとえば、スマートフォンに残るメモリーやデータが、二人の過去を明らかにできること。これは明確に『君の名は。』に対する応答である。過去は決して捏造されたり消えたりしないと語るのだ。

本作は、『風立ちぬ』に対する応答に思えるところもある。あの作品で、主人公の二郎は、最愛の人の死の後、最終的にはその死者に「生きて」と語らせる。自らの生に、死を呑みこんでいこうとするわけだ。一方で本作は、物語の終盤に、死者の声を突如として巨大に響かせる。その声が語るのは、「死ぬつもりなどなかった」「生きたかった」という純粋な死者の声である。死は死としてある。それを、生者はそう簡単に乗り越えることはできない。それを本作は語るのだ。

だから『きみと、波にのれたら』は、とても真っ当なことしか言っていない作品であるともいえる――生は生であり、死は死である。いやむしろ、その真っ当さが、極限的に高められていると言うべきか。湯浅政明は、「ひな子を波に乗せてあげたかった」と語る。本作が本当に驚かせるのは、この発言が、比喩的な意味をまったく含んでいないということだ。ひな子は本当に、ただ波に乗るだけなのだ。文字通りに、行為として。そこに何かの比喩や象徴を読み取ることは難しい。

湯浅はつまり本作で（彼の過去作と比較すると）新たな実験をしたといえる。それは、一回性のある生・時間を描くことである。それが何をもたらすのかといえば、「普通の」生活がキラキラと輝き始める。本作の最も感動的な部分は、「普通の」生活を描く前半にある——ひな子と港の恋人としての時間である。愛し合う二人が過ごす、ごく当たり前の時間が、結晶化して描かれる。その尊さは、時間やフォルムを決してグニャリと変質したりはしない禁欲的な表現によって初めて可能になる。

湯浅はこれまで、アニメーションの多義的に振る舞える性質を活用してきた。その性質によって、雑多なもの、死を含め、あらゆるものを包括して、呑みこんでしまおうとした。でも、今回はそのやり方に背を向ける。そのかわり、本作の水晶のようなイメージは、硬くて脆い、壊れたら取り返しのつかない私たちの生について語るのだ。その生や死は、誰のものにも回収できない、その人たちだけのものである。だからこそ、尊い。

湯浅はそっと、ひな子を波に乗せる。繊細な水晶でできたような切なく光り輝くその存在を、やさしく。それを変容《メタモルフォーゼ》させることなど、許されないと言わんばかりに。ただそこに、優しく存在させるだけの映像。本作で湯浅政明はまたしても、アニメーションの最先端を走ってしまった。

『きみと、波にのれたら』監督：湯浅政明　製作国：日本　発表年：二〇一九年　初出：『キネマ旬報』二〇一九年七月上旬号

私たちの生きつづける場所は、ここにも、どこにでも、ありうる

――伊藤智彦『HELLO WORLD』

本でも映画でもゲームでもなんでもいい、フィクションに深くその身を沈めるとき、私たちの脳内には、新しい世界ができる。その世界を実際に生き、その住人だったような記憶さえ残る。そこでの記憶は現実で過ごしたものと同じくらいに鮮明で、ときには現実以上になることもある。

だが、それはあくまで「記憶」である。あれほどまでに確かに「生きた」世界は、たとえいま同じ映画や本を読んだとしても同じようには蘇らない。その世界にのめりこんでいた過去の自分と、今の自分は決してつながっていない――そんな感覚も、フィクションにのめりこんだ記憶にはつきまとう。

『HELLO WORLD』は、近未来の京都を舞台に、主人公が十年後の未来から来た自分の助けを得て、もうすぐ事故で死ぬことになっている恋人を救おうとする物語を語るが、実際にはこんなことを伝える作品に思える――フィクションにのめりこむ経験が私たちを救い、私たちもまたそのフィクションを救いうること。互いに等しくリアルな実在を持った同士として、互いが互いを生かしあえること。

本作は、それを語る過程のなかで、死や（唯一無二の）現実といった、本来「重み」を持って捉えられが

ちなものをもう少し「軽く」する。たとえば、主人公も主人公が暮らす京都の街も、すべてデータであるということが早々に明かされる。面白いのは、その事実が主人公をそれほど動揺させないことだ。本作は「データだろうが現実だろうがそれらは優劣なく等しくリアルである」という意識を持っている——データにはデータの生がある。

そういった態度が、様々な位相のリアルを混ぜ込んでいけるような「軽さ」を本作に注入する。まるで胡蝶の夢のように、何が夢で何が現実なのかを曖昧にする。夢は見てきたものから作られる。本作の制作者たちは間違いなく、数々のフィクションにのめりこみ、そこにリアルを感じて生きてきたのだろう。とりわけ、アニメやSFに対して恩義があるに違いない。本作が見せる「夢」はそれらで構成される。

後半の展開のなかで様々な「夢」が混ざり込む。本作が素晴らしいのは、ふんだんに詰め込まれるそれらのオマージュが過去志向ではないことだ。むしろ、過去と思われたものがいまだに生き続けていることを示す。本作では、現実と虚構のあわいを描いてきたアニメ・SFの作り手たち——そのなかにはこの世を去ってしまった者たちもいる——が、画面上やそれを観る観客の脳内に再登場する。しかも、「夢」のなかで彼ら・彼女らを呼び出した人たちの切実な問題意識によって、新たな生を受ける。いや、言い方が正しくない。死んでしまったと思っていたそれらの存在が、実は私たちが気づいていなかっただけで、実はずっとパラレルに生き続けていたことを認識させてくれるのだ。

本作は、かなりアクロバティックな着地を見せるが、その着地点さえもまた「夢」である。その構造が、この作品に限りなく開かれた感覚を与える。私たちが生き続ける場所は、脳内にもデータにも宇宙にも虚構にも、無限に広がってどこにだってありうる——本作は、フィクションと生の関係を考えるための必見作だ。

『HELLO WORLD』 監督：伊藤智彦　製作国：日本　発表年：二〇一九年
初出：『キネマ旬報』二〇一九年一月上旬号

淡さのあとに人間として生まれ直すアニメーション——岩井澤健治『音楽』

岩井澤健治監督が七年もの年月をかけて完成させた長編アニメーション映画『音楽』。不良高校生三名が思いつきと初期衝動でバンドを始め、町内会のロックフェスでその演奏を披露する物語を描く本作は、とても新鮮な作品だ。その「新鮮さ」は、宣伝で大きく謳われているような「小規模（個人制作）での制作による長編アニメーション」「四万枚を超える手描きの作画枚数」が世界的にそれほどたくさんあるわけではないというポジション的な問題から生まれるものではない。それはむしろ、ロトスコープ（実写映像をトレースしてアニメーション映像を作る技術）が作り上げる「余白」の多い映像が、観客とのあいだに共犯・共作関係を作り上げる「ライブ感」が生み出すものだ。

本作は、静と動のダイナミックで瞑想的なコンビネーションが面白い。静のなかで、動が突如として噴出するような作品なのだ。本作はとても「乾いて」いる。坂本慎太郎演じる研二をはじめとするメインの登場人物たちは、感情で動いている感じがしない。その行動原理は、動物が本能に従うかのようで、彼らからは人間の感情の奥底にある湿り気のようなものが感じられない。

登場人物たちの動きもとても乾いている。アニメーションが一般的に目指す傾向があるゴージャスで表現豊かな運動は特に目指されることはなく、（これもロトスコープが可能にするものだろうが）人物たちの動きは物理的な現象の一部のように即物的に動きだけを伝える。主人公たちのフィジカルな動きには、マンガで言うところのスピード線のようなものが頻繁に添えられ、音もフォッ、サッ、フッ、と乾いている。まるでトップレベルのアスリートたちの動きのように、彼らの動きには無駄がなく、力強い。これもまた、登場人物たちの心理や意識というよりは、肉体やその運動こそが彼らのアイデンティティであるような印象を与える。本作は徹底的に、内面の深みに降りていこうとしない。見えるものがすべてである、とでもいわんばかりの頑固さで映像を組み立てていくのだ。

大橋裕之のマンガの描画スタイルをそのまま移植したような空白の多い画面構造も、その乾いた感じを高める。色使いも含め、とにかく本作は「淡い」印象を与える。観客へと過剰に働きかけるような甘ったるさは皆無で、登場人物たちも彼らのいる世界も、「ただそこにあって動いている」とでも形容したくなるような佇まいだ。沈黙を多用する演出も、その余韻ある空白を生み出すのに寄与している。

これらの特徴があわさった本作『音楽』は、結果として、観客に不思議な感覚を与えることになる。アニメーションであるにもかかわらず、描かれている出来事が今目の前で起こっているかのような印象を与えるのだ——その抑制の効いた手法ゆえに。

『音楽』に似たアニメーションがあるとすれば、アメリカのドン・ハーツフェルトという作家の作品だろう。ハーツフェルトは、「まるかいてちょん」の棒線画を用い、背景も大胆に空白を残したままに、つまりきわめてシンプルなスタイルで、壮大なスケールの物語を語る。ハーツフェルトは、彼の独特の描画スタイルがもたらす利点として、「観客が作品を完成させる」ということを言っている。キャラクターや世界観について情報を与えすぎない（むしろ欠落させる）ことが、観客自身を作品に参加させることになる。棒線画と空白のなかに、観客は自分自身の人生の記憶や経験を投影してしまうのだ。

「淡くて」「乾いて」「空白」のある『音楽』もまた、ハーツフェルトの作品と同じような作用を観客にもたらす。いつも見慣れたアニメーションと比べて、極端に情報の入力が少ないがゆえに、故障中のエスカレーターに乗ったとき自然と体が前に進んでしまうかのごとく、観客の脳内はその情報を埋めようとする。そのことが、きわめて「ライブ」的であり、「フェス」的であり、「音楽」的な性質を本作に与える。フェスやライブで音楽を聴くとき、聴衆は音楽を一方向的に浴びるだけではない。それは「体験」として、場所や聴衆たちが作り出す雰囲気や、演者のテンション、観客として参加する自分自身の状態など複数の要因が集まって流動的に状況が変わる「ナマモノ」のような経験になる。

『音楽』はそんな状況を作品のなかに編み込んでいる。『音楽』は、本編全体に展開する「淡さ」によって観客を含む作品外部の環境の参加を促しつつ、伝説的ともいえるラストの圧巻のライブシーンに突入する。そこに圧倒的なライブ感を感じるとすれば、それは画面上の出来事だけが原因ではない。それは、観客の脳内でも起こっているのだ。ここ数年、ライブもののアイドル・アニメなどで応援上映が流行っているが、それとはまた別の話だ。本作においては、あくまで観客の脳内で、その「ナマモノ」の感情が生まれる。脳内に新鮮な感情が生まれ、血しぶきやマグマ——つまりある種の圧力によって止むに止まれず勢いよく飛び出してくるなにか——が吹き出すのを感じる。これまで抑制されてきた内面的ななにかが、一気に生まれていく。

本作において、主人公の研二は、原初的な叫び《プライマル・スクリーム》とともに生まれ直す。本能に従うだけの動物のようだった状況から、感情を爆発させ、目の前の相手にその気持ちを（不器用ながらも）伝えるようになる。本作を観た後に経験する感情が、新鮮で懐かしいものだとすれば、それは、私たちが生まれ育つなかでいつか経験したはずの、単なる本能的に動く存在から、感情を持った人間として「生まれる」感覚を追体験させるからである。それは、ティーン・エイジャーの頃に感じたような感情の動きであるがゆえに懐かしく、心地よく、そして、新鮮なのだ。

今ここで起こる、懐かしくて新鮮な感覚のアニメーション映画――それこそが、『音楽』の唯一無二性を作り上げている。

『音楽』　監督：岩井澤健治　製作国：日本　発表年：二〇一九年／日本公開年：二〇二〇年

初出：「QJWeb クイック・ジャパンウェブ」（二〇二〇年一月一六日発表）

『エヴァンゲリオン』、人生を並走するアニメーションとして

僕が『エヴァンゲリオン』と出会ったのは一九九五年のテレビシリーズ放映時のことだった。一九八一年生まれの僕は当時一四歳。碇シンジをはじめとする「チルドレン」たちとちょうど同い年だった。うちの中学校は麻原彰晃の出馬した選挙区に属していて、近くにはオウム・ショップがあり（誰かがそこで万引きしてきた麻原彰晃の曲のテープが昼の校内放送で爆音で流されて問題になったことがあった）、関係あるようで関係ないが宮崎駿の出身校でもあり、これは日本全体の話でもあるが同年一月に阪神・淡路大震災があり、さらに三月には地下鉄サリン事件があり、前述のようにオウム真理教と「近い」土地柄ゆえ、世紀末思想がとてもしっくり来てしまう雰囲気を生きていたときだった。

『エヴァンゲリオン』が始まると、うちの学校のオタクたちはそのクオリティに色めき立ち、クラス中で布教を始めた。うちの中学校は後に関東連合と呼ばれることになる半グレ集団の発祥地近辺にあり、そことつながりのある一定の数のヤンキーがいたのだが（たまに暴走バイクが校庭に乱入してくるときがあった）、『エヴァ』はそんなヤンキーたちも虜にしていたことが印象に残っている。

僕はそのオタクのひとりから放映を録画したＶＨＳとフィルムブックを押し付けられ、そしてまんまと『エヴァ』にはまってしまった。Windows95の登場で世の中にインターネットと呼ばれるものが広がり始め

たのもこの頃だったと思う。同じく一九九五年には、テレホーダイと呼ばれる、深夜帯に使い放題となる電話サービスが出てきて、僕は家の電話回線を占拠し、『エヴァ』のことが語られるインターネット掲示板に入り浸っていた記憶がある。

『エヴァ』にハマったのはそれがよくできたロボットアニメだからではなかった。最初に見たエピソードは第一三話「使徒、侵入」で、エヴァがほぼ登場しない静かな戦いの回だった。しかし、その静けさにこそなにか異様なものを感じたのだ。それまで観てきたアニメは『ドラえもん』や『ドラゴンボール』といったごく平凡なもので、しかし『エヴァンゲリオン』には「なにかちがう」と思った。心の奥底に直接触れられるようなものがあったのだ。『エヴァ』は、そこでなにが起ころうと、それは内的・精神的なドラマであり、それを観ることは、碇シンジに完全にシンクロするような体験だった。第二五話・二六話があんな展開になったことも、とても自然なことのように思えた。一方で、家族と一緒に観るのはなんだか恥ずかしく、観ていること自体を悟られたくなかったので、いつも友達から放映を録画したVHSを借りて夜中にこっそり観ていた。当時所属していた野球部の練習中も、ヤンキーの先輩たちがかっ飛ばす打球の球拾いをしながら、来週の『エヴァ』はどうなるのか、ボンヤリと考え続けていたことを思い出す。

旧劇場版も、少ないお小遣いをフル活用して何度も観に行った。旧劇場版のラスト、アスカによる「気持ち悪い」というセリフ、そしてそれと同時に閉まる劇場の幕と、その瞬間に明るくなる劇場。エンドクレジットが中盤に挟まっていたのはこれを狙ってのことだったのか!と驚きながら、『エヴァ』にハマりすぎてノイローゼにさえなっていた自分と、そのセリフとともに一旦は完全にサヨナラした。『エヴァ』をきっかけに深夜アニメの道に入っていく同級生たちは多かったが、自分はそちらを選ぶことなく、高校では野球部の活動に勤み、オタクではなくサブカルの道へと進んだのだ。インディペンデントな音楽を聴き、根本敬や鶴見済の本を読み漁り、いろいろと「実践」も試みた。

ただ思えば、『クイックジャパン』や太田出版の存在を知ったのは『エヴァ』あってのことであり（『スキゾ・エヴァンゲリオン』『パラノ・エヴァンゲリオン』はすり潰すほど何度も読んだ）、完全に逃れていたわけではなかった。象徴的な出来事がある。野球部として筋トレに励んでいたある日、校門近くで腹筋をする自分の頭上を、ひょろ長い大男が通ったのだ。何だか見覚えのある誰か……そう、庵野秀明本人だった。それはなんだか、自分が振り払ったと思った『エヴァ』の亡霊に捕まったと思わされた時だった。その当時は知る由もなかったが、庵野秀明はそのとき、『エヴァ』後初のアニメ制作をした『彼氏彼女の事情』（一九九八―一九九九年）のロケハンに来ていたのだった（うちの高校はその舞台となっている）。この出来事があったからというわけではないが、僕は高校二年のときに野球部を辞め、バイトをしてお金を稼ぎ、本格的にカルチャーに浸る生活を選ぶことになった。

ただ、日本アニメや『エヴァ』とは遠かった。大学時代にノルシュテインのアニメーションと出会い、その後、エクスペリメンタル／アンダーグラウンド／インディペンデントなものを中心に、アニメーションを専門として生きるようになったのが二〇〇〇年代中盤くらいからである。最初の頃は日本アニメからはむしろ意識的に遠ざかり、個人制作の作品ばかり称揚していた。当時は商業vsアートという枠組みも強く根付いていた。

そんな二〇〇〇年代後半、庵野秀明が新劇場版を作り始めたときも、さすがに観にいかないということはなかったが、最初の三本は全然ピンとこなかったし、『Q』に至っては途中で寝た。そして再度見直そうとも思わなかった。『Q』の公開翌年の二〇一三年あたり（ジブリが『風立ちぬ』や『かぐや姫の物語』を公開したあたり）から、日本の劇場用長編アニメーションがとても面白いと思えるようになり、湯浅政明や片渕須直、山田尚子、新海誠などは積極的に追うようになったし、文章も書くようになった。今では僕は国内海外関係なく、面白いと思える潮流について紹介・執筆をするようにしている。『序』『破』『Q』はそれ以前の時期に公開されたもので、僕自身のアニメへの感度が高くなかったということもあると思うが、この三作はやはり全然わからなかった。それは単純に、庵野秀明がやりたいことはもはや自分の関心とは関係がないのだ、というふうに理解していた。いやむしろ、なぜ庵野秀明が新劇場版を作るのか、単純に理解できなかった。なので、『シン』についても、とても醒めた態度だったし、なにも期待していなかった。相変わらず庵野秀明との変な縁はあり、僕が会社を構えた高円寺をふらつく姿をたまに見かけることがあったが、もう完全に別の道を歩んでいるのだと思っていた。

でも、やはりどこかで気になっていた。僕はどこかで、『エヴァ』に期待しつづけていたのだ。その証拠に、『シン』は確実に、初日のなるべく早い時間に観なければならないと思い、実際そうした。『シン』を観て、庵野秀明がなぜ新劇場版を作らねばならなかったのかがようやくわかった。本当に良い作品で、涙もボロボロ流しながら観てしまった。新劇場版を作ることで、庵野秀明は、落とし前をつけなければならない、と思っていたのだと感じた。自分自身に、そして、『エヴァ』を様々なかたちで愛し、巻き込むようにしてともに生きてきた人たちに。

『エヴァ』は多くの人の人生を変えた。僕自身もその一人だ。自分は実験的なアニメーションについてその身を捧げることでこの業界に入ることになったわけだが、そういった表現を自分が許容し、好むようになったのは、間違いなく第二五話・二六話の数々のメタな実験ゆえだったし、あの狂った旧劇場版を浴びるように観ていたからだと思う。『シン』もまた、そのメタな実験性が素晴らしかった。こんなふうに狂った映像が、これほどたくさんの人たちに見られているというこの状況に、オルタナティブな表現を発掘し紹介することを行う自分としては、希望を抱かせてもらえた。『シン』のメタ性は、かつての鬼気迫るものではなく、なにか、穏やかさを感じさせるものだった。地に足がついていて、人は年を重ね、少しずつ成長していけるのだということが、作品そのものから伝わってくるようだった。自分のやってきたことに責任を持つこと、落とし前をつけること。そのなかで、様々なものを受け入れ、許容すること。それがテーマとなった、大人の作品に思えた。

自分と『エヴァ』とのシンクロは続いていて、『エヴァ』が完結したこのタイミングで、自分が生まれ育った「世紀末」な生家は改築のために取り壊され（片付けのとき、『エヴァ』の深夜放送を録画したVHSテープが出てきて感慨深かった。上書き防止のために、しっかりとツメが折られていた）、そして自分自身は四〇年近く続いていた独身生活に別れを告げ、結婚をした。子犬も飼い始めた。『エヴァ』の終了とともに、僕自身もひとつの時代にケリをつけ、「新世紀《ネオンジェネシス》」を始めたのだった。

現代の世界のアニメーションシーンにおけるこの作品の「時代性」なんてものはないと（作り方の革命だとかとそういうのは当然あるだろうけれども、些細なことだ）、自分自身の専門的な立場からは思う。『エヴァ』はそういうものを超えている。『エヴァ』は、アニメーション云々におさまるものではなくて、人の人生のひとつのピースとなるような作品なのだ。そんな作品は滅多にあるものではなく、『エヴァ』と並走し、シンクロできた自分を今では幸運に思う。

『シン・エヴァンゲリオン劇場版:||』　総監督：庵野秀明　製作国：日本　発表年：二〇二一年
初出：「QJWeb クイック・ジャパン ウェブ」（二〇二一年四月二一日発表）

第三章

アニメーションが得たもの、そして失ったもの

二〇一〇年代のシーンを記述する

アニメーションの新たな冒険

――ドキュメンタリー、実写、ゲーム、マンガとの交差

アニメーションとドキュメンタリーが交わるとき

――「この世界」について語るアニメーション

　アニメーション・ドキュメンタリーについての本が出た。アナベル・ホーネス・ロウというイギリスの研究者による*Animated Documentary*（Palgrave Mcmillan, 2013. 以下『アニメーション・ドキュメンタリー』）だ。ロウはアニメーション研究者として一貫してこのジャンルをテーマに研究を続けており、この本は彼女の博士論文をベースにしたものである。

　私たちの生きる世界に働く決して抵抗しえない諸力があるとして、ドキュメンタリーがその力学を捉え、白日のもとに曝すとすれば、アニメーションは、作り手の都合に応じてそれらの力を無効化し、世界を作り上げることができる。アニメーションとドキュメンタリーは、一見して、根本的な性質がそもそも正反対に思える。

　だから、アニメーション・ドキュメンタリーという言葉を聞いて、作り手の恣意的な構築に基づいて作られるアニメーションが、ドキュメンタリーの捉える記録の真実性を壊すのではないかという危惧を抱く人がいたとしても不思議ではない。

『アニメーション・ドキュメンタリー』は、この種の疑念に対して、こう何度も主張する――実写のカメラのみが真実を捉えうるという考え方は、ダイレクトシネマをはじめとする一九六〇年代以降のドキュメンタリー映画の歴史が形作ったひとつの制度に過ぎない。アニメーションはむしろ、ドキュメンタリーを実写という制約・拘束から解き放ち、リアリティのレンジをカメラでは捉えることのできない領域へと広げていくのだ、と。

『アニメーション・ドキュメンタリー』はこのような前提のもと、実際の作品の例を集めていく。たとえば、恐竜についての科学ドキュメンタリー（BBC製作の『ウォーキングwithダイナソー～驚異の恐竜王国』）や速記資料しか存在しない裁判（『シカゴ10 *Chicago 10*』）といった実写映像が残されていない過去の出来事を取り上げる作品。もしくは、高齢者の性（『バックシート・ビンゴ *Backseat Bingo*』）や不法移民（『隠れる *Hidden*』）など実写カメラの存在がインタビューイーによる真実の証言を妨げてしまうデリケートなテーマ。さらには、共感覚者（『アイフル・オブ・サウンド *An Eyeful of Sound*』）や自閉症患者（『ジは自閉症のジ *A is for Autism*』）の内的世界、ホロコースト（『サイレンス *Silence*』）や戦争への従事（『戦場でワルツを』）などトラウマとして忘却された記憶の掘り起こし。ドキュメンタリーがアニメーションというツールを手にすることで、ドキュメンタリーが今まで以上に適切に真実を伝達できるようになった例として、こういった作品群が提示されていくのである。

本稿の筆者は、ドキュメンタリーに精通した人間ではない。旧共産圏やカナダの国営スタジオや世界各国の個人アニメーション作家たちの短編アニメーション作品を専門にしている。それゆえにこの本は、ドキュメンタリー映画の文脈におけるアニメーション・ドキュメンタリーの位置づけを知ることができるという意味で有益だった。

しかし、筆者はこの本を、むしろ自分が専門とする、個人のヴィジョンを濃密に反映したアニメーションについての話としても読んだ。ドキュメンタリーとフィクションという区分を超えて、両者のアニメーションに共通するものがあると常々思っていたからだ。

それは何か。ロウはこの本のなかで、ドキュメンタリーにおけるアニメーションの性質を説明するため、ビル・ニコルズのドキュメンタリー論を引用する――ドキュメンタリーとは、「映画作家によって想像される世界 a world ではなく、我々が住むこの世界 the world について言及するものである」（強調は土居による）。

「この世界」について語るアニメーション、それこそがポイントだ。

たとえばロシアの巨匠ユーリー・ノルシュテインの『話の話』という作品がある。同時代のロシア、取り壊しの迫るノルシュテインの生家の共同住宅を主な舞台として、ロシアの有名な子守唄に登場する狼の子が主人公となって、第二次世界大戦の戦中そして戦後の記憶を幻視し、平和な日常のなかに潜む将来的な悲劇を予見し、平和が逆説的に失わせることとなった日常の一瞬一瞬の生の煌めきと価値を再び認識しなおそうとする、約三〇分の切り絵アニメーションだ。『話の話』は、ロシアの現実の歴史や社会の変化を背景に、人生を使い果たされ、取り残された、ちっぽけな人間たちの姿にフォーカスを当てる、まさに「この世界」について語る作品なのである。

『話の話』は切り絵と実写を混ぜ、絵柄もファンタスティックなものから極度にリアリスティックなものまで幅広く用いるが、複数のビジュアルスタイルの共存は、アニメーション・ドキュメンタリーの形式的な特徴でもある。アニメーション・ドキュメンタリーにおけるその特徴は、立場も態度もそれぞれに異なる人たちが必然的に抱えることになるそれぞれの世界観、その複数性を可視化するものとして機能する。いくつもの異なるビジュアルが、多数派の均一性に回収しえないそれぞれの個があると語るのだ。

一方、『話の話』においては、ビジュアル面におけるレンジの広さは、異なる人間のあいだのみならず、それぞれの個人の内部においてさえ、世界に対して抱くリアリティが複数あるということに気づかせる。ある瞬間には過去が回帰し、またあるときには未来に思いを馳せ、ときには抽象的な理想の世界を夢想し、逆に極めて具体的で残酷な現実が脳裏に浮かび……私たちがこの世界で生きるときに間違いなく体験する様々な色合いのリアリティの共存・折り重なりあいが、複数のビジュアルスタイルの共存というかたちで実に自然に表現へと落とし込まれているわけだ。

アニメーションであることが、私たちが現実を捉える際の複雑な諸相を明るみに出す。この観点からすれば、アニメーションがドキュメンタリーへと用いられることには何も不自然はない。

アニメーションは「この世界」を描くことで、ドキュメンタリーへと肉薄していく。

近年、この事態はよりオーバーグラウンドなものとなりつつある。『戦場でワルツを』の世界的な評価も記憶に新しいが、筆者が驚かされたのは、宮崎駿の『風立ちぬ』だ。零戦の設計者堀越二郎の生涯を語るこの映画は、宮崎のそれ以前の作品とは異なり、確実に「この世界」に生きることの感触を持っている。実在の人物を取り上げているからではない。人間を、夢と現実、異なる時空を切れ目なくつなぎあわせて生きる幻視者として考え、アニメーションによってその内的な世界の蠢きを描きだすからだ。

『戦場でワルツを』は、レバノン内戦で負ったトラウマからの回復の過程を描くアニメーション・ドキュメンタリーであった。この映画は、現在のインタビュー映像も、過去の回想も、同じスタイルのリアリスティックなアニメーションを用いて区別なく描く。『アニメーション・ドキュメンタリー』では、その選択が、過去のトラウマが現在に貫入し、逆に現在が過去を捏造していく、過去も現在も未来も渾然一体となったリアリティの感覚を作りだすと指摘する。『風立ちぬ』の断片的かつシームレスな時空間のつなぎあわせにもまた、同じような感触があるといえないだろうか。

ドキュメンタリーはアニメーションへと接近し、アニメーションもまたドキュメンタリーへと肉薄する。私たちは今、両者の混じりあう領域に、ほかでもない「この世界」のリアリティを見出すようになりつつある。

初出：『neoneo #03』（二〇一三年発表）

ウェスケ島《がしま》と周囲の群島たち、もしくはアニメーションの新たな王道

ウェス・アンダーソンが初のアニメーション長編『ファンタスティック Mr.FOX』をリリースして以来、人形アニメーションの流れが変わったことを覚えている。そして二作目の『犬ヶ島』を観たいま、この作品が起点となって、アニメーションに新たな王道とでも言えるような表現の歴史の道が過去と未来両方に伸びていくような感覚を得た。本稿ではその話をしてみたい。

二一世紀に入ってから、アニメーションを専業としないアーティストたちがアニメーションを作る流れができた。それらの作品は、アニメーションの伝統から距離を置いたところで作られるゆえに、知らず知らずのうちに革新的な表現をしてしまうことがあった。実写映画の領域に普段の軸足を置く人たちであれば、アリ・フォルマン（『戦場でワルツを』『コングレス未来学会議』）、リチャード・リンクレイター（『ウェイキング・ライフ』『スキャナー・ダークリー』）やミシェル・ゴンドリー（『背の高い男は幸せ？』）、チャーリー・カウフマン（『アノマリサ』）らの名前がすぐに挙がる。だが一方で、これらの作家たちのアニメーションは、突然変異的なものに留まり、アニメーションの歴史の本流に合流することはなかった。

しかし、ウェス・アンダーソンは違った。『ファンタスティック Mr.FOX』の発表以降、若手の短編作家

たちを中心に、「『ファンタスティック Mr.FOX』以後」とでもいうべき新たな傾向の人形アニメーションが目立つようになってきた。マーク・ジェームス・ロエルス&エマ・ドゥ・スワーフ（『オー、ウィリー *Oh Willy...*』『この素晴らしきケーキ！ *This Magnificent Cake!*』）やニキ・リンドロス・フォン・バール（『トードとトード *Tord and Tord*』『バーデン *The Burden*』）、エヴァ・ツヴィアノヴィッチ（『ハリネズミの家 *Hedgehog's Home*』）といった作家が代表的だろう。アンナ・マンティリス（『でもミルクは大事だよ *But Milk is Important*』）は、今回、『犬ヶ島』にスタッフとして参加してさえいる。「『Mr.FOX』以後」の大きな特徴となるのは、フェルトなど柔らかくふわふわとした印象をもつテクスチャーを好んで用い、なおかつその人形（とそれが描く動物＝人間像）を愛しすぎないドライな距離感――それどころか突き放した感じさえ受ける――を持つ、といったところだろうか。

共通点は素材や手法に限ったものではない。いま名前を挙げたような良質な「フォロワー」たちには、作品自体の世界観・哲学にも似たところがあるのだ。本稿の中心的な話題は、まさにそれである。問題にしたいのは、ふわふわとゆらめく毛並みに何が宿り、何を見せるのかということだ。

『ファンタスティック Mr.FOX』で個人的に衝撃を受けたのは、キツネをはじめとしたキャラクターたちが大写しになったとき、その毛並みが、強い風が吹き抜けるかのように揺れていたことである。『Mr.FOX』のメイキング本（『ウェス・アンダーソンの世界 ファンタスティック Mr.FOX』）を読めば、たとえばレイ・ハリーハウゼンの特撮で用いられる人形アニメーションのように、毛が揺らめくタイプのものをアンダーソンが好んでいることがわかる。「作り物」であることをはっきりと語るから、というのがその理由らしい。

だが、そういった「好み」とはまた異なる何かが、その毛のゆらめきにはあるように感じられた。そこから得た感触は、かつて『ライフ・アクアティック』（二〇〇四年）を初めて観たときの衝撃に似ていたかもしれない。多くのアニメーション・ファンにとって、ウェス・アンダーソンとの出会いは、ヘンリー・セリックがこの作品に参加したことに由来するはずだ。物語の終盤、セリックがアニメーションを手掛けたジャガー・シャークを目の前にしたビル・マーレイ演じるズィスー船長は、因縁の相手であるはずのその敵に対して、何をするわけでもなく、ただ圧倒されて眺めるだけである。『ライフ・アクアティック』の他のシーンはあれだけ騒がしいのに、ここではただただ静かに、鮫と人々が対峙する。そのときに得る感触が、毛のゆらめきの与える何かと似ていたのだ。

おそらく、どちらのシーンも、キャラクターたちはただその場に立ち尽くすだけだということが重要なのだろう。まるで人形のように。『Mr.FOX』の場合、実際に人形なのだが……そう、この人形のような人形たち。この人形のような人間たち。それらが無力なままに立ち尽くすだけのとき、ウェス・アンダーソンのアニメーション映画は最も心を打つ。

短編の分野においてアンダーソンと比肩しうるような達成を残しているマーク＆エマの『オー、ウィリー』は、アンダーソン的人形アニメーション哲学を凝縮したかたちで体現する。母親が危篤であるという報を受け、故郷――それは自然に囲まれたヌーディスト・コミュニティである――に戻った小太りのウィリーは、母親の死後、偶然の連鎖によって森の奥へと誘われていき、気づけば服もなくなって全裸となり、宇宙の果てまで飛ばされて、最終的には（息子を失ったばかりの）母親イエティと共同生活を始めるようになる。その過程のあいだ、ウィリーは一瞬たりとも状況に抵抗しようとしない。困ったような顔をしながら、大きな流れとでも呼ぶしかないものに吹き飛ばされて、簡単に持ち運ばれていく。『Mr.FOX』の風にゆらめく毛並みやただその場で鮫を見つめるしかない船長たちが示しているのも、つまりはそういうことなのではないか。まるでお人形さんのように無力で、ただ翻弄されるだけの存在としての人間。

それを仮に「人形性」と名付けるとすれば、アンダーソンを筆頭とする一連のふわふわ人形アニメーション集団たちの「人形性」は、ひと時代前の「私たちを操る誰かがいる」という自己言及性の強い人形アニメーション——たとえばヤン・シュヴァンクマイエルが掲げる「不正操作」——とは似ているようで異なっている。自分が誰かに操られている、という感覚には、抵抗や欲望が透けて見える。一方で、「人形性」の強い人形や人間たちに、そのような我《が》とでもいえるものはない。それはもう少し自然な何かである。『Mr.FOX』そして『オー、ウィリー』が共に自然《ネイチャー》のなかで展開する物語だったことはおそらく偶然ではない。「人形性」は人間の存在が無力で小さくなり、エゴもなくなって、ただ自分自身の運命が運んでいくままに自らの歩みをたどることで、結果的に、その存在が、自分がその一部を占めるしかない巨大な世界の存在を体現するのである。

『Mr.FOX』そして『犬ヶ島』は共通して、使われている人形の小ささが印象に残る。それも、そのような「存在の小ささ」を確固たるものとする。その「人形性」は、人形にも人間にも言える。前述の『ライフ・アクアティック』における深海のシーンがまさにそれを雄弁に物語っていた。ただ、眼の前のものに静かに圧倒されるだけしかない。ジャガー・シャークのアニメーションと対峙するときに、無力でただ佇むしかないのは、セリックが動かす人形よりもむしろ人間たちのほうであり、シャークはそんな人形のような人間たちに我関せず、ただ泳ぐだけだ。自分自身の性質《ネイチャー》に従って。

自然が常にそうであるように、あるものはある、起こるものは起こる。変わるものは変わり、変わらないものは変わらない。ウェス・アンダーソンの作品でそのような態度が貫徹されるとき、感じられるのは巨大な時間の経過である。『犬ヶ島』の冒頭で、噛みちぎられた耳が島の風になびく。これはまさに、ただ時間が過ぎていく静けさを感じさせる。ちっぽけな人形たちは、ただ時間の経過を知らしめる風が通り抜ける空洞であり、やはり存在として小さくダウンサイズ化され、結果として常に時間の経過へとさらされる存在であることを明白化する。時間が過ぎていく……ただ、それを語るだけで（語るからこそ）、彼の映画は強い。人形の背後に広がる世界の巨大さこそが（どれだけ人形が大写しになろうとも）感じ取られてくるからだ。人形たちはそれらの世界のざわめきをもまた、身にまとっていく。

人形アニメーションは近年表現として面白いものになりつつある。3DCGが出てきたのち、人形アニメーションはコンピュータに取って代わられないための何かを探し、CGの冷たさに対して手作りの温かさを最後の拠り所としてきたが、その砦の陥落はもはや時間の問題である。おそらく『モアナと伝説の海』（二〇一六年）あたり以降から、手作りであることのシミュレートもまた、完璧にできるようになってしまったからだ。

風や時間が通り抜ける空洞としての人形アニメーションは、そんなときに『ファンタスティック Mr.FOX』とともに一気にその姿を表したのだ。それらの傾向は、CGと一部の人形アニメーションが基本的な性向としている写実としての現実描写から、むしろ離れようとする。それは、目の前の人形を通じて、より大きな（もしくはより小さな）スケールへと観客の想像力を誘っていくための依代のようなものとなる。人形としての人間はメディウム化し、大きな世界のうちのひとつの現れとなる。強烈に時間と空間が渦巻き流れていく場となる。

『犬ヶ島』は新たな王道を作り上げたと言える。ただし、王道でありながら、様々な要因で今まであまり作られてこなかった、隠れた王道である。アニメーションには本当はこういうことができる。むしろこういうことが得意。だから「王道」。しかし、そのようなやり方をやってきた作品は少なかった、という意味で。

そんなことを考えているとき、あるアニメーション監督のツイートに目が止まった。新海誠が山田尚子の『リズと青い鳥』（二〇一八年）について書いたものである。曰く、「「アニメーション映画」の理想型のようなものは作り手にも受け手にもたぶんある程度共有されて、僕自身もやはりそこを目指してしまうのですが、『リズ』はその類型からは大きく外れた、でもだからこそ簡単には出会えないような傑作でした」。『リズと青い鳥』は京都アニメーションの山田尚子監督による長編アニメーション第四作で、「響け！ユーフォニアム」シリーズのスピンオフだ。吹奏楽部の卒業公演を控えた高校三年生の女子ふたり、みぞれと希美のあいだの関係を描く。天才であるみぞれと、かつて彼女を孤独の海から引きずり出した明るい希美は、互いに互いを求め合いながらも、最後の最後まで二人の関係は非対称的で別々のままだ。交わることのない（交わる錯覚はある）関係性の物語のなかで、二人はまるで別々の孤独な宇宙に生きているかのようである。この作品の何が「類型」から外れており、その何が『犬ヶ島』と関係するのか。

新海誠の言う「アニメーション映画の理想型」と、「その類型から大きく外れているもの」。「類型」から外れたアニメーションという意味を文字通りに解釈すれば、『犬ヶ島』がまず思わせるのは、ウェス・アンダーソンのアニメーションの方法論が短編アニメーション作家たちにとって歴史的に親しんでいたものの延長線上にある、ということだ。コアなアニメーション・ファンであれば、『犬ヶ島』に漂うそれとないエキゾチシズムに、イギリスの巨匠バリー・パーヴスや人形アニメーションの始祖のひとりラディスラフ・スタレヴィッチ（『ファンタスティックMr.FOX』は人形の造形のために彼の作品を参考にしている）の作品と似たなにかを感じ取ることだろう。筆者自身、世間的にはひっそりと作られているこれらの短編アニメーションの成果が『犬ヶ島』において全面的に受け継がれている（少なくとも表現の傾向として共振しあっている）ことに、何か救われたような思いを感じたものだ。

前述の例はヨーロッパに偏っているが、アンダーソンのアニメーションには、別のルーツとして（おそらくこちらの系譜はアンダーソン自身も強く意識しているものだろう）、アメリカの大衆文化のなかで根強く続いてきた人形アニメーション史が息づいている。本人が子供の頃から観ていたであろうランキン・バス・プロダクションやレイ・ハリーハウゼンの特撮作品に使われていたコマ撮りアニメーション。「奇異」なものとしての人形アニメーションである。ヘンリー・セリックの起用も、この文脈から導き出されたものだろう。

だが、違う類型とは、前述の議論を踏まえれば、それが感じさせる時間や世界の構造についての考え方の違いでもあるのだと思う。そこで『リズと青い鳥』と『犬ヶ島』は通じ合い、結果的にアニメーションの「別の王道」が何かが見えてくる。簡単にいえば、時間の感覚・性格が違うのだ。

『リズと青い鳥』は孤独な宇宙同士を交わらせぬままに残し、ウェス・アンダーソンのアニメーションはそのあいだに強烈な時間が吹きすさぶことを揺れ動く毛で理解させる。冷たい時間の風が、遠い宇宙まで突き抜けるような外部の世界の存在を呼び起こす。そこでは時間が流れている。一方で、それに対抗するかのごとく、テクスチャーを強化するハリウッドのCGアニメーションはテクスチャーを凝視させる方向へとますます進化し、人形の様々な表面に観客の視線を留めて、その外に広がる大きな世界へと決して意識が外れないようにしていく。いまここにある／見えるものがまるですべてであるかのような、時間が止まり循環する世界を作るのだ。『モアナ』や『リメンバー・ミー』（二〇一七年）、さらには『KUBO／クボ 二本の弦の秘密』（二〇一六年）といった作品が、テクスチャーと無時間性をめぐる近年の好例として挙げられるだろうし、『君の名は。』もまた、歴史を消し、分裂を最終的に調和させ、宇宙のすべてをこの場におさめようとする意味でやはり共通している。

今ここにすべてがあるという無時間性と単独の中心。それが「〝アニメーション映画〟の理想型」である。『犬ヶ島』と『リズと青い鳥』が「隠れた王道」なのは、その「理想型」から外れているからである。それはどれだけキャラクターを近くで捉えようとも、そこに吹き抜ける風＝時間によって宇宙のスケールを感じさせる媒体でしかないという、「小ささ」の印象ばかりを与えることになる。複数登場するキャラクターたちは、その宇宙のなかで孤島のようにポツリポツリと離れて配置されるだけで、その距離が決して縮まることはないだろう。彼らと、それを見つめる観客たちのあいだの距離もまた。

『犬ヶ島』で驚きだったのは、二つのロジック・二つの存在・二つの孤島が平行して存在を続け、駆動しつづけるかのようなその構造である。それは、『リズと青い鳥』と似ている。ウェス・アンダーソンは、二つの存在のあいだに断絶があることを隠そうとしない。あるものをあるがままに、そのうえで、同調させず、非対称なままに、段差があるままにすべてを、世界に共存させ、互いにドライブさせ、噛み合ったりシンクロできなかったりさせる。

人々は日本語を話し、犬たちは英語を話す。複数の言語を重層的に折り重ねていくこの知的な構造物。しかしそのギャップは、物語の後半ではいつしか消え去り、犬と人間は違う言葉をしゃべりながら、通じ合うようになっている。二つの言語のギャップの橋渡しをする通訳は、通訳が不要になるような展開を忌まわしく思うことは決して無く、むしろその瞬間にこそ、通訳という自らの存在のエクスタシーを感じる——つまり、違う言語で話していたもの（小林市長とアタル少年）が通じ合い、思いを通わせることである。どちらがどちらに妥協して合わせるわけではなく、どちらも自分自身のままでいるだけで。

ウェス・アンダーソンの作品において、登場人物／キャラクターたちは、自分自身の「役」「役割」を演じる。というか、役割を生きる。生きさせられる。その役割以外に選択肢はない。だがそれは果たして悪いことなのかといえば、そうではないとアンダーソンの作品は語っている気がする。今回の主役たちの犬の「役割」は、人間に仕えることだ。人間を好きでいることだ。自分ではないものへの「愛」が彼らの役割であり、それが当たり前のようにインストールされ、結晶のような強い意志で疑うことなく遂行されるときに私たちを襲う感動は、まるで啓示のようでさえある。突如して訪れる、親しきものが別種の存在として新たに立ち現れたかのような認識。

ウェス・アンダーソンの作品は宇宙に開かれているからこそ、ときおりそこには啓示もしくは彗星の落下のように、思わぬものが入り込んでくる。どこか別のところで自分自身の「役割」を全うした存在の残した結晶のようなものが、予期せぬ世界・異世界からの侵入物のようにして。たとえば『ザ・ロイヤル・テネンバウムス』（二〇〇一年）ではニック・ドレイクの「Fly」が、『ダージリン急行』（二〇〇七年）ではキンクスの「This Time Tomorrow」が飛び込んできたりする。もしくは『ライフ・アクアティック』でのヘンリー・セリックもそうだ。私たちは飛び込んできたそれらの結晶に驚くが、最終的には大事に家に持ち帰り、生涯ずっと大事にするだろう。『ムーンライズ・キングダム』（二〇一二年）での洪水と落雷を思い出す。それらはかわいらしくも突然に訪れて、すべてを一気に変えてしまうのだ。

ウェス・アンダーソンの作品は、ウェス・アンダーソンの作品である。そのスタイルは唯一無二だ。かといって、そのスタイルが孤高のものであるかといえば、そうではない。むしろ他のスタイルたちの信頼に寄りかかったうえで成立している。断絶があることを知りながら、断絶を断絶のままに認めて共存・並立させ、別のスタイルや箱庭、自分の役割や本能を全うした人たちの存在や創作物が結晶となって降ってくる場所であることを許すことによって。

最近では一本の作品ごとに舞台と文化圏を変えていくウェス・アンダーソンは、違う場所・違う時間に作り上げられた箱庭を次々とツアーして回るかのようである。いや、箱庭というよりも、それはむしろ孤島のようなものである。それぞれの孤島は吹き抜ける風を感じることで、別の孤島の存在を受け止めている。「ウェスヶ島」は、その周囲の群島の存在を感じさせるし、そこから贈り物もやってくる。「短編アニメーションヶ島」「押井ヶ島」(言及できなかったが、犬、人形、空洞化し流動を受け入れる器としての人間といったモチーフで、押井守のとりわけ『イノセンス』や『スカイ・クロラ』はこの流れに位置づけられるだろう)「山田ヶ島」「ヘンリーヶ島」……これらは大きな大陸を形成するわけではないので、なかなか同じ仲間として視認されることはないが、それでも、より大きな範囲を見ようとすれば、海の向こうに目を向ければ、なにかの一群をなしていることがわかる。それに、犬ヶ島とメガ崎市だって、意外と泳いでいける程度の距離だったのだ。

最後に、ウェス・アンダーソンが、アニメーションには偶然性がないという俗説に対して否定的な態度を取っていることを指摘しておこう。「どんなやり方にもコントロールのリミットはあると思うよ。そしてそれを望むべきなんだ。(……)アニメーターたちはめいめい自分の視点を持ち込むから、ストップモーション撮影のセットでも同様の偶然が起こる。ただ、ものすごく〝ゆっくり〟起こるんだけどね」(『ウェス・アンダーソンの世界』、四五頁)。

ウェス・アンダーソンのアニメーションは(そして「理想型」とは異なる「新たな王道」のアニメーションは)、時間を宿している。それは、ゆっくりと、小さく、動き続けるものである。拙速な目には分からないかもしれないが、じっくりと見る目や大きなスケールを想像する目には、そこにゆっくりと穏やかに、しかしときに激しく突然と、すべてを変えていく時間が渦巻いていることが見えてくる。ウェス・アンダーソンは穏やかにそこに散らばる宇宙の孤島たちの存在を探し当てる目に、報いようとしてくれているのだ。その目を信じる群島の作品群を、本稿は「新たな王道」と呼んでみたいのである。

初出:『ユリイカ』二〇一八年六月臨時増刊号「総特集=〈決定版〉ウェス・アンダーソンの世界」

現象としての人間を描く——エドワード・ヤンとアニメーション

エドワード・ヤンの映画にはアニメーションのようなところがあると言ったとしたら、意外に思われるだろうか、それとも、しっくりとくるだろうか。おそらくたぶん、その両方が入り交じった反応が起こる気がする。エドワード・ヤンがアニメーションっぽいなんてそんなことはない、と初めは思いながらも、よく考えてみたら確かにそうかもしれない、と考えが変わってしまうような。

もしかすると、エドワード・ヤンが晩年、アニメーションを作るための会社を設立し、ジャッキー・チェンのプロデュースのもと、『The Wind（追風）』という長編アニメーションを制作していたことを知っていて、そこにエドワード・ヤンとアニメーションのつながりを見出す人もいるだろう。その作品『The Wind』は、現在、YouTubeに約九分のパイロット映像がアップされている。この映像を観ると、エドワード・ヤンの映画はやはりアニメーションのようなのだとますます強く確信するようになってくる。実写映画とアニメーションというメディアの違いはあれど、同じ色合いがあるというか、アニメーションではそれが純化されたような感じがある。たとえば、実写映画の作品において、俳優たちの肉体が脆さを感じさせるくらいにフレッシュにそこに実在し、映画が撮られた（もしくは映画が映し出す）台湾の時代・場所の空気感がビビッドに切り取られる……実写映画にこそ特権的であるように思えるそのような瞬間に、エドワード・ヤン作品のアニメーション性を強く見出せるようになってくる。それは簡単にいえば、「脆さ」とか「儚さ」とか、そういった感覚によって、である。人間たちが、その人そのものというよりも、ある種の現象・流れの現れとして見えてくるという点によって、である。

アニメーションが儚さや脆さとつながる物言いにもし違和感を感じる人がすれば、おそらくアニメーションに対するイメージがアップデートされていないのだろう。いまやアニメーションは、現実から切り離された理想的なファンタジーの世界を描くものだけではなく、いつの頃からか、普遍的に永続する世界ではなく、脆さのある世界を描きはじめるようになった。そしてそのような世界を描くのに、アニメーションはとても向いているということもわかってきた(場合によっては実写以上に)。

僕がエドワード・ヤンに近いと考えるアニメーション作家として、ロシアのユーリー・ノルシュテインがいる。彼の作品こそ、脆さや儚さ、現象の現れとしての人間をアニメーションが描き出す好例だろう。二〇一六年、彼のアニメーション作品が日本で初めてデジタルリマスターされた。細密な切り絵を用いるアニメーション作家で、どちらかといえば作品の作り上げるボンヤリとした雰囲気こそが特徴的に思われる作家だったが、デジタルリマスターされることによって、セル板の継ぎ目が見えてしまうほどに、はっきりとした画質となった。すべてがビビッドに見える。そしてそれは、彼の作品自体の受容にも変化をもたらすことになる。映像がはっきりと見えることによって、キャラクターは、自身が作り物であることをはっきりと刻印されることになるからだ。一方で、それがノルシュテインの超絶技術でアニメートされ、動かされるとき、私たちはそこに間違いなく人間を見出してしまう。かくしてできあがるのは、「脆い」「儚い」ものとしての存在を刻み込まれた人間の姿である。

たとえば、ノルシュテインの代表作『話の話』の登場人物たちは、第二次世界大戦と戦後の現実に命をすり減らされ、今にも消えていかんとする、廃墟のような人間たちである。時代の風に吹かれて、いつか消滅する、現象の一部のような人間だ。ノルシュテイン作品がはっきりと認識させるのは、私たちは崩壊するということであり、奇跡的にいま、世界はこのかたちを保っているにすぎないということだ。

つくりものであるアニメーションは、いまにも崩れ去ってしまいそうな、そのような刹那の感覚を、より生々しく描くことができる。ノルシュテインをはじめとする新しいモードのアニメーションに漂う、いまここにある光景は、いまここにしかないものであり、それは少し前にはなかったし、少し後には消えてしまう、そんな感覚。こんなような言葉は、エドワード・ヤンの実写作品に対する感想としても十分に通用するだろうし、『クーリンチェ少年殺人事件』（一九九二年）を見たあとに残る唖然とする感覚や、『ヤンヤン夏の想い出』（二〇〇〇年）のすべての瞬間に感じられるものだろう。いまここが、いまここでしかないのだという認識に端を発する、ある種の切迫感とともに。

エドワード・ヤンのアニメーションを実写から分けるところがあるとすれば、『The Wind』における人間は、「薄い」ということである。実写ではなくアニメーションで映画を作るとき、一番大きな違いとなるのは、画面に写っているのが実際の人間ではないということだ。俳優の肉体がスクリーンから消えることによって、キャラクターたちは記号に近づく。だがそのことは、エドワード・ヤンの作品から美点を奪うわけではなく、むしろある種の傾向を純化するように思える。

それはやはり、儚さや脆さ、現象の一部のような存在としての人間という性質なのではないか。再びノルシュテインの話を出せば、アニメーションは人間を描くための最も効果的な手段であると彼は考えている。人間そのものの姿を写すよりも、擬人化された動物を用いたり、記号化・スタイル化された人間描写をすることのほうこそが、キャラクターを「メタファー」にできるというのである。観客はそこに、目に見えるものの範囲に閉じ込められることもなく、より深く広く、人間の本質を見出しうる。人間がアニメーション化され記号化されることは、肉体性やディテールを失わせていくだろう。それがもたらすマイナスの部分もある（たとえば、その人自身の個別の歴史は消えていき、周囲の人々と同質化していく）。しかし、プラスの部分もあるということだ。ノルシュテインは子供の絵について、「この線は大地」「この丸は太陽」と、単純な線を用いるからこそ、それは途方もなく大きなものの等価物として受けとめられうると言っているが、それがプラスとなるものの最たるところだろう。グラフィック化することによって、認知できる限界を超えた大きななにかが、そこに運び込まれてくるのだ。

エドワード・ヤンの『The Wind』の場合、アニメーションの中に現れることによって、キャラクターたちは無限の広がりを感じさせる風を吹かせているような気がする。それによって、それぞれのキャラクターたちは、自然現象の一部のようなものとして感知されてくる。グラフィックを用いることは、それでなおかつ映画として時間を経過させていくことは（つまりアニメーション映画にするということである）、もしかすると、より大きな永遠のような時間の風を、その映画のなかに吹かせることができるのかもしれない。

エドワード・ヤンは、幼い頃から手塚治虫の漫画をよく読み、そこに影響を受けていたことを語っている。そこで印象的なのは、どうもエドワード・ヤンは、循環する時間が再現として何度も現れてくる様子を見て取っているということである。『ブッダ』や『火の鳥』に内包されるその種の時間の感覚を彼は感じとっていて、それはアニメーションとしてであれば描けると考えたのかもしれない。流転する万物を反映するような、流動的な記号としての絵の可能性を用いることができれば。

それはつまり、脆さや儚さによって、永遠のような時間を描き出すということである。永遠そのものではなく、刹那な一瞬・壊れていくいまここを描くことで、必然的にエコーのように、永遠のように広がっていく世界をほのめかす。

アニメーションでもうひとつ例を挙げれば、宮崎駿が『風立ちぬ』を作ることで描こうとしていたものもそんなものだったのではないか。天才飛行機設計者堀越二郎の人生を描くこの作品は、彼の人生の一部を構成する様々な人々を泡のようにその身にまとわりつかせ、そして風としてどこか遠くへと飛ばしていく。描かれているのは堀越二郎のエゴイスティックな世界である。しかしそれは、永遠へと吹き抜ける風をつねに受け止め、認識できない無限の時間の領域を感じ取っている。

アニメーションにおいては、『風立ちぬ』のように実際に風を吹かせずとも、風を感じさせることはできる。メタファーとしての風を吹かせることによって。絵が万物を意味しうるのも、その形而上的な風が吹くからだ。無限の時間の風に吹かれていく人々を、記号として描くことで。

エドワード・ヤンの『The Wind』が、最終的にどのようなかたちになるべきものとして想定されていたのかはわからない。しかし、YouTubeにアップされている映像をみるかぎり、万物へと吹きぬけていく風が流れていくものとなったであろうことだけは間違いない。実際に風が吹くことはなくとも、途切れることのないロングショットで展開されるそのシークエンスのなかで、不可視の風が吹き抜けるのが感じられる。

メインのキャラクターとなるのは、おそらく少年と少女なのだろう。でも、それ以外のキャラクターたちもまた、彼らに負けないくらいの存在感を示す。すべてが散らばって、すべての空間に何かが息づいているような。カメラワークと画面設計が独特だ。平面的ではなく、奥行きがあり、しかし横に延びていて、少年と少女は行灯をもってその奥行きのある横空間を歩く。そこに闇に潜む男たちがアクロバティックに現れるとき、カメラはそちらを捉える。しかし決して、少年少女も、男たちも、カメラに詰めきられることはない。なんというか、カメラは、何か動いているものを機械的に追っていくプログラムに基づいているみたいというか、まるでドローンのようにフワリと捉える対象を変えていくのだ。まるで現象を追うかのように。

エドワード・ヤンのアニメーションを観ることで改めてわかるのは、現象（の一部の現れ）としての人間を描こうとするとき、アニメーションは効力を発揮するということだ。肉体に代表される個別の歴史を感じさせる要素を実写と比べて剝奪されることで記号に近づき、匿名性を帯び、他のみなと同じ何かとなる。自然現象のまるで一部のように。再現される生のように。『ヤンヤン』を見ていても、そのキャラクターたちはみな、ある種の記号のように、ひとつの現象として生きているような気がする。決定的なことが起こっても、起こらずとも、ただ生きているだけでも、崩壊と消失の時はやってくる。風は存在を溶かしていく。そして、またぶつかっていく誰かを見出す。無限の時のなかで、見えない風が、いまここにも届いて、そして吹き抜けて、どこか遠くへと消えていく。しかしまた、それはどこかで、ちがうかたちで、戻ってくるのだろう。

初出：『エドワード・ヤン＝Edward Yang：再考／再見』（フィルムアート社・二〇一七年発表）

アニメーションが手にした新たな「跳躍」
――二〇一九年のアヌシーから見えてきたもの

二〇一九年六月一〇日から一五日、フランス・アヌシーにて開催されたアヌシー国際アニメーション映画祭。本稿では、長編関連の部門で受賞した二本の作品を中心に書いてみたい。テーマとなるのは、「運動」である。

『Away』――アニメーションとゲームのあいだに

最初にコントルシャン部門に注目したい。映画用語で「切り返し」を意味する言葉が冠されたこの部門は、昨年まで存在していたアウト・オブ・コンペティション部門（コンペ入選に至らなかった良作を対象とする審査対象外の部門）に代わって、二〇一九年新設された。

本部門は、実験性・革新性のある長編アニメーションを対象とするものである。一般の長編部門ではなかなか受賞まで辿り着きにくいインディペンデントな長編に対する枠として設けられたものだと考えられる。

現在のアーティスティック・ディレクターであるマルセル・ジャンは、二〇一四年の就任の際、短編コンペティションにオフ・リミッツ部門を新設した。実験映画の文脈におけるアニメーション表現を評価するための枠組みである。コントルシャン部門は、長編におけるこの部門の位置づけにあたると言えるだろう。

コントルシャン部門で受賞したのは『Away』。ラトビアの若手アニメーション作家ギンツ・ジルバロディス監督が完全に一人で制作した3DCG長編アニメーションである。同部門には、日本からは『海獣の子供』(二〇一九年)もノミネートされていた。スタジオ4℃制作の本作は、制作体制的にも作品の内容的にも一般長編部門へのノミネートでもおかしくないものであったが(新設のこの部門が対象とする作品の幅の広さを示すため、こちらに振り分けられたのだろうか?)、『Away』はこの「大作」をおさえて栄誉を獲得したわけである。

実際、本作はこの部門のコンセプトにふさわしい「革新性」を備えている。将来、アニメーションの歴史上、重要な作品とみなされるものになるのではないかという予感もする。

制作のデジタル化以降、個人作家にできることが増えた。少し振り返ってみるだけでも、メルクマールとなりうるような作品はいくつも思い当たる。新海誠は『ほしのこえ』において、デジタル時代に「アニメ」が個人で作りうることを示した。ニナ・ペイリーの『シータ・シングス・ザ・ブルース』(二〇〇八年)は長編アニメーションが一人で作りうるものであることを証明した。デイヴィッド・オライリーはCGで物語性のあるに作品を作るにあたり、現実世界の写実的なシミュレーションではない、(レンダリングのためのマシンパワーをさほど必要としない)シンプルでスタイリッシュな美学に貫かれたビジュアルを採用することで、CG作品を個人で作るための道筋を切り開いた。『プリーズ・セイ・サムシング』がその象徴的な例である。

オライリーの達成の延長線上に出てきたニキータ・ディアクルは、『Ugly』（二〇一七年）において、ラグドール的な物理演算やバグやグリッジを組み込み、キャラクターの動きの不随意性を強調する「CGアニメーション上での人形劇」とでもいえる新たな表現を作り上げた。

『Away』は、そういった流れのすべてが合流したような作品だ。全編CGアニメーションによる長編を個人で作る（音楽も含め、すべてがジルバロディスの手によるものだ）ことによって、個人作家の表現史をさらに一歩進めたのである。

本作においては、飛行機の事故で島に不時着した少年が、巨大な黒い影（死の象徴のように思われる）による追跡を振り切りつつ、ときに動物たちと並走しながら、生存のために島を駆け抜ける。今年二五歳のジルバロディスは「早咲き」の作家で、二〇一四年、二〇歳のときに完成させた短編『Priorities』によって、国際的にその名を知られはじめた。この作品は、飛行機の不時着によって犬とともに無人島に取り残された若者のサバイバルを描く。制限された区域で動き回り続けるカメラワークが、生存に向けての様々な努力を重ねる青年と犬の試みに、生々しさとリアリティを与えていた。設定は『Away』と似ており、手法としても延長線上にあることから、「原点」であると言ってよいかもしれない。

監督によれば、『Away』はMayaで作られており、物語のある長編でありながらも、脚本も絵コンテも作らず、漠然とした筋だけを決め、制作をしながら即興的に展開を決めていったのだという。チャプターごとにその舞台となる世界をまず設計し（オアシス、水面の光る湖、森、谷、雪山、滝……）、主人公の少年の「共演者」となる動物たちを造形し、主人公の少年や黒い影を配置し、この場所でどのような物語が起こるのかは、動かしながら案出されていった。

こういった作り方が、アニメーションとは無縁と思われていた即興性の感覚を本作に与える。この作り方においてポイントとなるのは、リアルタイムレンダリングの技術である。動かしながらレンダリングを行っていけるこの技術こそが、「現場」での即興性を可能にする。キャラクターの動きを定めたあと、そのシーンをカメラワークを即興的に変えて何度も「撮影」することで、効果的なショットを獲得していったのである。オライリーが本格的に導入して以後、世界のCG作家たちがその後に続くことになったローポリゴンなルックのCGアニメーションは、リアル志向のものとは異なり、レンダリング時間（およびレンダリングのためのマシンパワー）が節約できる。その系譜の作家であるジルバロディスは、簡略化されたグラフィックを用いることに加え、リアルタイム・レンダリングを採用することで、即興性のあるアニメーション長編というこれまでにはなかったタイプの作品を作り上げたわけだ。

リアルタイムレンダリングの技術は、ゲーム制作によって先行して採用されている。それゆえか、本作を観ていると、どこかゲーム画面を撮影したもののような感覚も受ける。黒い影に『ICO』（二〇〇一年）を思い出す人も多いだろうし、自然のなかを闊歩していくその映像は、『風ノ旅ビト』（二〇一二年）とも似ている。ジルバロディスがゲームからどれだけの影響を受けているのかはわからないが、本作は、ゲーム史から眺めてみても興味深いものとなることは間違いない。

『Away』におけるアニメーションの新たなフェーズ——「操作」としての運動創造

『Away』については、今年のアヌシーの短編部門にノミネートしていた『KIDS』（二〇一九年、ミヒャエル・フライ監督）とも一緒に考えてみたい。ミヒャエル・フライは、アニメーション作家からゲーム作家に転身した作家のひとりで（その先行例は、先ほども名前を挙げたデイヴィッド・オライリーである）、マリオ・フォン・リッケンバッハとのチームPlayablesによる迷作ゲーム『Plug & Play』が有名だ。『KIDS』は、そのPlayablesによる新たなプロジェクトである。

匿名的なルックスの不気味な「子供」たちの群衆シミュレーターである本作は、短編映画／インディ・ゲーム／インスタレーションの三種でマルチに展開されるべきプロジェクトとして構想された。インスタレーション版はチューリッヒにあるデジタルアートのギャラリーMuDAにて二〇一八年お披露目され（日本でも筆者がキュレーターの一人を務めたICCインターコミュニケーション・センターでの展覧会「イン・ア・ゲームスケープ」展で展示された）、短編映画版は二〇一九年のベルリン映画祭（子供向け映画を対象とするジェネレーション部門）でワールドプレミア、ザグレブ国際アニメーション映画祭では革新的な表現に贈られるゴールデン・ザグレブ賞を受賞するなど、高く評価されている。二〇一八年のIGFでNuovo Awardのファイナリストとなっていたゲーム版も二〇一九年五月末にリリースされ、話題になっている。

『KIDS』の映画／ゲーム／インスタレーションというマルチ展開は、制作エンジンとしてUnityを採用することで可能となった。「子供たち」の動きがアニメーションのパターンとしてまず作られ、それをUnity上に取り込むことで、アウトプット先にあわせて使い回すことができるのだ。本作におけるキャラクターたちの運動の性質は、操作されたものを撮影するという意味において『Away』とやはり似ている。

『Away』と『KIDS』、ゲームとアニメーションのあいまにあるようなこれらの作品は、アニメーション映画の文脈において革新的な位置にあるといえるかもしれない。どういうことか。

アニメーションにおける運動創造の歴史をかなり簡素ではあるが概観してみれば、「アニメーションを作ること」は、一九八〇年代頃まで、「運動を作ること」とかなりの程度重なりあってきた。実写との比較のなかで（もしくはコマ撮りという運動創造の方法論があるなかで）、スクリーン上において初めて誕生する運動を作り出すことが独自性として考えられてきたのである。実写であれば現実で演じられた動きを記録・再現するところを、アニメーションは独自に作り上げる。本来は存在しない運動を創造する技術（もしくは芸術）として、アニメーションは考えられてきたわけだ。そんななか、ディズニーが言うところの「生命のイリュージョン」となるような滑らかで有機的で生き生きとした運動を作り出していくことが至上の価値として考えられるようにもなる。

しかし、CGの登場が新たな価値を加えることになる。物理演算によって生み出されるCGの運動は「非人間的」で「冷たい」ものと評されることもあった。ゲームチェンジャーはピクサーで、CGアニメーションにディズニーの「生命のイリュージョン」としての原理を応用することで、生命感溢れるキャラクターを描くことに成功し、CGアニメーションがメインとなる現在の業界勢力図への道が切り開かれた。

一方で、その「冷たくて」「非人間的」な動きは、生命を生み出すものとしてのアニメーションという考え方ではしっくりこないような世界観を作り出すことにもつながる。筆者は、『21世紀のアニメーションがわかる本』という本において、デジタル時代における匿名的な運動性が生命ではなくむしろ非生命的な表現に向いていて、その非生命的な運動性こそが、アニメーションに新たなテーマを描くことを許したと指摘した。その具体例はまだ多くないが、ヨン・サンホの長編アニメーション（『フェイク〜我は神なり』『ソウル・ステーション／パンデミック』）やアリ・フォルマン（『戦場でワルツを』『コングレス未来学会議』）、リチャード・リンクレイター（『ウェイキング・ライフ』『スキャナー・ダークリー』）らのアニメーション作品が主体性や尊厳を奪われた人間を描くとき、生気を欠いた匿名的な運動がマッチするのである。両者のハイブリッド的なものも生まれてくる。湯浅政明率いるサイエンスSARUの代名詞であるFLASHアニメーションは、描線や動きに多少のぎこちなさがあるが、一方でFLASHアニメーションだからこそ可能になるダイナミックなスケールの変容を組み合わせることで、生命感と非生命感のハイブリッドを生み出している。サイエンスSARUはその混血的な運動性を用いて、テーマとしても混血を扱う。二〇一七年のアヌシーでクリスタルを獲得した『夜明け告げるルーのうた』（人間・人魚・吸血鬼のハイブリッド）、二〇一八年にNetflixオリジナルシリーズとして作られた『DEVILMAN crybaby』（人間と悪魔のハイブリッドとしてのデビルマン）が、まさにその例となる。

『Away』や『KIDS』は、アニメーションの運動性の歴史において、さらにその一歩先へと踏み出している。これらキャラクターたちの動作はあらかじめパターンやプログラムとして作られる。それらをどう操作し、どう撮影されるかが重要になるのだ。演じられた映像を撮影し再現するという意味において、CG以前における実写と同じような位置づけに置かれるともいえる。『Away』も『KIDS』も、そのような動きの質と合致する物語を語る。どちらも、自分自身の運動や状況を自分で把握しきることがなく、自分の意志と思われるものが実は状況による自動的・惰性的なものかもしれないという状況を語るからだ。

自分自身が主体ではないという感覚を与えるこの運動性は、世界全体に茫漠とした印象を残す。『Away』は、生と死、夢と覚醒のあいだのどこかにある中間的な世界を描く。主人公の顔は常に唖然としたような、いまの現状に圧倒され、状況を完全には理解しきっていないような表情をしている。その決断も、果たして自分のものなのか、それとも自発的な意志の伴わない夢のなかで行うなにかなのか、定かではない感覚が漂う。だからこそ、その世界は、全体として遥かに巨大なものとして感覚される。『KIDS』に至っては、表情を奪われ、背格好も平準化された子供たちが、群衆の一部として、意志などまったく持たないままに――プレイヤーの操作や他の子供たちの行動に従って――蠢き続ける。この子供たちにもまた自分の住む全体の世界は見えておらず、そのことが不気味さとともに世界を広く見せる。

リアルタイムレンダリングが可能にするのは、あらかじめ用意された（プログラムされた）動きを操作し撮影することによって映像を作っていく方法論である。二〇一九年のアヌシーは、この新たな運動創造の原理が生まれてきた年としても記憶されるべきものとなるのだ。『海獣の子供』ではなく『Away』――コントルシャン部門における受賞結果は、個人制作によるCGアニメーションというメルクマールであることに加え、アニメーションの表現史に新たな性質の運動を持ち込んだということに対しても、与えられるにふさわしいと考えられる。

連続性から離散性へ――『失くした体』と蝿

二〇一九年のアヌシーでは、それとは別にもうひとつ、新たな運動の質を見出すことができた。それは、離散的な運動とでも言うべきものである。その担い手は、長編部門でクリスタルを受賞した『失くした体』（二〇一九年）だ。この年のアヌシーでの一番の話題作は、アニメーション界に新たに生まれた運動性を、長編というかたちで大々的に展開した作品としても記憶されるべきものである。

『失くした体』は、短編アニメーション作家として長年きわめて高い評価を受けてきたジェレミー・クラパンによる初の長編アニメーション作品である。『アメリ』（二〇〇一年）の脚本家として有名なギヨーム・ローランの小説『Happy Hand』（二〇〇六年、ローランは本作の脚本の共同執筆者としてもクレジットされている）を原作とした本作は、とあるアクシデントで切り離されてしまった右手が本体の身体を探してパリの街を彷徨うなか、本体の青年ナオフェル――不慮の事故によって豊かな生活を手放すことになったモロッコからの移民である――が右手を失うまでの物語を並行して語る。プレミア上映はカンヌ国際映画祭の批評家週間で、実写映画をおさえてアニメーション作品としては初のグランプリを獲得、Netflixが全世界での配給権を取得するなど、すでに大きな話題作となっていた。

クラパンは異形の身体（もしくは身体感覚の異常）をモチーフにした短編を作ってきた。切り離された（不完全な）身体という本作のテーマは、自分の身体が本人の意識から九一センチだけズレてしまった男を描く代表作『スキゼン *Skhizein*』（二〇〇八年）、背骨の曲がった男女の（ディス）コミュニケーションの物語『バックボーン・テール *Backbone Tale*』といったクラパンの過去作にも共通するものである（『失くした体』の終盤、右手が大跳躍を行うビルの屋上にグラフィティとして描かれている「ここにいる」というフレーズは、『スキゼン』のラストの台詞でもある）。孤独な少年の内的なリアリティを描く『Palmipedarium』（二〇一二年）もまた、故郷を奪われた主人公の生を丹念に紡いでいく本作の表現と直接的につながっている。

『失くした体』は、蝿のアップで始まる。幼いナオフェルは蝿を捕まえようとするが、なかなかうまくいかない。父親は、蝿がいるところに手を伸ばすのではなく、蝿が飛んでいくところを摑むのだというアドバイスをするが、相変わらずナオフェルは失敗しつづける。この蝿と主人公との関係が、本作の構造を象徴的に表すことになる。蝿が今いる場所――過去の継続としての現在――を見るのではなく、蝿が飛んでいくであろうところ、つまり未来を幻視し、その未来が訪れると賭けて跳躍することへの転換だ。本作は、ナオフェルがそれを学んでいく物語を語る。

本作における蝿は、ぎこちなく動く。ある体勢から次の体勢へのポジションの転換は、一瞬で行われるのだ（ただ、これはわたしたちが普段現実で見かける蝿の動きに忠実であるともいえるわけだが）。このカクカクとした動き、これを本稿では離散的な運動と呼んでみようと思う。離散的な動きは、本作全体のアニメーションの運動性の特徴でもある。蝿だけではない。ナオフェルをはじめとする人間の登場人物もまた、そのように動くのである。アニメーションは一般的に、滑らかに動かそうとする。それを仮に連続的な運動と呼ぶとする。それを見慣れている私たちは、本作における人物の動きが離散的であることが気になるかもしれない。緊張感やスピード感に溢れるシーン――切り離された手のアドベンチャー――であれば気にならないが、静かな日常を描くとき――手を失う前のナオフェルの日常シーン――、離散的な動きがもたらすカクカクとした感覚が、不思議な気分を与える。動きのなかで、何かが飛んでしまっている感じがするのだ。しかしおそらく、本作は、この「隙間」にこそ賭けている。

離散的な動き――デジタル時代のアニメーションの新たな運動性

動きのなかで何かがスキップされているような感覚――それは、近年のアニメーションのなかで、少しずつ目立つようになってきた運動の質である。デジタル化以前のアニメーションは、基本的には静止画と静止画のあいだの滑らかな連続性による有機的な運動を生み出すことを善としてきた。もちろん、リミテッド・アニメーションなど中割りを省略するタイプのアニメーションもあったわけだが、今回話題にする離散的な運動はまたそれとは違う印象を与える。強調すべきところを強調し、本質的に不要な中割りを省略する「メリハリの効いた」リミテッド・アニメーションと比べると、離散的なアニメーションは、本来あるべきポーズが飛んでしまっているようにも見える。

離散的な運動とリミテッド・アニメーションとの違いはなにか？　それはおそらく、何が「主体」になっているのかの違いである。おそらくリミテッド・アニメーションにおいては、動くキャラクターが主体としてあって、それが運動を組織する。対して、離散的なアニメーションにおいては、キャラクターが存在する時空間のほうが主になっている印象を受ける。キャラクターたちは、時間の一部として存在する小さなものにすぎないのだ。

この離散的な動きについて筆者が意識したのは、デイヴィッド・オライリーが一時期ネット上に謎めいた動画としてアップしていた短編アニメーションのシリーズである。今では『109645790437692847650』というタイトルが付けられているこの連作におけるキャラクターたちは、蝿のように動く。連作のうち、現在唯一ウェブ上に残されている『Horse Raised by Spheres』という短編を観れば、離散的なアニメーションが持つ質について、感覚的にでも分かってもらえるのではないか。特に、後半の馬の動きに注目してほしい。パッ、パッと、まるで人形遊びで動かしているかのように動いていくのだ。この短編は丁寧にも、有機性に基づく滑らかな動き（馬の集団）と離散的な動き（孤独な馬）の両方を共存させているので、離散的な動きが意識的に作られていることは明白だ。

再びゲームの文脈に引きつければ、デイヴィッド・オライリーの二作目のゲーム『Everything』に、この種の離散的な運動が活用されている。「万物シミュレーター」と謳われた本作は、様々なスケールに存在する地球〜宇宙の万物を操れるゲームだが、動物たちの動きはナチュラルなものから程遠い。やはり、カク、カクと動き、パッ、パッとポーズを変えていくのである。

この離散的な動きはもちろん意図的なものであり、技術の低さゆえの結果ではない。東京で行われた「trialog」というイベントで、オライリーは、本作におけるカクカクとした動物の動きを作品世界にうまく馴染ませるためにかなりの時間がかかったとさえ言っていた。それは、アニメーションに対して新たなリアリティをもたらすための努力でもあった。同じトークでオライリーは、シェイディングがもたらしうるリアリティについて語っていた。それは、二〇世紀に考えられていたのとは別のリアリティの原理である。アニメーションの運動が有機的で生命を思わせるがゆえにリアリティが生まれるのではない。生物のように動かずとも、光が各方面から当たることによって、その存在そのものの現実味が感じ取られるようになる。有機的な運動がもたらす生命感ではなく、複数の光源に照らされることがリアリティを与える。キャラクターがある時空間に存在しているという感覚を、浮き彫りにしていく。

だからこそ、シェイディングが生み出すリアリティは、存在を強固にするためのものではない。その存在感は、儚く、脆く、朧気になる。そのキャラクターは世界の中心にいるわけではなく、ただちっぽけに存在するに過ぎないからだ。『Everything』でもし動物たちが有機的で滑らかに動いていたとしたら、有機体の感覚やスケール感が作品世界の中心になり、極小・極大の世界との整合性・リズムが取れなくなっていたことだろう。離散的な動きは、地に足がつきすぎないようにするものである。

勇気ある跳躍と、アニメーションの新しい次元

『失くした体』においても同じことが言える。本作は、Blenderを用いて、2Dと3Dのミックスで作られている。Cartoon Brewの記事によれば、背景や小道具を現実のように見せつつ、一方でキャラクターとなる3Dモデルの動きについてはあえて一二コマ／秒に制限し、フォトリアルな世界にしすぎないようにしたのだという。やはり、このカクカクとした動きは、現実に寄り過ぎないように意図的に作られているのである。

上記の記事内でクラパンは「リアリズムの幽霊（ghost of realism）」という面白い表現を使っている。"ghost"の感覚、つまりリアルに見えてそうでもない、実在しているようでしていないという感覚が、本作のアーティスティックな選択として必要とされたのである。

幽霊は、有機的な生命が到達できない別の次元へと抜け出すことができる。そして、その存在を感じ取ることができる人にとっては、現実以上にリアルな存在として知覚される。違う次元の存在を認識させるのだ。一方で、滑らかな有機的な動きは、日常的なリアリティを得るかわりに、連続性のイリュージョンのなかに、そのキャラクターの存在を、地続きに縛り付けてしまうともいえる。過去を引きずったまま、今ここにしか存在できなくなってしまうのだ。

ここまで考えると、『失くした体』という作品が幽霊のような離散的な動きを採用している意味が見えてくる。本作において、主人公ナオフェルは、過去に縛り付けられる存在である。一方で、本作が語ろうとするのは、そこからいかにして彼が解放されうるのか——過去から連続した自分を捨て、違う自分がありうることを信じて、つまり異次元への跳躍ができるようになるのか——ということについての物語である。冒頭

での父親のアドバイスは、未来を読み、そこに手を伸ばすことで、蝿を捕まえることができるというものだった。見えない未来へと跳躍するように手を伸ばすこと――連続性から解放され、離散的に動くこと――こそが希望であると、本作は語っているのだ。そう考えると、本作のタイトル（英語題：*I Lost My Body*）は示唆的だ。「私は身体を失った」――身体とは有機的で、連続的である。それを失い、「幽霊」のようになることこそが、異次元への跳躍を可能にする。

『失くした体』以前、アニメーション史における最も有名な蝿は、フランス・ロフュシュの古典的名作短編『The Fly』（一九八〇年）であったといえるだろう。一九八〇年にアカデミー賞を受賞してもいる本作は、蝿のPOVをアニメーションで再現しようと試みるものだった。同じようなコンセプトの作品には、手塚治虫の『ジャンピング』（一九八四年）がある。少女がジャンプを繰り返すなかで、日常生活の次元を飛び越え、地獄まで訪ねてしまう。アニメーションは、人間とは異なる（人間が普通獲得しえない）視野を得ることのできるものとして、それらの作品においてはポテンシャルを見出されたわけだ。それはつまり、別の有機性を想像できるものとして、ということである。ちなみに『Ugly』のニキータ・ディアクルも学生時代に『Fly on the Window』（二〇〇九年）という蝿の作品を作っている。これもまた、蝿の視点を仮想的にシミュレートしようとするコンセプトに基づいている。やはり、別の有機性・連続性を獲得することが目指されたのだ。ただしそれは、ある主体の有機性の範囲を連続的に拡大することで、自分自身から逃げられなくなる世界観を作り上げているともいえる。連続的であるがゆえに、縛り付けられ、逃げられなくなるのだ。

対して、『失くした体』の蝿は、隙間のある動きによって、可視的な次元を飛び越えうる存在のあり方を示唆する。それを観察するものに対して、自分自身にもそのように高次元へと跳躍できる隙間が潜んでいることを、ほのめかすのだ。ナオフェルは、最終的に、自分自身の隙間に気づく。自分には、過去からの連続性に支配されない離散的ななにかが眠っているということに。そして、その可能性に賭けようとして、ある感動的な跳躍を試みるのだ。

二〇一九年のアヌシーが希望に溢れた場所に思えたとすれば、CGアニメーション/デジタル技術が、アニメーションの表現史における勇気ある跳躍を成功させた年として記憶しうるものだったからである。『Away』は個人でCGアニメーション長編を作り上げる点において、『失くした体』はアニメーションではあまり例を見ないタイプの大人向けの題材を扱う点において、それぞれ現実的にもリスキーなプロジェクトだった。しかし、これらの作品の勇気ある跳躍は見事に成功し、アヌシーはそれを讃えた。そして、アニメーション表現もまた、異次元的な跳躍ののちに、新たな一歩を踏み出したのである。

初出:「IGN JAPAN」(二〇一九年七月一四日発表)

パターンと対称性——アニメーション映画からインディ・ゲームを眺めて

デイヴィッド・オライリーはインディ・ゲームに辿り着く

近年、個人アニメーション作家が、ゲームを新たな表現の場として見出す例が増えている。本稿は、その理由を探ろうとするものである。

考察の始まりとして取り上げたいのは、CGアニメーション作家デイヴィッド・オライリーである。オライリーはこれまで、宙に浮きつつゆっくりと回転する山を眺めるだけのゲーム『Mountain』、そして極小から極大までスケールを変えながらあらゆるものに憑依できる〝万物シミュレーター〟『Everything』の二本のゲームをリリースしている。特に目的もはっきりとしたエンディングもなく、一般的に想像されるゲームらしさを排したこれらの作品は、アニメーション界のみならず、ゲーム業界にも確かなインパクトを与えている。

オライリーはそもそも、アニメーション界における革命児的な存在であった。何によってかといえば、個人制作によるCGアニメーション作品の美学を打ち立てることによってである。一般的にCGアニメーションは、世界を写実的にシミュレートする方向に傾きがちだ。そのためには、きわめて巨大なサイズの資本と人材が必要になってくる。ハリウッド製のCGアニメーションをみれば、もしくはゲームでもAAAタイトルをみれば、そのことは容易に理解できる。

そんななかオライリーは、個人のマシンパワーで取り扱えるようなCGアニメーションの可能性を掘り下げて考えた。ポリゴンをポリゴンとして前景化し、ときにグリッチ・ノイズなども起こし、CGが人工的なイメージであることを隠すことなく、むしろそれを前景化しながら、アニメーション映画としてストーリーテリングを行うことに挑戦したのである。オライリーの短編アニメーション作品、とりわけ代表的な二作――ネコとネズミのカップルの暴力的な関係性を描く『プリーズ・セイ・サムシング』、そして万人がキャラ化した世界を描く『エクスターナル・ワールド』――は、映画祭や動画サイトを中心に極めて高い評価を受け、個人制作のCGアニメーション表現の景色を一変させた。CGが個人表現の現場における「普通の」ツールとして浸透するようになったのだ。

オライリーは変幻自在なキャリアを経てきた。アイルランド・キルケニー出身の彼は、中学生の頃、地元にできたばかりのアニメーション・スタジオの門を叩き、テクノロジーに疎かったスタッフたちに対してソフトウェアの使い方を教えるかわりに、伝統的なドローイング・アニメーションを学んだ。「カートゥーン・サルーン」と呼ばれるそのスタジオは、『ソング・オブ・ザ・シー　海のうた』（二〇一四年）『ブレッドウィナー』（二〇一七年）などの長編アニメーションによって、現在では世界を代表するスタジオのひとつになっている（スタジオ第一作の長編『ブレンダンとケルズの秘密』の主人公ブレンダンの初期のキャラクター・デザインは、生意気な少年という共通点ゆえに、オライリーをモデルとしていた）。

ダブリンの美大に入っても早々に学業に見切りをつけ、ロンドンに渡り、クリエイティブ集団シニョーラの元で、『銀河ヒッチハイクガイド』（二〇〇五年）や『リトル・ランボーズ』（二〇〇七年）などのアニメーション・パートを手がける。その後ベルリンに拠点を移し前述の短編アニメーション群を相次いで発表しアニメーション界の景色を変えたかと思えば、今度はアメリカに渡り、カートゥーン・ネットワークの人気シリーズ『アドベンチャー・タイム』初のゲスト監督としてフル3DCGのエピソード「グリッチはグリッチ」（二〇一三年、タイトルが示すとおり、子供向けにもかかわらずグリッチノイズをフル活用した挑戦的なエピソードである）を制作（テレビ関係では、『サウスパーク』の脚本を手がけたこともある）、さらにはスパイク・ジョーンズの『her／世界でひとつの彼女』のゲーム・パートの監督を担当し、話題を集めた。このように、流転するようなキャリアを辿るオライリーがいましっかりと腰を据えつつあるのが、インディ・ゲームという領域なのである。

アニメーション作家にとってのインディ・ゲーム、その利点——市場の存在、そして「世界の記述」

だが、なぜインディ・ゲームなのか？　真っ先に思い当たる理由は、「市場」の存在である。

個人から小規模のチームで制作されるインディ・ゲームは、アニメーション映画業界における短編作品のようなもので、ゲームとしても小さなサイズのものが目立つ。プラットフォームとしてのSteamの躍進やスマートフォンの普及を背景に、現在では産業としても一定の規模があり、コンシューマ機のオンラインストアでも存在感を発揮している（オライリーの『Everything』はPS4で先行発売された）。

一方、短編アニメーション映画は、売上を出すことがきわめて難しい。ヨーロッパでは短編作品の製作が盛んだが、それは、EU各国にある豊富な助成金や地域のファンドを組み合わせた資金調達によってスタジオの経営を回していくシステムができあがっているからである。そのスキームの中では、完成した作品の商用配給によって製作資金を回収するということはほとんど考慮されていない。それゆえにヨーロッパ外の作家にとって、短編作品の制作というのは、金銭的には報われない行為である。確かに、YouTubeの登場以降、オンライン上で作品を観てもらう機会は増えた。しかしその代償として、鑑賞に対価を払うという習慣が失われることになる。再生数を増やすことで広告料収入を上げることはできるかもしれないが、「バズる」動画はタイプが限られており、作家が生きるための多様性をYouTubeが提供しているとは、ことインディペンデント分野に限ってはいいがたい。[*1]

しかし、同じ小規模制作の作品であったとしても、インディ・ゲームには市場がある。映画でいえば「短編」にあたるようなものに対して、お金を払う習慣があるのだ。アニメーション作家によるゲームは、従来のゲームの立ち位置とは違ったところから生み出されるがゆえに、注目を集めやすい。インディ・ゲームの宣伝はインターネット上でのレビューやYouTuber、SNS上での口コミに多くを拠っているが、そういった状況において、短編アニメーション作家の持ち味であるビジュアル・スタイルの固有性や作風の実験性、作品世界の美的な構築が、特殊なゲームとして「バズる」材料となり、売上に直結しうるのだ。

オライリーはとあるインタビューにおいて、ゲーム制作を行うことでようやく作品とよべるもので収益を得ることができた――逆に、短編アニメーションは作るたびにいつも破産寸前に追い込まれた――と語っている。[*2] インディ・ゲームというフォーマットは、短編アニメーション作家たちにとって、自らの作風を保ったまま、数多くの人々とコミュニケートでき、幸運にもヒットした場合には個人もしくは少人数のチームとしては、余裕をもって自作を作るに十分なほどの対価を払ってもらえる「約束の地」なのである。[*3]

だが果たして、ゲームの利点はそれだけなのだろうか？　オライリーにとってはどうも、そうではないようだ。彼は、ゲームというメディア自体をアニメーションの可能性を別の方向性で伸ばしうるものとして考えているようなのである。

オライリーは、アニメーション映画とゲームの違いについて、前者はストーリーを語るのに対し、後者は空間を作るものであると語っている。[*4] 新千歳空港国際アニメーション映画祭のレクチャーにおいては、アニメーション映画よりもゲームのほうが次元が増えるとも言っていた。CGアニメーション映画も空間を作るが、観客が体験するのは一方向に流れる時間(=ストーリー)であり、一方で、ゲームにおいては、時間はプレイヤーの操作に応じて多方向に流れうる。より高次元の世界がそこには作り上げられるのだ。

仮想的に構築される三次元空間と、その空間の多次元的な探索——オライリーは、そんな特徴を持つゲームというメディアは「システムを通じた世界の記述 describing the world through systems」[*5]を可能にするものであるがゆえに興味深いと言っている。『Everything』はまさに、その特徴にあてはまっている。プレイヤーは、様々な次元に属する事物に憑依しつづけることで、オライリーが記述したシステム内を動的になぞりdescribe、探索する。ゲームのプレイヤーを世界にとどまらせ、まさに多次元的にたゆたわせるのである。

ただし、ただ世界の内側にいさせるだけではない。『Everything』のもうひとつの特徴は、人間の不在である。このゲームでは、素粒子の最小レベルから銀河の最大レベルまで、様々なスケールをいったりきたりするなかで、生物から無生物まで、ありとあらゆるものになることができる。そこには、様々な建物や乗り物など、人工物も含まれている。ただし、それを作ったであろう人間はいないのだ。タバコの吸い殻やピザの切れ端など、人間がいた形跡は山ほどあるにもかかわらず。GLASというアニメーション映画祭でなぜ人間が出てこないのかを問われたとき、オライリーは、「でも君(=プレイヤー)は人間だ」とシンプルに答えていた。別のインタビューでは、『Everything』は「自分ではない異種から世界を見てみる実験」[*6]であるとも言っている。『Everything』において、人間はゲームの「外」に位置している。

思えばその構造は、前作『Mountain』にもあてはまる。ゆったりと季節や時間を変えながら回りつづける山には、宇宙のどこかから飛んできた様々な人工物――カラーコーンや飛行機、レコードプレイヤーやお金まで――が突き刺さっていく。プレイヤーに許されるのは、ただそれを眺めつづけるだけのことだった――いつしか何かが起きて、山が死んでしまうまで。

あらゆるものがあって、独立したリズムを刻む生態系に対して、プレイヤーの場所はその外に担保されている――言い方を変えれば、その内部に入りきることまでは許さない。しかし一方で、操作することを通じて（もしくはただ眺めることを通じて）、人間以外の視野やスケール、時間軸を体感もする。眺めるだけではなくなぞらせる、プレイヤーと作品とのこの絶妙な距離感。ここから本稿が行ってみたいのは、オライリーのゲームが内包するこの距離のありかたについて、アニメーションとの比較のなかで捉え直すことで、インディ・ゲームに潜在している可能性について考えることである。

「別の」ルールが滾らせるリアリティ

まず考えてみたいのは、プレイヤーにとって「異質な」世界を記述するものとしてのインディ・ゲームの可能性である。

インディ・ゲームのデベロッパーたちに焦点を当てたドキュメンタリー映画『インディ・ゲーム：ムービー』を観ると、そこに登場する人々のなかに、自らのゲーム制作を芸術表現に喩える者がいることに気づかされる。巨大産業が作り出す「商品」ではなく、個人が本当に作りたいものを作る「芸術」――この二項対立はかつてアニメーションの分野において個人制作を擁護するために頻繁に使われたものでもあるわけだが、近年では下火になりつつある。そこには、個人作家が商業分野で活躍するケースが増えるなど、個人制作と産業との垣根が壊れはじめたからというポジティブな理由もあれば、売上の立たない短編アニメーション制作を継続的に行う人の数が減っているというネガティブな理由もある。

しかしゲームの分野において、おそらくそのような言説がいまでも成立しうることは不思議ではない。なぜならば、個人の熱量に満ちたものを作りつづけることを許す経済的環境があるからだ（もちろん、ゲームにおいてはインディとメジャーの壁が画然としてあるということでもあるだろうが）。インディ・ゲームには、独特の異様な熱量がある。そこまでこだわるのかというほどのこだわりが発揮され、それが世界の隅々まで浸透している感覚だ。

たとえば、昨年話題になったアクション・シューティングゲーム『カップヘッド』（二〇一七年）。本作は、一九三〇年代のアメリカン・カートゥーン、とりわけフライシャー・スタジオの作品のいかがわしさと艶めかしさを再現する世界観で、アニメーション界でも話題となった。本作のこだわりも半端なものではなく、一九三〇年代のスタイルを再現するために、セル画での作画やジャズのビックバンドの生録音など制作方法も含め、オリジナルを「完コピ」している。デベロッパーのSTUDIO MDHRの主宰者チャド&ジャレット・モルデンハウアー兄弟は、このゲームを完成させるにあたり、自宅を抵当に入れている。オライリーも『Mountain』を制作する際、銀行口座が何度もゼロに近づいたことを様々なトークで語っている。こだわりの果てに辿り着く完成に至るまでの破産寸前のギリギリの戦いもまた、インディ・ゲームの熱量を高める。そして、そのようなリスクを負うことができるのも、ゲームがヒットした際には大きな金銭的見返りが待っているからである。

ただまたしても考えたいのは、経済的なもの「ではない」可能性についてである。オライリーの活動を追うことで辿り着いたインディ・ゲームという領域に、筆者は単なる状況観察のレベルを超えて浸ることになった。それは、自分自身が短編アニメーションに対して求めていたものが、インディ・ゲームにおいて理想的に体験できたという事実があるからだ。それは、作り手が「別の」種類のリアリティを創造し（＝別のかたちで世界を「記述」し）、それが観客／プレイヤーに体験されるというその構図が、インディ・ゲームにおいてはよりスムーズに行われているということである。

インディ・ゲームは、少人数の体制でしかありえないゲームを作るための場である。その世界観が独自のものであればあるほどに、個性が濃密なものであればあるほどに、その世界観にプレイヤーを強く参与させ、そこに迫真のリアリティを感じさせる。たとえそれが、実際の現実の姿とはかけ離れていたとしても、である。

このような話は、オライリーによるテキスト「アニメーション基礎美学」[*7]を思い出させる。このテキストは、CGアニメーションに新たな美学を打ち立てるため（そして同時に既存のアニメーション観を壊すため）に書かれたものである。オライリーがそこで語るのは、CGだろうがなんだろうが、アニメーションの人工的な世界にリアリティをもたせるためには、一貫性が必要であるということだ。

オライリーが主張するのは、多くのアニメーション作品において、その一貫性は、現実の物理法則や写実性に基づいて組み立てられてきたが、そうではないやり方もある、ということである。たとえば、『プリーズ・セイ・サムシング』がその証明である。ローポリゴンで組み立てられたその作品世界は、物理世界同様の有機的でなめらかなものではなく、人工物のカクカクとした法則性で統一されている。オライリーはその徹底のため、ブラー効果などの滑らかさの印象を与えるエフェクトを徹底的に排除する。その苦労ゆえに、CGイメージの人工性が前景化したとしても、観客はその世界に対してリアリティを感じられるし、キャラクターたちを自分と同じような存在として感情移入させもする。[*8]

オライリーはこのテキストのなかで、「制約」を自ら設けることの重要性も語っている。そのことは、インディ・ゲームにももちろんあてはまる。オライリーが行ったのは、人的・資金的・マシーンのスペック的なリソースが限られる個人によるCG表現が持つ可能性を突き詰めることであったわけだが、開発に関われる人数が少ないインディ・ゲームもまた、同様の問題に直面せざるをえない。たとえば、ドット絵を用いたゲームのビジュアルは、作り手たちが影響を受けたゲームがそういうものであったからというのと同じくらい、技術的な制約から導き出されたものでもあるはずで、しかしそれが新たなゲームの美学を生み出すのだ。

たとえば、『Hyper Light Drifter』（二〇一六年）のドット絵から感じることのできる「一貫性」の遵守による強烈なリアリティの感覚。デベロッパーであるHeart Machineの中心人物アルクス・プレストンは、制約のなかで美的なものを生み出すことを考えたと言っている。[*9] 制約と美学の共存は、インディ・ゲームの特徴だろう。インディ・ゲームとしては比較的大規模なデベロッパーPlaydeadの『INSIDE』も、まさにその好例である。本作において顔の見えない匿名の少年がすることといえば、とにかく画面の右へと向かいつづけるだけのことである。しかし、美的に構築された世界のなかでは、その制限されたゲームプレイのルールさえも、一貫性を構成するひとつの要素として、プレイヤーを納得させる（そしてゲームを進めていけば、作品の設定としての必然性があることもまた見えてくる）。

アニメーションからインディ・ゲームを発見した著者のような人間にとって、この領域は実際のところ宝の山である。「別の」種類の一貫性の構築について、優れたケースに溢れているのだ。たとえば、『Hyper Light Drifter』だけではなく『FEZ』や『ケロブラスター』（二〇一四年）――もちろん『洞窟物語』（二〇〇四年）でもいいのだが――のドット絵を観たときに感じる「滾る」ような感覚や、『LIMBO』や『INSIDE』といったPlaydeadのゲームが持つ非人間的な世界の持つ冷たさ、『ナイト・イン・ザ・ウッズ』（これもまたアニメーション作家からゲームへの転身の華麗な例である）の簡素に見えて精密に作り上げられたポッサム・スプリングスの街に漂うコズミック感といったものは、良質なアニメーション作品を観たときと同じような充実感を与えてくれる。

いや、その世界観の中に自分自身が潜り込めるという意味においては、それ以上のものなのかもしれない。インディ・ゲームはその規模の小ささゆえに作品世界もこじんまりとしており、あたかも単純なパターンで成り立っているようにも思えるかも知れないが、その小ささゆえに、飲み込まれることもない。だから、没入しすぎず、自分でいつづけることも保証される（プレイ時間が短いのも良い）。プレイヤーは異なるかたちで記述された世界に対面し、そしてそのなかにつかの間に接続されながらも、しかしやはり、外にいる。

ゲームと追体験――ウォーキング・シミュレーター

異質な世界と対面し、そしてそれとの刹那の接続が行われること――そのことがアニメーション研究を行う者としての著者に思い出させるのは、ロシアのアニメーション作家ユーリー・ノルシュテインが言う「追体験」である。[*10]

追体験とは、芸術鑑賞を通じて、他者の経験を我がものとすることであり、ノルシュテインにとっては芸術の重要な機能である。一方、ノルシュテインは、映画というメディアが追体験をさせることは稀だと考えている。ノルシュテインの芸術観においては、文学こそが最上級の表現だ。なぜならば、文学は言語というコードを通じて読者に働きかけるものであるがゆえに、受け手が主体的にその世界を読み込むことを要求するからである。ノルシュテインにとって、他者の経験とは、見知らぬものを積極的に読み込み、取り込むことによってしか、本当の意味で自分自身のものとはならない。

そんなノルシュテインにとって、映画やアニメーションは、あまりにも写実的で、あまりにも自然すぎる。観客は、現実に暮らすのと同じ知覚のままで映画やアニメーションを楽しめてしまう。ノルシュテインにとっては、眼の前の作品が作り上げる記号のシステムを読み解いていくことこそが芸術鑑賞であり、その結果としてもたらされるものこそが追体験であるのだから、その受動性は問題だ。

その解決のためにノルシュテインは、アニメーションに約束事性を導入しようとする。モデルとなるのはエイゼンシュテインの『イワン雷帝』である。歌舞伎などを参考にした、自然主義的なものからはかけ離れた演技。誇張された舞台装置や影。この映画は解読されるべき記号に溢れており、それだからこそ、これまで見えてこなかった「別の」現実のかたちを観客の脳裏に発火させるのである。

ノルシュテインが目指しているのは、観客とスクリーンのあいだに相互的なインタラクションを生み出そうとすることであると言えるのかもしれない。アニメーション映画において追体験を達成するために、たとえばノルシュテインは「視線のシステム」[*11]とよぶものを導入する。被虐的な状態にあるキャラクターが、観客に視線を向ける。もしくは、未完の作品『外套』（ゴーゴリ原作）においては、周囲の人々の蔑みにより悲劇的な結末を迎えることになるアカーキィ・アカーキィエヴィッチの日常的な仕草を執拗なまでに丁寧に、長く描く。それによって観客は、アカーキィの存在が嫌でも意識のなかにインストールされることになるのだ。それはまるで、観客に対して、目の前の他者の存在を自分自身の脳内において無理矢理にでも彫塑させるかのような試みである。

アニメーション映画においてノルシュテインは追体験の実現のために苦労した。しかしそれを尻目に、異質だが一貫性のある世界へのコネクトを可能にするゲームというメディアは、私見ではアニメーション以上に、「別の」種類の世界の存在をプレイヤーの身に浸透させることに長けているように思われる。アニメーションの分野では、たとえばブラザーズ・クエイが、アニメーションには「別の」法則性に基づいた世界を作る可能性があると語っている。[*12] ブルーノ・シュルツの本を引きながら、自分たちの実践が「一年の一三ヶ月目」「偉大なる外典」とでもいえるような、通常の尺度からはみだしたところに存在するなにかをかたちにするものであると言うのである。

そのような世界を描いたとき、映画というメディアは、それをスクリーンの向こう側の出来事とせざるをえない。しかし、ゲームにおいては、そのような世界に対して、実際に身を浸すことができる。たとえば、インディ・ゲームの主要ジャンルのひとつウォーキング・シミュレーターが、まさにそのような体験をさせてくれる。

ウォーキング・シミュレーターは、その名が示すとおり、ただ「歩く」だけがゲームの目的であるかのように、一人称視点である世界のなかを彷徨っていくタイプのゲームを指している。人にとっては「雰囲気ゲー」という揶揄のもとに呼ぶようなジャンルであり、ウォーキング・シミュレーターという言葉自体も、元々はネガティブな含意を持つものとして用いられていた。

ブラザーズ・クエイとのつながりでいえば、『フィンチ家の奇妙な屋敷でおきたこと』（二〇一七年）が同ジャンルの特筆すべき成果であるといえるかもしれない。精神病患者の内的世界の映像化として作られたブラザーズ・クエイの『イン・アブセンティア』（二〇〇〇年）と似たものが、本作には感じられるのだ。このゲームでプレイヤーが操作する一人称は一七歳の少女であるとはっきりと説明されている。彼女は改築増築を重ね奇妙なかたちとなった生家の屋敷を探索し、様々なアイテムを通じて、次々と不可思議な死を遂げていった家族・先祖たちの「最期の瞬間」を追体験していく。ある少女は空腹に耐えかねてモンスターへと変わり、赤ん坊は不思議に浮かび上がるお風呂の玩具を眺めながら死ぬ。かつてのスターは自分の過去を再演することで食いつぶされ、思いっきり漕いだブランコは空を飛び、魚工場で働く男はその退屈なリズムのなかで空想を無限に膨らませ、現実から消えていく。日常の世界から次第にその外へとスライドしていく様子が、驚くほどの迫真性と親密さによって、体感されていく。「はみだしてしまった」人たちの物語への憑依が起こるのだ。

ウォーキング・シミュレーターが面白いのは、プレイヤーは誰かの一人称（に近い）視点になって移動するが、そのとき、自分が何者として歩いているのかについて、情報を与えられる必要はないということだ。操作をするという事実が掛け金となって、突拍子もない何者かの視野を得ることも可能なのである。たとえば、『Everybody's Gone to the Rapture －幸福な消失－』。ある出来事をきっかけに人がいなくなったイギリスの田舎町を探索するゲームである。町のなかには光の球が飛び回っており、それを追っていくと、消えていった人々の残留思念のようなものを発見できる。コントローラーをひねり、それとシンクロすると、その人々が過ごした終わりのときが再生される。町を隅々まで回り、様々な人々の最後の記憶を自らに宿すことで、プレイヤーはこの町で一体何が起こったのかを朧気ながら把握することになる。完全なる正解が与えられることはないが、想像を絶する存在がこの場所を訪問し、それによって人々が別の次元とコネクトする事態が起こったのだということがわかってくるのである——町の天文学者はその来訪者の残す「パターン」を最後まで解析し、そして、そのパターンのなかに歓喜（rapture）とともに消えていく。

このゲームにおいて、プレイヤーが操作する一人称は、地面に影も何も残さない得体の知れぬ存在である。このゲームをプレイするとき、プレイヤーは、消滅したたくさんの人たちの存在はもちろんのこと、正体のわからない存在に自然と同一化している。そのなかで、日常の次元を超えたつながりへと、自らを開いていくのだ。

『マイ・エクササイズ』からわかること——「奇妙さ」を「楽しさ」として注入する

インディ・ゲームの名作たちは、それぞれに方向性は違うが、限られたリソースを駆使しての「一貫性」の達成として記憶されるべきものである。そしてプレイヤーたちはその世界観にコネクトし、デベロッパーたちの痕跡を感じ取り、生きる。著者がインディペンデント・アニメーションに見出し、そして今インディ・ゲームに見出すのは、まさにこの「別の」一貫性に基づいて作られた世界とのあいだの直接的なコンタクトの可能性である。それは、ゲームをプレイする身体に別種のリアリティを浸透させ、それはときにプレイヤーが抱いていた当たり前の感覚にヒビを入れ、広い視野のもとに捉えた世界へと解放していく。しかも、楽しく、気持ちよく。

現在、筆者は、和田淳というアニメーション作家とともに『マイ・エクササイズ』というゲームを制作中である（CGアニメーション作家の薄羽涼彌もプログラマーとして参加している）［二〇二〇年八月にリリース］。

二〇〇〇年代に独学でアニメーション制作を始めた和田淳は、触覚を重視した、独特の間と質感をもつ手描きアニメーション作品で注目された。山村浩二に見初められて作家・批評家集団の「Animations Creators & Critics」に参加、その後、東京藝術大学大学院映像研究科に国立大学としては初めてアニメーション専攻が設立された際、第一期生として入学。修了制作『わからないブタ』がファントーシュ国際アニメーション映画祭で学生作品にもかかわらずグランプリを受賞するなど国際的に高い評価を受けた。その後、フランス資本で作られた『グレートラビット』がベルリン国際映画祭で銀熊賞を受賞するなど、日本を代表する作家のひとりとして評価が確立している。

和田淳の作品は、ふくよかな肉体を持ったキャラクターたちが繰り広げる触覚的な表現に特徴がある。リニアに物語を語るのではなく、作家自身が「気持ちいい」と感じるようなシチュエーションや動きを独特の間で展開していくストーリーテリングの仕方も、インタラクティブなゲームの分野に向いている。

実際、『マイ・エクササイズ』は、和田淳の作品世界を全く損なうことなく、むしろその魅力を最大限に高めて伝えるものとなっている。『マイ・エクササイズ』がどんなゲームなのかといえば、スペースキーを押すと、むっちりとしたいがぐり坊主が腹筋をするという、ただそれだけのものである。いがぐり坊主が腹筋する先には秋田犬がいて、腹筋するたびにその犬の良い毛並みのなかに顔をうずめることができたり、腹筋の回数を重ねていくと次第に仲間たちが現れたりだとか、いろいろな仕掛けはあるものの、プレイヤーが関与できるのは、「ボタンを押すといがぐり坊主が腹筋する」、ただその部分だけである。

しかし、それが十分に、和田作品の世界観を伝えてくれるのだ。もしかすると、映画というフォーマット以上に。和田作品はコミカルかつユーモラスでもあるので、作品が与える印象はとても柔らかく、まったく攻撃的ではない。だが、万人受けするかといえばそうでもない。和田作品に対する反応は、むしろ二分化する。しかし、『マイ・エクササイズ』は世界観が共通するにもかかわらず、(リリース前のテストプレイ段階なのでまだサンプル数が少ないのは理解しつつも、)総じてポジティブな反応が得られている。

映画とゲームとで何が異なるのかといえば、インタラクティブ性の有無である。映画というフォーマットの場合、和田淳の作品世界は、和田淳自身が作り上げたタイムライン上で、和田淳の理想とするリズムで展開する。観客はそれを、客席という距離のあるところから眺めることしかできない。その作品の展開に対して、何かしらの作用を及ぼすことはできない。短編アニメーションにはとりわけ、作家自身が(観客の反応など意に介せず)自分自身のリズムを展開する歴史がある。和田淳の短編作品が鑑賞者の反応を二分するのも、和田がその系譜にいる作家だというところもあるだろう。リズムに乗れる人は和田淳の提供する快感を理解するし、そのリズムに乗れない人は、徹底的にわからない。

一方で、『マイ・エクササイズ』においては、快感の発生の引き金となるのは、プレイヤーによる操作である。ボタンを(パネルを)押したとき、それに応じて、いがぐり坊主は犬にバフっとするのである。ボタンを押す行為を通じて、ダイレクトにキャラクターとインタラクトすることができる。タイミングや進行のリズムを決めるのも、プレイヤーである。その世界観を、より直接的に、自分の身に、感じ取ることができるのだ。

ここで思い出すのは、スイスのアニメーション作家ミヒャエル・フライの例である。フライが手がけた初のゲーム『プラグ&プレイ』は、同名の短編アニメーション作品をゲーム化したものである。頭がプラグの人型クリーチャーたちが繰り広げる奇妙なコメディは、映画祭界隈でも高い評価を受けた。だがフライの作品もまた、和田作品同様、好き嫌いの分かれる作風である。しかしゲーム版はヒットした。その大きな要因となったのは、YouTuberたちに「発見」されたことである。プラグ人間が別のプラグ人間のお尻に自分のプラグを突っ込んでいくシーンがあるのだが、自身の操作が引き金となってその行為が起こったとき、YouTuberたちはそれを「体感」しもしくは注入され、その体感を絶叫とともに伝え、それが購買意欲をそそっていったわけだ。プレイヤーと「直接的に」作品世界がつながりあった結果として、ゲームが大きく広がっていったのだ。

和田やフライの例からわかるのは、他のメディアにおいては奇妙なものとして処理されてしまうものが、ゲームにおいては好意的に受け入れられる可能性があるということだ。個人作家のアニメーションは、一般的に考えられている映画のルールとは異なる語り口を採用することが多いがゆえに、「難解」であると評されることが多い。しかし、その独特のルールは、ゲームにおいて「楽しさ」へと変化しうる。

それはつまりこういうことである——ただ、ボタンを押すだけで、ただ、画面をいじるだけで、楽しさとともに、いつのまにか、奇妙な世界観がプレイヤーにインストールされ、その奇妙なリズムを息づかせるのだ。システムが、何か違和感のあるものたちを、いつしかプレイヤーのうちに宿す。ゲームは追体験を促進しうる。

パターンと対称性——『アンダーテール』

本稿を締めくくるにあたり、『アンダーテール』(二〇一五年)の話をしたい。トビー・フォックスが個人で開発したこのゲームは、ドット絵のグラフィックで展開されるRPGで、絶大なる人気を誇る作品だ。モンスターたちの世界に迷いこんでしまった人間の子供が元の世界に戻ろうとする(ように思える……というのは、主人公は決してしゃべらないからだ)本作は、(大きな影響源のひとつである)「MOTHER」シリーズ(一九八九―二〇〇六年）のようにファンタジーＲＰＧの約束事の世界をアイロニカルに眺めつつ、一方できわめてシリアスかつ切実に物語を語る。

『アンダーテール』は、ファンタジーＲＰＧが当たり前に考える「人間がモンスターを殺す」という関係性をメタ的に設定へと組み込みながら、憎しみあう相手同士の融和の可能性について思考させるゲームであるように思える。『アンダーテール』の戦闘はコマンド入力式ＲＰＧと弾幕系シューティングゲーム、さらにはアドベンチャーゲームが混ざりあったようなものだが、コマンドのなかには「逃がす MERCY」というものが象徴的に設定されている。主人公が最初に出会うトリエルというキャラクターもまた、モンスターを殺す必要はないと教えてくれる。

ただし、モンスターが人間に抱く憎しみがベースにあるこの物語において、おそらくほぼすべてのプレイヤーが辿る道筋は、数多くのＲＰＧがそうであるように、だいたいの場合は戦い（そしてモンスターを殺し）、たまに逃がす、というものだろう。しかし、その選択は、物語の最終盤において、どっちつかずのものとして非難され、それなりの罰が待っている（プレイした人ならわかるはずの、死にたくても死ねない、あの地獄のようなラスボス戦である）。そして、二回目以降のプレイにおいて提示されるのは、中途半端なことはやめて、モンスター全員を逃がすか（平和主義者ルート）、もしくは思う存分に残らず殺すか（殺戮ルート）、どちらかのルートである。

実際のところ、そのどちらのルートも等しく難しい。すべての敵と戦うためには、そのための意志をもってフィールドをうろつく作業が必要になってくるし、平和主義者ルートですべてのモンスターを逃がすことは、とても面倒だ。それぞれのモンスターに対して固有のパターンを見つけ、戦闘意欲を解除しなければならないからだ。とりわけ後半に向かえば向かうほどそれは複雑化し、戦わないがゆえにレベルも上がらないので、その道のりはますます困難になっていく。

だが、それが完全に不可能かといえばそうではない。選択肢自体は限られているからしらみつぶしに当たることも可能だし（相手の攻撃を避けつづけていればそれを試すことはできる――眼の前の相手のパターンを理解することで）、なによりも、攻略サイトがある。インディ・ゲームがプレイされる環境は、Steamをはじめとしてトロフィー機能が実装されていることが多く、それゆえに有名ゲームであればそのコンプリートを目指すための情報サイトがふんだんに存在している。平和主義者となるためにはどうすればいいのか、そのためのヒントは前任者たちが提供してくれるのだ。ひとりではおそらく難しいが、相手のクセを知りバイアスを廃して接し、もしくは集合知を借りることで、平和を達成することができるのである（もちろん、ページビューを求めることを第一の目的としてそういう情報を提供するサイトがあることも分かっているが、それでも、である）。

本作の影響源のひとつである「MOTHER」シリーズは、中世ファンタジーの世界ではなく現代アメリカのような場所を舞台にして、シームレスに続いていく世界のなかで、少年少女たちがギーグという悪者から地球を救っていく物語だった。この「MOTHER」シリーズは、オライリーが冗談で「「MOTHER」は現代のシェークスピア」と嘯くくらいに、インディーゲームのデベロッパーたちに大きな影響を及ぼしている（そしておそらく『アンダーテール』は、インディーゲーム以後の世代にとって「MOTHER」のような役割を果たしていくようなものとなるのだろう）。

『アンダーテール』には、「MOTHER」が達成したのはなんだったのかということが批評的に練り込まれているように思われる――それは、自分たちが生きている世界（それは現実であり、ゲームの世界でもある）から距離を置いて相対化して眺めつつ、一方でその世界に対して熱烈に関わり合うという二重の態度であり、自分自身と同じような存在と、姿形は少しずつちがえども、意志やビジョンを共有しうるということである――それは、また違ったかたちでの「世界の記述」であるように思える。

『MOTHER2 ギーグの逆襲』（一九九四年）のラスボス戦において、ギーグを倒すためには、主人公たちがそれまでの旅で出会ってきた世界中の人々の祈りが必要となるが、『アンダーテール』の平和主義者ルートの達成は、あたかも、そのギーグ戦の拡張版のようである。ただし、みんなの祈りはゲームそのもののなかに組み込まれているのではなく、ゲームの外にある――同志の存在をオンライン上に感じ、その力によって融和のエンディングへと進む。自分と同じように、モンスターも人間も互いが共存できる世界を探ろうとチャレンジをした名も知らぬ仲間たちの残した記録とともに。単にゲームをコンプリートしたいという欲望に基づいていたとしても、それでも、である。そういえば、『MOTHER2』のラスボス戦で最後の祈りを捧げる者は、ゲームの外にいるのだ――それはほかでもないプレイヤー自身である。

オライリーは、創作にあたっての自分の興味が「パターンと対称性を見つけ出すことにある」と言っている。「『Everything』では一見滑稽なほど、小さくて取るに足らない世界も徹底的に描写しています。その小さな世界の連続がこの世界の成り立ちを新たに見つめるヒントになるんじゃないかと[*13]」。パターンを見つけること――それは自分とは異種なるものが存在することの発見である。そして対称性とは――異種なるもののなかに自分と同じものが存在することの発見である。そういった観点からしても、『アンダーテール』は最終的に、異種たちと共存するための生の態度を教えるようなもののように思える。そのためには、敵と思っていた相手の「パターン」を発見して、それによって「殺す」のではなく「許す」ことが必要だ。違うパターンの存在を違うパターンのままで、しかし自分と同じようなものとして、「対称性」を感じることで。

ノルシュテインが「視線のシステム」を説明するとき、サン・テグジュペリの本のなかから、処刑が迫る捕虜兵が看守とのあいだで視線を交わすことにより死刑を免れたという例を引いていた。アニメーション映画からインディ・ゲームを眺めて思うのは、目の前の世界の異質なパターンを解析し、しかし自分にも似たところがある、自分ともつながりあうところがあるという思いを抱けるのは、ほかでもないゲームなのではないかということである。しかも、知らず知らずのうちに、コントローラーやボタンをいじりつつ、攻略サイトを眺めつつ、楽しい気持ちを感じつつあるなかで、宇宙まで存在を拡張し、その過程のなかで自分とは違うなにかを触知し、自分自身と直結させることができる。ここにもそこにもいる異質なパターンを理解し、その身に刻み込むこと――ゲームプレイの体験には、ゲームを取り巻く環境には、そもそもそんな構造が内包されているはずなのだ。繰り返しになるが、『Everything』が語るようにゲームが世界の記述であるとするのであれば、そこには「万物Everything」が含まれうるはずなのだ――自分も、自分とは違うものも、そして、想像もしていなかったものたちも。

＊1　本稿で紹介するようなタイプのインディペンデント作家にとっては、YouTubeよりもVimeoのほうが相性が良いといえるかもしれない。Vimeoはアーティストのコミュニティとしても機能しており、そこでの評判がCMやミュージック・ビデオなどの依頼仕事と直結しうる。

＊2　https://www.cartoonbrew.com/interviews/everything-creator-david-oreilly-hard-truths-moving-away-animation-150296.html

＊3　かといって、あらゆるアニメーション作家がゲームを目指すのかといえばそうではない。基本的に「手描き」「手作り」の傾向が強い業界であるがゆえに、技術的な障壁があるのだ。オライリーは、新千歳空港国際アニメーション映画祭で講演をした際、アニメーション（映画というフォーマット）とゲームは日本語と中国語のような関係だと言っていた。作品を構成する要素や見た目は似ているのだが、それを組み立てているシステムが違うということを意味してのことである。現状、アニメーション作家がゲーム制作をする場合、その意図を理解してくれるプログラマーと組んで行う場合が多い。オライリーの場合であればダミエン・ディ・フェデ、後

に登場するミヒャエル・フライの場合であればマリオ・フォン・リッケンバッハ、こちらも後述する『ナイト・イン・ザ・ウッズ』もアニメーション作家のスコット・ベンソンがゲーム・デザイナーのアウレック・ホロウカらと組んでいる。

＊4 https://jp.ign.com/everything/26464/interview/3dcgmountaineverything

＊5 https://www.inverse.com/article/21826-david-oreilly-everything-interview

＊6 デイヴィッド・オライリーの発言。http://boundbaw.com/inter-scope/articles/10

＊7 http://www.animations-cc.net/criticism/c014-basicanimation01.html

＊8 オライリーの『Everything』をプレイした人であれば、動物たちの動きの奇妙さに驚かされたことだろう。動物たちは人形のように回転しながら歩く。それは、なめらかなモーションを用いるかぎり（つまり現実世界のリアリティに従うかぎり）、リアリティを決して得ることができないという冷静な判断ゆえのことである。『Everything』は、あえて別種のリアリティをねじこむことによって、独自の作品世界＝宇宙を作り上げるのだ。

＊9 https://jp.automaton.am/articles/interviewsjp/20170525-47328/

＊10 ノルシュテインと追体験概念についての詳細は、拙著『個人的なハーモニー——ノルシュテインと現代アニメーション論』（フィルムアート社）を参照のこと。

＊11 ユーリー・ノルシュテイン「インタビュー「交わらぬはずの視線が交わるとき……」」アナスタシア・プシュコーワ訳、『表象』第七号、二〇一三年、四八頁。

＊12 http://offscreen.com/view/brothers_quay

＊13 http://boundbaw.com/inter-scope/articles/10

初出：『ゲンロン9』（ゲンロン・二〇一八年一〇月発表）

孤独のかたちを掘り起こす隙間
――近藤聡乃の短編アニメーションと『A子さんの恋人』

二〇一五年に第一巻が発売されて以来、『A子さんの恋人』を貪るように読んでしまった。それは、世界のインディペンデント・アニメーション作品を紹介し広めることを生業としている僕にとって、このマンガの作者である近藤聡乃が短編アニメーションも作っているからという職業的な意識からだけではなかった。ストーリー・マンガとしては前作になる『うさぎのヨシオ』に強い感銘を受けていて、その作者の新作だから、というのももちろんあったが、やはりそれだけではなかった。なにか体のもっと奥底で、このマンガがいま必要だと感じたのだ。自分の身の深いところに、染み透らせなければならない、と強く思った。何に対してそう感じ取ったのかといえば、このマンガが描き出す「人間」のかたちである。

僕がアニメーションに強い関心を持つようになったのは、それが人間という存在についていろいろと示唆を与えてくれるものだからである。アニメーションにおいて、すべては作りものであり、記号のようなもので構成されている。実写と違って人間そのものが画面に登場せず、作り手と観客のあいだに「これが人間である」という共通の了解が結ばれることで初めて、アニメーションは人間を描ける。だからこそ、作り手（や想定される観客）の人間観がそこには濃密に注ぎ込まれているわけで、それが時代や地域の違いや個々の作り手それぞれによって微妙に異なっているところがアニメーションにおいては面白い。

二〇〇〇年代から二〇一〇年代にかけて、アニメーションが描く人間観は、緩やかに、しかし大きく変化した。端的に言えば、頑なに守られていた「私」の領域が崩壊し、核や境界を失って、世界のなかに混ざり込んでいった。とりわけ、「孤独」であることに価値が見出されなくなっていた。人とは違う視点で世界を眺めることや、自分自身の領域とでもいえるものを守る態度が後退し、孤独であることを解消して世界との同調を求めるほうが主流になった。皆とは違うこと、時流に乗らない（乗れない）ことが、安堵ではなく不安をもたらすようになったと思えた。

とりわけ消えたのは、内側への志向である。そのかわり、外側――目の前・身の回りにいるもの・あるもの――へのケアの度合いが増した。たとえば新海誠の作品はそんな時代の人間観をうまく捉えている。失われてしまったなにかを求めて、究極の外側へと向かいオカルト的なスケールへと直結していく。この傾向は短編作品にも現れていて、個の表象が垂直的な深みを持つものではなく、周囲の環境のなかの一部として溶け合うようなものとして提示されるようなことが増えた。「私」の世界を描くものとしてのアニメーションが、孤独であるだけでは成立しなくなったのだ。

二〇一〇年代とは、内面や無意識、ざっくりと言えば個人の内側の領域が、探求するに値する場所ではないとみなされた時代で、それは一面においてはとても良いことではある。「私」の領域が曖昧になることで、自分自身に他者と混じり合うなにかを見出すことができるようになったし（湯浅政明が描く混血性）、関係性のなかで自分自身を捉えることによって、世界を抜けの良い、信頼に値する場所として捉えることも可能になる（『犬ヶ島』のウェス・アンダーソンや山田尚子の劇場用長編）。

だが一方で、「私」が消えていくそのような傾向のなかに、どこか寄る辺なさというか、自分自身の根本的な存在条件を周囲の状況に委ねてしまうような、そんな傾向に漠然とした不安も感じた。水平的なものに寄りかかりすぎていて、それはふとしたときに、人間の存在に完全なる崩壊・倒壊をもたらしてしまうのではないか。個として存在していることが、まったく意味のないものになるのではないか、と。

『A子さんの恋人』は、そんな不安を感じる僕に対して、「これだ」というものを提示してくれたのだ。なにが良かったのかと言えば、このマンガには、外側と内側への志向のバランスがあった。サバイブしていくためには、そのどちらに寄りすぎてもいけないということ、両輪が必要だということを、改めて認識させてくれたのだ。

このマンガは、同じ年代に属し同じ業界で仕事をする、似た属性の人たちによるラブコメ・群像劇であり、外側の関係性だけで成り立っているように見える。しかし一方で、本質的には、あらゆる登場人物たちは、自分自身との対話・モノローグによって、決断をする。様々な状況に振り回されながらも、他人に委ねきることはなく、最終的には自分と向き合うことによって、自らの実存に対する答えを見出していく。それぞれのキャラクターに、孤独な空間が宿っていることを描くのである。A子、A太郎、A君といったメインのキャラクターだけがそうなのではなく、ヒロくんや山田といった少し引いたところにいる人々にもそのような領域があることが、十分に感じ取れる。SNSに耽溺しすべての行動が外に現れる、究極的に外側志向の存在に思える「あいこ」でさえもそうなのだ。このマンガで最も感動的な部分のひとつである第四巻の「あいこの乱」は、周囲を巻き込んだうえでの、壮大な内言であり、彼女は自ら（勝手に）結論に至っている。この「内側」の感覚が、「個」が改めて生まれていくようなこの感覚が、とても心地よかったし、読んでいる自分自身にもそのような領域があり、そこを掘り耕していくことをしていいのだと思わせてくれた。自分自身を寄る辺として見出していいのだと。

だからといって、『A子さんの恋人』の登場人物たちは、他人を必要としないわけではない。みなはそれぞれ相手を照らしあい、ときには鏡のように写しあい、まずいときには救い合うことができる。A子のデビュー作をめぐるA子とA太郎の葛藤は、孤独の領域の恐ろしさに満ちている。その領域は、沈殿してしまえばともするとその本人を壊し、殺しかねないような恐ろしい領域だ。A太郎が後半に頻繁に見せる表情は、軽いラブコメだと思って読んでいると、背筋が凍るくらいに恐ろしい。

この、すべてを無に帰してしまうような、暗くて、無の領域が、自分自身に眠っていること。その恐ろしさは、かつてより近藤作品に親しんでいた者であればおなじみだろう。「アニメーション作家」としての近藤聡乃が描いていたのは、まさにそういうものだったことを思い出す。

近藤聡乃は多摩美術大学グラフィックデザイン学科出身で、在学中に作った短編アニメーション『電車かもしれない』でその名を轟かせることになる。多摩美術大学グラフィックデザイン学科（通称タマグラ）は、インディペンデント・アニメーション界においてはおなじみである。AC部、加藤久仁生、水江未来、ぬQ、冠木佐和子、久野遥子……狭義のアニメーションの枠に囚われない、自分自身の世界を存分に確立して作品制作を行う個人作家たちを、次々に輩出しつづけている場所だからだ。

近藤聡乃がデビューした二〇〇〇年代前半は、個人作家によるアニメーションがブームを迎えた時代だった。美術大学に次々とアニメーション学科が作られた。パソコンとソフトウェアの普及によって個人レベルで作品を作ることが可能になった。宮崎駿の『千と千尋の神隠し』（二〇〇一年）と並んで山村浩二の『頭山』がアカデミー賞にノミネートされ、（さらに同時期には新海誠が「ひとりでアニメを作った」と評される『ほしのこえ』で評判となり）個人制作に対する一般的な認知度が高まり、NHKの『デジタル・スタジアム』が若手の登竜門として機能しながら、文化庁メディア芸術祭がアニメーション部門を設置することで「公の」太鼓判も押した。「アーティストが作るアニメーション」が一般化していったのだ。映画祭という場や、二〇〇〇年代後半にはYouTubeをはじめとする動画サイトも普及していく。

個人作家、とりわけ学生作家たちは、「どのような絵柄なら売れるか」という観点から解き放たれ、自分自身のスタイルを追求する短いアニメーション作品を作り、発表した。二〇〇〇年代に多かったのは、自らの心象風景や、誰にも邪魔されない自分自身の空想空間を描くものだった。実写ではなく絵によって作られるビジュアルが、自らが認識し生きている世界が持つ歪みを表現するのに向いていた。「みんな」が見ている世界と「わたし」が見ている世界が違うことを、雄弁に語れるフォーマットだったのだ。そこで描かれるのは、自分自身が安心できる場所を作り出すことでもあった。ノスタルジー、幼年期の記憶……自分自身の、自分自身にしか触れることのできない原点のような場所を再訪し、自分自身を取り戻せる場所を、アニメーションによって作っていった。それは、温かさのある場所だった。

二〇〇〇年代の個人作家たちに影響を与えていたのが、社会主義圏やカナダの国立スタジオの短編作品だったことも大きいだろう。社会主義圏で数は少ないながらも作られた、全体主義体制のなかで密やかに生きる領域を描く作品が日本では人気があったし、（二ヶ国語が共用語で多文化的な視点を持つことがきわめて重要な）カナダはむしろ国家の戦略として、世界中の個人作家を呼び寄せて自分自身の手法で作品を作らせた。「アニメーションは個人的な世界を描くのに向いている」と考えたノルシュテインの作品が大きな影響力を持ち、『霧のなかのハリネズミ』や『話の話』が日本の短編アニメーション・シーンの表現の基調をなしているとさえ言えてしまうところもあった。二〇〇〇年代はノルシュテイン本人が毎年のように来日していたこと――『A子さんの恋人』の主な舞台である阿佐ヶ谷の映画館である――も影響しているだろう（ただ当のノルシュテイン本人は、若手個人作家たちの作品を見て、「自分の世界に閉じこもっている」と繰り返し批判しつづけていたのだが）。

近藤聡乃のアニメーション作品は、それら二〇〇〇年代の個人作家たちの作品と、似ているようで違うものだった。そのひとつの理由は、近藤がアート界に軸足を置いており、アニメーション界ど真ん中にいたわけではないからということもあるだろう。

今でもはっきりと覚えているのは、近藤作品を初めてギャラリーで観たときの経験である。あれは、恵比寿にあったころのミヅマアートギャラリーにて、二本目の短編アニメーション作品『てんとう虫のおとむらい』（二〇〇六年）の展示を観たときのことだった。当時の自分は映画やアニメーションのことしか知らない大学院生で、とにかく「優れたアニメーションとはなにか」ということをアニメーションの歴史と今とを照らしあわせながら考えることしかできなかった。そのときの自分の評価軸は、「動きがその作家独自のリズムになっているか」「ビジュアルが個人的なものとして筋が通っているか（なんとなくの借り物で構成されていないか）」「構成が独特のものであるか（ストーリーとキャラクター・ドリブンな「ショートショート」的なものではないか）」というものだったと思うが、そんな頑なな瞳から眺めた近藤作品は、一番最初の基準からすると「動きが冷たくてそっけない」ものに見えた。

当時は動画制作のためのソフトウェアがアーティストたちのなかで浸透しはじめたばかりの時期で、いわゆる「デジタル切り絵」のような、「自分の描いた絵をソフトの力を借りて動かしてみました」的な作品がとても多く、「アニメーション＝独特のリズム」派である自分としてはそういうものに対する憤慨を抱いていたので（なぜならソフトウェアを無批判的に使って動かした作品はすべて同じリズムになってしまうから）、近藤作品の動きの「冷たさ」「そっけなさ」がとても気になったのだろう。展示会場では大量の原画がそれぞれ一枚の絵として展示されており、そのことにも驚いた記憶がある。やはりアニメーション＝運動主義者としては、（ノーマン・マクラレンの「アニメーションの定義」に書かれているように）絵とは運動を生み出すための副次的なものであり、アニメーションの原画それ自体は価値を持たないものであると考えていたからだ。それは、作家本人の「リズム」を有機的に刻むためのものであるべきだと。だがおそらく、「作家本人の有機的なリズムを刻まない」ことが重要だったのだ。むしろそのリズムが断たれる可能性がある、ということこそが。

二番目と三番目の基準がその道標になる。近藤聡乃のアニメーションは、「私」の世界の表現として、そしてかなり独特の構造を持った短編作品として、他に並ぶものがないように思えた。とりわけ前者について、前述したような「恐ろしさ」を感じるほどの深みのある「私」の世界が描かれており、作品自体には虜となった。近藤聡乃作品における、恐ろしき暗黒の深みを持った「私」の世界。それは、絵画作品においてより強く感じられた。絵を観る目がグッと惹きつけられ、呑み込まれてしまう感覚に襲われる。もしくは近藤聡乃はエッセイも恐ろしい。『不思議というには地味な話』に収録されたエッセイは、近藤作品に常にあるユーモアによってかろうじて最深部分までは引きずり込まないものの、そこに入り込んでしまってはもう二度と還ってこられないのではないかという隙間が、そこらじゅうにはりめぐらされているように感じられた。日常と思っていたものがふとした瞬間に終わりを告げてしまうかもしれないこと（団地の十階の女性の話……)、自分だと思っていたものが少しの油断のうちに乗り変わられてしまいかねないこと(シャワーを浴びて戻ってきたときに出くわしたら一番恐ろしいものはなにか、という話)、記憶や思い出と言った最もパーソナルなものも、乗っ取られ、もしくは捏造可能であるということ(人の不思議な思い出を自分の思い出としてしまうこと)……「私」とは、そこらじゅうにはりめぐらされた闇の隙間にいったん足を取られてしまえば、もうまったく別のものになってしまう。そんなふうに、自分に対する認識を新たにさせられてしまうのが近藤作品なのだ。

そういったことを頭に入れたうえで、いま、改めて近藤聡乃のアニメーション作品の肝——とりわけ運動のリズムの観点から——はなにかというのを考えてみると、それは、「(コマをつないで)動きをつくる」ことではなく「動きのあいだに(コマのあいだに)隙間がある」ことなのだ。アニメーションとは(CGの例もあるので、近藤のような手描きアニメーションの場合は、という留保をつけておく)、それぞれの絵のあいだに無数の隙間・穴が空いた表現手段である。それらは連続したものに見えるが、実質的には連続していない。かつての僕が最上のものと考えていた「アニメーションだからつむげる独特のリズム」とは、その隙間をいかにして見せないか、と言い換えられる。その基準における優れた作品は、隙間だらけの世界のなかで、いかにして自分自身の有機的な世界を築きうるのか、その成功例なのである。

それは、本質的なそれぞれ別の次元に属するかもしれない無数の瞬間を、「いまここ」の水準に無理矢理におさえつけることであるともいえる。たとえば、傑作長編アニメーション『失くした体』の監督ジェレミー・クラパンは、スムーズで有機的な動きはキャラクターを日常的なリアリティの次元に縛り付けてしまうと言っている。一九九〇年代のパリを舞台に、鬱屈した状況を生きる移民の青年が新たな生を見出していく物語を語る『失くした体』では、キャラクターはかなりの程度リアルに(解剖学的に正しく)描かれつつも、一方で中割の枚数を減らし、動きとしては多少ガタついたものとすることによって――それは低予算で2Dと3Dのハイブリッド長編を作るためのやむを得ない方法論でもあるわけだが――、最終的な「跳躍」を可能にする。今までの延長線上にはない、別の次元のルートにある人生を選ぶのだ。

近藤聡乃のアニメーションで起こっているのは、言ってしまえば、隙間を通じた別次元への跳躍を、「私」の内的空間のなかで頻繁に繰り返す、ということだ。それは、アニメーションが空間的・時間的に本質的には連続していない（連続の感覚はイリュージョンでしかない）ということを意識しているということでもある。今回改めて近藤聡乃のアニメーション三作品を見直して思ったのは、ドローイングによる作品ではあれど、そのうまさや本質はむしろそれらのドローイングを用いていかにコンポジションしていくのかというところにあるということだ。画面のなかに何を配置するか。編集において次のシーンにどのような変化を置くか。どの色とどの色を対置するか。画面をいかに反転するか。そういったことへの意識に溢れた近藤聡乃のアニメーション作品は、パターン認識を司る脳の部分に直接的な刺激を差し込むかのように、現実感覚をグラグラとさせる。

第一作『電車かもしれない』（二〇〇二年）は、多摩美術大学在学中に作られたもので、おそらく（好きな音楽のミュージックビデオを作るという）授業の課題の一環として作られたものであると想像できるが、反復するモーションの作り方や、その並べ方・見せ方にハッとさせられる。「ちっ」「ぽ」といったオノマトペの使用もあいまって、シーンの切り替わりや動きのメリハリが、本来ならば鳴っていないはずの音や刻まれていないはずのリズムを脳裏に彫り込んでくる。

『てんとう虫のおとむらい』は運動の創造としてのアニメーションとしても前作に比べてかなりゴージャスになっているが、なによりも観客を官能的に刺激するのは、乾いた空間に粘性が溢れ出すことによる、異なる質感の対置である。運動もまた官能を掘り起こす。てんとう虫の回転は平面的な空間に突如として奥行きを知覚させ、そして粘性により溶け合うことで、観る者の脳をまるごと絡め取っていくようになる。

ふつう、アニメーションは同じ現実の水準でまっすぐと進むものなのだが（元々が作り物の世界ゆえにそうしないと混乱がもたらされてしまう）、近藤のアニメーションは、それを裏返し、ひっくり返していく。白黒を基調とするなかで浮かび上がる赤の色は、分裂する少女二人のまわりを無数のボタンとして飛び交うとき、その動き方はそれまでのシーンから予想させるのよりも遥かに多い情報量とともに舞うので、ここでも観客の脳はかき乱されるだろう。最後に残る謎めいた動きもまた、そこにはなにかがあると思わせる。なにかを意味しているのだろうが、どうもそれがつかめない、宇宙人のジェスチャーのように。

アニメーションとしては目下の最新作である『KiyaKiya』（二〇一一年）は、その宇宙人のジェスチャーのようなものを作品全体の雰囲気から漂わせ、なにかがただ存在している状態を現出させる作品であるかのようだ。読み取ることのできない言葉を当たり前のように発しながら紙芝居をめくる少女。そこに登場する、異物のようで異物ではない（少女から生まれ出て、しかし少女の存在を溶かすような）赤と青の小さくてかわいく不気味な動物。つながっていながら相反している要素を空間的に時間的にもコンポジションし、反転させていくことで、いかにして瞬間的に世界の反転がもたらされうるのか……すべては「自分」であり、脳の刺激のなかで日常は溶け、これまで作られた自分は分裂し、揺さぶられる。まるで深遠なる暗闇へと呼び込まれるようだが、しかしなにか心地よくもある。

反転や、違う質感の共存。それらは、私自身の脳内の深みの発見へと誘い込む。「私」は広く、深い。日常を過ごしていくうちに作られる連続的な「私」というイリュージョンが、そこを踏み抜けばすぐにその深みのある空間へと砕けて落ちていってしまうような、そんな隙間だらけのものであることを、近藤聡乃のアニメーションは、改めて認識させる。

『A子さんの恋人』の話に戻ってくれれば、このマンガが素晴らしいのは、人間関係や目の前の現実といった外的なレベルの関係性を描く物語として卓越していると同時に、人々のあいだの本質的には超えることのない「隙間」についても意識的であり、それを通じて、内的なる領域を深く尊重するからだ。『A子さんの恋人』は、「隙間」を意識していく過程の物語であるともいえる。似たもの同士のあいだで、他人を自分自身の似姿やなりたい姿として──つまり「鏡」として──認識することをやめ、本質的に「別もの」として捉えはじめること。この作品は、A子とA太郎が「鏡」の存在であることから抜け出し、「別もの」同士の存在として生き始める物語であり、そういう意味において、「別もの」同士がいかに生きうるかを考えたいと提案するA君を最終的に選ぶのは、至極もっともな結論に思える。

終盤に繰り返される砂浜のメタファーのシーンが感動的なのも、それゆえだ。登場人物のそれぞれが、自分自身の居場所を誇りに思い、それゆえに世界の広がりを気持ちよく体感する、あの途方もなく明るい、希望に満ちた象徴のシーン。孤独に寄りすぎて闇に飲み込まれたり壊れてしまうことなく、一方で社会的であることに振り切れることもなく（振り切れそうなあいこでさえも戻ってきて）、孤独であるからこそ人を照らし、関係を結べるからこそ孤独でいられるということを描く『A子さんの恋人』は、いまの時代を適切に生きるためのモデルを示す作品に思えた。だからこそ、僕はこのマンガと並走することに喜びと必要性を感じたのだろう。

ただそれは、唯一の正解ではない。先日行われた『A子さんの恋人』と『ニューヨークで考え中』の合同トークイベントで、A子が自分ひとりで生きる選択肢もあったということを作者が語っていたことを思い出す。今回は全員が誰かと生きることを選んだが、当然ながらそうではない選択肢もありえるはずで、次は「ひとりで生きる人」を描きたいと言っていたことを。さらには、二〇一九年のアヌシー国際アニメーション映画祭（世界最大のこの映画祭において、近藤は日本特集のメインビジュアルを担当していた）にて、『A子さんの恋人』の終わりが見えはじめていた作者と話したとき（『ニューヨークで考え中』第三巻に僕自身も少しだけ登場している）「そろそろアニメーションを作りたい」と語っていたことを思い出す。つまり、ひとりコツコツと、果てることない繰り返しの作業（エッセイにも、そういう作業が好きだからこそアニメーションを作っているのかも、ということが書かれていた）に乗り出したいということを。

「孤独な人」「ひとりで生きる人」をどう描くのか。そういう人たちがどうサバイブしうるのか。それを近藤がどのように描くのかを、元々が「個人的な」世界を描く作品に惹かれてこの業界に入った僕は、とても楽しみに待っている。

初出：『ユリイカ』二〇二一年三月号「特集＝近藤聡乃」

アニメーションが失ったもの

――さよなら、アニメーションの無意識たち

またいつか世界を信じることができるようになる日のために

——今敏・没後十年

二〇二〇年、没後十年が過ぎて今敏がアニメーションの世界にもたらしたものについて改めて考えたとき、その作品や作風が、映画の歴史のなかに着実に居場所を築いていることに気づかされる。僕が活動の拠点にしている（アニメーション）映画祭シーンでの経験でもそれを感じる。日本のアニメーションで好きな作家の名前が述べられるとき、ミヤザキやタカハタといった名前と並んで、（それらの名前の日本における一般的な知名度と比べると異常なほどに高く）ユアサやコンの素晴らしさを熱っぽく語る人たちに多く出会ったことを思い出す。

湯浅政明は現在最も忙しいアニメーション監督のひとりとなっているが、それは『マインド・ゲーム』をはじめとする仕事の海外でのカルト的人気が「逆輸入」のようなかたちでもたらしたものであることは間違いない。彼の作品は多くの若手作家たちに影響を与えて、尊敬を得ている。今敏もまた然りで、「日本アニメ」にとどまらず、世界のアニメーション／映画にその存在が浸透し、言及されて当然の存在となっているのだ。

ただ残念なのは、湯浅政明がアニメーションの「現在」を作る監督となっている一方、すでに亡くなっている今敏は残念ながら現在を更新するチャンスをもたないということだ。だからこんなふうに言うのはフェアではないと思いつつも、今敏の作品を見返したときに、それが「歴史」の一部になってしまっているということも、率直に感じた。二〇二〇年の現在から、少し「遠い」ものに感じられたのだ。

「歴史に埋もれた」と言いたいわけではない。むしろ、今敏は「歴史を作った」のだ。三〇代後半の僕がアニメーションの世界に積極的に身を置くことに決めたのは二〇〇〇年代の中盤を過ぎた頃で、当初はとりわけ個人作家の作品ばかりに注目していたので、今敏が存命中に作品を発表していたとき、その作品がどんなふうに受け止められたのか、当時の空気感はわからない。しかし各種文献や本人の言葉を見る限り、「王道」であったわけではないだろう。むしろ、かなり変わったものとして受容されたのではないかと想像する。

それに、武蔵野美術大学で教鞭を執り、『デジタル・スタジアム』への出演をはじめ個人作家たちと関わる機会の多かった今敏は、個人作家的なものとも親和性が高かったように思える。実際、今回作品を再見するなかで、二〇世紀から活躍をした数々の世界の個人アニメーション作家たちとのつながりを感じることが多かった。今敏の作品はそれらの作家の作品同様に、ひとつの「王道」のようなものとしてしっかりと歴史のなかに佇んでいて、しかし一方で、その作品には今や遠いものとなってしまった何かが感じられるのだ。

今敏が開拓して先導し、彼に影響を受けた後続の作家たちがそれに続き、地ならしをして固めたのは、「大人」向けの「映画」としてのアニメーションの可能性だったといえると思う。ただしその「大人」とは、オタク的なカルチャーを引きずりながら成長した大人である。「ジャンル」を理解する感性を持つ人々、とでも言うべきか。カナダ・モントリオールのファンタジア国際映画祭が、アニメーション部門の名称に今敏の名前を冠しているというのが象徴的だ。この映画祭は、いわゆる「ジャンル映画」を対象とした世界最大規模の映画祭だからだ。自分たちが熱狂を覚えるものが約束事に基づいたものであることをある程度理解しているということを忘れない、嗜みのある人たちのための映画を、今敏はアニメーションによって作り上げた。

今敏の作品は、「アニメーション」ではなく「映画」と言いたくなる。もっと言えば、「ドラマ」とさえ。今敏の作品は、人間をしっかりと描写する。人間たちが暮らす、もしくは自分自身の脳内に作り上げる夢や狂気といった世界もまた然り。人間が直接的に関わったものであれば、なんでもだ。今敏は人間の心理を重層的なものとして描き出す。いくつものレイヤーが重なり合い、ときには混ざり合うようなものとして。人間の心理が複雑な構成物であることを描くのだ。夢や現実が混ざり合い、過去の記憶はフィクションに支配される。その過程のなかで、その人工性をも暴く。登場する人間たちはどの人も、ずっしりとしている。物理的な重みを感じ、あたかも本当の人間であるかのような存在感を感じてしまうほどに。それゆえに、とても実写的なテクスチャーを感じる。

今敏の映画においては、現実も夢も、想像も実在も、なにもかもが同じ地平のなかで同じようなリアリティの感覚を持ちつつも併存する。それは、デジタル時代の映画制作の原理ともつながりあうものである。つまり、コンポジットとしての映画である。ソフトウェア上で組み合わされる素材はそれが実写由来だろうがなんだろうが関係なく、等しく素材として扱われる。すべての映画はアニメーションになる、といった言説の例を考えるうえで、その根本的なアイデアを与えてくれるのは今敏の作品なのではないかということも、今回作品を見直して強く感じさせられた。

いまや大規模な実写映画を見れば、ＣＧも実写も混じり合い、キャラクターを与えられそれを自らの身体に宿らせる人間（つまり俳優のことであるが、今敏の作品を観たあとではそんなふうに表現したくなる）がそれを支える。人間を中心としたドラマでありつつ、なんでもありのファンタジー空間を作る手法としての映画。その原型が、今敏にあるように思えてくる。今敏が「歴史を作った」ように見えるのは、そういった理由である。

一方で、今敏の作品を二〇一〇年代以降のインディペンデントなアニメーションの文脈で見直してみたときに感じられるのは、ある種の「銘品」「骨董品」のような感覚である。優れたアルチザン的な技能によって作られた一級の作品であり、歴史を考えるうえで観ておかねばならないなにかであるのだが、一方で、現在とのあいだに直接的なつながりを見出すのがなかなか難しいなにかでもある、という感覚だ。ある時代の記憶を、懐かしみとともに見るような、同じようなものが同時代に現れるのは難しいと思わざるをえないような、そんな気持ちを抱かせるのだ。

何にそれを感じたのかといえば、先程実写映画のほうに継承されていったのではないかと指摘した「人間描写の重厚さ」に対してである。もしくは、すべてが人工的に作られているという、その世界観である。人間が、あまりにも世界の中心にいすぎるのだ。

そう感じたのには、僕自身が現在、棒線画によって人間や世界を描くタイプのアニメーション作品を積極的に紹介し、愛着を抱いているという人間であることも大きく影響しているだろう。しかもそういったタイプのアニメーションが、僕のような一部の好事家たちに好まれているというだけではなく、ある一定の規模で受容され（それこそ、アカデミー賞にノミネートされる程度には）、無視できないような文脈を作りあげていることを考えると、余計にそう思うのだ。

二〇一六年のアカデミー賞にノミネートされたドン・ハーツフェルト(短編アニメーション部門ノミネートの『明日の世界』)やアレ・アブレウ(長編アニメーション部門ノミネートの『父を探して』)といった作家たちは、人間を「まるかいてちょん」の棒線画で描く。だが驚くべきことに、それで人間の描写としては十分に感じられてしまう。私たちの持つ複雑さが、十分に反映されているように思えてしまう。そういう時代が訪れたとき、今敏による「しっかりとボリュームを持たされた人間」の描写は少し過剰に思えてしまうのである。

棒線画が人間描写として十分に思えてしまうこと、それは、人間がどのような性質を持ったものかという理解にもまた影響を及ぼす。そういう観点から眺めてみても、やはりなにかが決定的に変わってしまったという気持ちを抱かされる。

今敏が「夢」や「演技」といったテーマを通じて執拗なまでに描いたのは、人間の心理の重層性だ。人の内面が、いかに立体的で肉感的で複層化してこんがらがりうるものであるかということを、今敏は描いた。一方で、棒線画の作家たちが描くのは、人間には内面なんてものは存在しないのではないか、ということだ。棒線画のキャラクターは、その描写としてのシンプルさゆえに、常に、周囲との関係によってその存在の質感を変えていく。内面や独創性を持つ人間として感覚されることもあるが、他の誰とも変わらないまったくの匿名的な人間であるように思えるときも多い。今敏の作品では、ある主体の想像や空想が世界に大きな影響を及ぼす。それは、人間が世界を意味づけるということである。一方で、棒線画の人間にそれは難しい。むしろ、世界が人間に意味を与える。そのような環境のなかで、人間は波間に揺られる存在のように無力なのだ。

棒線画のアニメーションを観ると、脳が常に動くのを感じる。状況に応じて、観ている世界が持つ意味が少しずつ揺らぎ、変化していくからだ。リアリティの階層もまた変わっていく。アニメーションを観るときに観客の脳で起こる変容について、僕は自分の本で「原形質性」という言葉で語ってきた。この性質は今敏のアニメーションにおいては起こらない。もちろん、今敏のアニメーションにおいては、現実だと思っていたものが夢だったり、その逆になることも頻繁に起こる。だがその変化は、ショット間の関係性で起こっていく。実写映画においても可能な方法論において、である。

さきほど、今敏はアニメーションを「映画」に近づけたと言った。とりわけ、デジタル時代以降の映画と親和性が高いとも。それは、出自の違う素材を同じリアリティのなかに吸収してしまう方法論を見出したということである。完全に成熟した大人とは違って、あれもこれも、現実も虚構もすべて一様にリアルという枠に囲ってしまえる方法論である。その方法論においては、脳は動かない。いつもの現実を生きる際の脳のままで、その安定した作品世界に入ることができる（その安定があってこそ、今敏の「騙し絵」は活きるようになるというのが少しややこしいのだが）。

一方、棒線画のアニメーションが近づくのは「映画」ではない。ロシアのアニメーション作家ユーリー・ノルシュテインは、アニメーションは原理の部分において映画よりもむしろ文学や演劇に近いと語っている。約束事が介在することで、目の前に見ているものと、それが表す世界のあいだにズレや流動が起こるからだ。棒線画のアニメーションは、そちら側に属する。現実と信じられているものは常にファジーに流動する。今敏の映画のように、はっきりと存在したうえで混ざり合うのではない。そもそも拠って立つ土台がなく流動的で、すべてが関係性で決まっていくし。夢や現実のあいだのヒエラルキーは、端から存在しない。観客とのインタラクションがあって初めて決まる、ファジーなものである。

近年、ゲームエンジンを活用したアニメーション作品が目立つようになってくることで、アニメーションにおける人間はよりもっと不確かで曖昧で寄る辺ない存在となってきた。それらの作品において、従来のように作画によってではなく、プログラムによって動く人間たちの群れを見ていると、人間は自分自身の意志によって動くのではないのだということを思わされる。環境にただ反応し、右往左往するだけなのだ。そこに「ドラマ」は生まれ得ない。内面などないままに、ただ曖昧に、流動的に動いている人たちだけが存在する。

今敏の作品の世界観は、個人作家によるアニメーションの歴史が生み出してきたものと似ている。とりわけ、二〇世紀後半に活躍した作家たちによるものである。

今回今敏の作品を見直して、まずはヤン・シュヴァンクマイエルのことを思い出した。たとえば、社会主義政権下のチェコスロバキア社会主義共和国時代にシュルレアリストとして活躍を始めたシュヴァンクマイエルが、自身の国の伝統である人形劇の人形をモチーフとして使いつつ、「不正操作」ということを言っていたことである。個人は全体主義のシステムによって操られている、ということだ。それへの抵抗として、シュヴァンクマイエルは自分自身の秘められた快楽や、プライベートな感覚である触感への沈潜を主張する。個に内面や深みを見出すことによって抵抗しようとするのだ。ただそれは、今となってみると、陰謀論的な世界観にも思えてくる。誰かの陰謀が私たちに影響を与えている。それが及ばぬ範囲へと逃げ込めば、そこから逃れることができる。そこには、私たちは私たちを不正に操作するそのカラクリに気づいている、という意識がある。ある種の選ばれし者としての性質が、そこには、こびりつく。

皆が気づいていないカラクリに自分自身は気づいている、ということ。皆は私と違う、ということ。それは、二〇世紀の個人作家たちの作品にも見られるものだった。ソ連時代からエストニアで活躍するアニメーション作家プリート・パルンは、全体主義のシステムが崩壊したとしても、そこに待っているのは自由ではないと考えた。ベルリンの壁が崩壊した直後に作られた『ホテルE』（一九九二年）は、自由を重んじるように思える西側社会は実際においては逃げ込むための個の深さや抵抗の契機が存在しないフラットで表層的なものであると語った。資本主義体制下で作られた『カール・アンド・マリリン』（二〇〇三年）は、カール・マルクスとマリリン・モンローという東西の「英雄」たちのイメージを弄ぶことで、メディアが人々を支配することを主張した。

今敏の作品の世界観は、この作品に近い。人々は、従属し信仰するためのなにかを必要としている、ということを世の中のカラクリとして鋭く指摘しようとする点においてである。『パーフェクト・ブルー』（一九九七年）はアイドルを、『妄想代理人』（二〇〇四年）は（アイコンとしての）キャラクターを、『千年女優』（二〇〇二年）はスター女優を、それぞれ崇拝を受けるべき対象として描いているし、『パプリカ』（二〇〇六年）における女性パプリカもまた、聖母的な性質を帯びている。そしてパルンがキャラクター化したマルクスやマリリンの表層性を暴くのと同じように、今敏もまた、人々が崇拝するものの虚実を暴き、相対化しようとする。だが、パルンの『カール・アンド・マリリン』はかつての作品と比べると鋭さに欠けている。それは、人々をジャッジする側に立っているからかもしれない。そこには何かしら、自分を上に置く意志が感じられる。それこそ、「操作」する側に回るような。

今敏が行う数々の映画の引用行為は、実験映画の文脈におけるファウンド・フッテージという手法を思い出させる。ファウンド・フッテージとは、過去の映画（もしくはテレビなどのメディアで流れた映像）を集め、それをコラージュしたり操作したりして作られる作品である。それは、使用されるフッテージが属する歴史や文脈を批判的に眺め、新たな視点から位置付け直し、多くはそこに眠っている権力性や視野の偏りを暴くものである。

今敏とファウンド・フッテージの映画の類似を思ったのはつい最近のことで、二〇二〇年、とあるアヴァンギャルド映画祭の審査員をしていたときである。そのとき審査の対象だったとある短編映画は、ヨーロッパの過去の映画を素材として用いたファウンド・フッテージものだったのだが、もちろんコンセプトとしてその作品がやろうとしていることはわかるものの、一方で、そこで「大衆的な」そのイメージを操作している作家自身の視点にある種の優越性のようなものが種として埋め込まれてしまっていることに、疑問を持った。同時に、そこで対象とされているヨーロッパ映画の歴史というものを相対化することが、一体どういう意味を持つのかも、わからなかった。

おそらく、十年前や一五年前には、僕はそんな感想を抱かなかったはずだ。でも、今はもう違った。それは皆が共有している歴史でも文脈でもない。同じ映画祭で審査をしていくなかで、現在ファウンド・フッテージ的なるものはむしろマシニマ——ゲーム映像を使った映像作品——に引き継がれていて、いまアクチュアルなものとして相対化すべきはゲーム文化なのだ、とも思った。映画ではなく。映画という歴史自体が、どうも手触りがなくなってきつつある。今敏におけるクラシカルな映画の引用は、かつてであれば、映画愛好者の大人の嗜みのようなものとして、そこそこのアクチュアリティを持っていたのだろう。何の説明もないままに使っていいものとして認められていたのだろう。だが、今はそうではない。

今敏は、自分が好きな何かが終わりつつあるのだ、という気持ちもどこかで持っていたように思える。映画を愛するのは、常にこの世界から退場しようとする人々であったからだ。その物悲しさは、今敏と同い年のフランスのアニメーション作家シルヴァン・ショメのことを思い出させる。彼の二本のアニメーション長編作品『ベルヴィル・ランデブー』『イリュージョニスト』(二〇一〇年)は、輝かしい映画文化への憧憬に満ちたものであり、とりわけジャック・タチが遺した脚本に基づいた後者は、アニメーションや映画がもはや魔術を見せるようなものではなくなり、圧倒的な変質を遂げてしまったということを描くものだった。映画が「夢」を見せてくれる時代は終わったのだ、ということは今敏の作品からも聞こえてくる嘆きであるし、そもそも、夢やファンタジーが現実と呼ばれるものから切り離れたなにかではなくなる、なんでもありのコンポジット的な世界の到来は、実際には自らが推進して呼び寄せるものでもあった。

今敏が『千年女優』に取り掛かるにあたり、丸山正雄プロデューサーから言われた「騙し絵のような作品」という形容は、今敏の作品の特徴をうまく言い表しているように思える。皆が信じているもののカラクリを知り抜いて、そのうえで、その虚構を暴いたり、もしくはさらにそこに乗っかってミスディレクションしたりする。そのやり方は、いまでは少々暴力的に見えてしまう部分があるが、しかしかつては新鮮な驚きを伴っていたのかもしれない。

現実と夢が混ざり合い、記憶には虚構が混ざっている。そういった告発は、『戦場でワルツを』をはじめとするアニメーション・ドキュメンタリーが二〇〇〇年代から二〇一〇年前後に盛んに描いてきたことであり、やはり先見の明があったように思える。しかし一方で、今ではあまりに当たり前のものになってしまった。告発とは、告発する側と告発される側が同じ土俵に立つことでもあるのだ。今敏の作品は、時代にタックルし、その裏で動いているメカニズムのカラクリを暴くことに専念した結果として、時代にまみれすぎてしまい、簡単に消費されてしまいうるものとなってしまったように感じられる。かつて観たときには新鮮で興奮させられるものだった『千年女優』や『妄想代理人』、『パプリカ』といった作品は、今改めて観ると、むしろ語られすぎたテーマを物語るものに思えてしまう。

だが一方で、当時は全然面白いと思えなかった『東京ゴッドファーザーズ』（二〇〇三年）に、今回、深く心を動かされたことに驚いた。ホームレス三人が赤子を拾うことから始まる一連の奇跡の物語は、昔観たときには、こんなに都合の良い話があるものか、と憤りさえも覚えたものだった。背景のビルの外見が人間の顔のようにデザインされ、そのシーンの感情を代弁するという演出も、とても押し付けがましいものに感じられた。すべてが作為的で、あまりに人工的な世界。アニメーションとは人々が共有できないパーソナルなドキュメンタリーのようなものであるという信念を持っていたかつての自分は、徹頭徹尾「作り話」であろうとするこの作品の態度に耐えられなかったのだろう。

だが、今では、この「作り話」であることの徹底が、胸を締め付ける。世界は私たちの意志にきっと応えてくれるはずなのだ、という信念のようなものが感じられるからだ。世界は、私たちの願いに応じてくれるはず、世界はきっと私たちを救ってくれるはず、という希望もまた然り。

翻って考えたとき、今敏が常に描いてきたものは、「信じる」ということであり、「救い」を求める心なのではないか、と思う。今敏の作品は、結局のところそのすべてが、「信じる」という行為のバリエーションを描くものである。その信じる行為は、もはや「信仰」と言ってしまっていいほどに強い。アイドルやキャラクター、聖母的な存在が自分にとって世界のすべてであり、きっと自分自身を救ってくれるはずだという思いを抱えること。もしくは、世界や記憶が自分自身のバリエーションで満たされるような世界観。自分が世界とつながりあい、調和しあうこと。私と世界とが直接的につながりあうように感じること、それらの、大人っぽさのなかに残る子供っぽさの感覚——それらはすべて、世界は自分にとって良きものとして振る舞ってくれるはずだし、自分の言うことを聞いてくれるはずだという信念に基づいているもののように思える。信仰は狂気と紙一重である。信じていたものの土台が揺らいだとき、裏切られたと感じたとき、さらには過剰なまでの偏りが生まれてしまったとき、その信念の世界のバランスは崩れ、世界は牙をむく。だがそれもやはり、信仰があってこそだ。信仰にはカラクリがあって本質的な根拠を持たないということ。人はそもそも記憶にフィクションを混ぜ込んでしまうということ。それはつまり、純粋なものなどないという否定をすることであるとも言えるわけだが、いまやもう、そんなことは当たり前になってしまって、改めてつきつけられるまでもなくなってしまった。そういう面を見れば、今敏の作品は、いまや「歴史」に思えてしまう。

しかし、これらがすべて「騙し絵」であることを認識したうえで、それでもなお、世界はやはり私たちとのあいだに奇跡的な調和を見せうることがあるかもしれないと信じること、少なくとも自分自身の信仰の内側においてはそういった気持ちを抱くことができるということ、もっといえば、自分にはそんなふうに侵されることのない深い内面があるのだという信念のようなものが、深く心を貫いてくる。フィクションであることを徹底的に高めることで辿り着く純粋さの強度は、信仰とその裏切りについての物語を描き続けてきた今敏だからこそ到達することができたものなのだろうし、これからの私たちにとって、ひとつの拠り所として、響き続けるもののはずだ。いつか世界が私たちの意志に応えてくれるようになればいいのに、というもはや果たされぬ思いもまた、まとわりついてくるのだが。

初出：『ユリイカ』二〇二〇年八月号「特集＝今敏の世界」

二〇世紀から二一世紀へ——追悼・高畑勲

二〇一七年九月一九日、ブラジルのアニメーション監督アレ・アブレウと共に、東小金井駅に降り立った。東京にいるとはとても思えない牧歌的な時間の流れるその場所で、アブレウとともに駅前の中華屋で油そばをすすりながら、僕はなんとも言えない気持ちになっていた。

アブレウは僕の会社ニューディアーが初めて配給する長編作品『父を探して』の監督だ。文化庁メディア芸術祭の優秀賞を受賞し、式典と受賞作品展のために初めて来日していた。アブレウはかねてより高畑勲のファンで（というかアニメーション業界にいてそのファンでない人を探すほうが難しいのだが）、せっかく地球の裏側からわざわざやってきたのだからなんとしても会いたいと懇願され、いろいろなルートを探りながらなんとか面談の機会をこしらえることができたのだ。指定された会場はスタジオジブリ。それゆえにこの日、僕たちはこの場所に来たわけだ。アブレウは犬であれば間違いなく尻尾が振り切れていただろうなと思うほどにワクワクキラキラと喜びを隠しきれない感じで、一方で僕は僕なりに思うところがあり、もう少しいろんな感情を複雑に入り交じらせていた。

高畑勲という存在は、僕にとって非常に大きい。

大学でユーリー・ノルシュテインの研究をしようと決意したとき、数少ない先行文献となったのは高畑勲による研究書、アニメージュ文庫の『話の話』だった。その読解内容には頷けるところもあれば、我田引水な解釈に思えてならないところもあった（客観性のあることを語っているように見せつつ、それがいつのまにか自らの信念の表明へとスライドしていくという、高畑氏のよくある論理の流れである）。

大学院に進学して日本アニメーション学会に入会し、学会発表に顔を出せば、高畑勲の『十二世紀のアニメーション――国宝絵巻物に見る映画的・アニメ的なるもの』を真に受け、さらに妄想的に発展させた「アニメの起源は絵巻物」説を語る院生や留学生たちの姿を見かけて、苦々しい気持ちになったこともある。

二〇〇〇年代、海外の非ハリウッド製アニメーションを日本で見るための回路は、短編であれば二年に一度の広島国際アニメーションフェスティバル、長編であれば三鷹の森ジブリ美術館ライブラリーの配給作品くらいしか開けていなかった。後者のセレクションの中心にいたのは高畑さんのはずで、そのお眼鏡に叶う作品は氏が言うところの「漫画映画《アニメーション》の志」（社会の現在を示し、それを変える気概に満ちたもの）に満ちたものだった。その試みは、リリースの継続性そしてクラシックな作品のカタログ化という点において極めて重要であるのは間違いない。だが、なんというか、ある種の啓蒙性があるものばかりが選ばれているように思えて、『話の話』に端を発する内省的で世界をただ眺めるようなタイプの作品に最も親しみを覚えていた僕は、拳を振り上げ愚衆に向けて演説するかのようなところがあるそれらの作品に（つまり、無意識の前提として、自分の信じる正しさが最上のものであるということが疑われずに保たれている感じ）、少し距離をもって接していたのは間違いなかった。それ以外が欲しい、と思い、僕が同時代性を強く感じる作品を自ら企画するイベントで観せることをしはじめた。

教養に支えられた強い（強すぎる）信念の人……高畑さんの印象はそんな感じで、その信念がもし自分自身の関係する領域に及ぶときには（そしてその領域に対して違う意見を持つときには）反抗の気持ちを抱いてしまったのは確かである。だが、人がなかなか魅力を見出しにくいものに自説をぶつけていく姿には、勇敢な前衛のようで頼もしく思いもした。たとえば岩井俊二の『花とアリス殺人事件』（二〇一五年）を高畑氏はとても褒めていたが、それは作品自体の達成を褒めているというよりは、自説（つまり日常生活に身体性や実感を取り戻すこと）の例証のようなものとして考えている部分が強い気がして、しかし、それはそれで悪くない話だなと思ったりもした。そう、『一二世紀のアニメーション』のようにエピゴーネンを山程生み出してしまうのではなく、これじゃあ他の人がついてこられないだろうな、という突き抜け方を見せたときには。

そういう瞬間はとりわけ、氏の作品にたくさん見出すことができた。高畑氏の手がけた作品には、どれにも鬼気迫るものがあって、いつも息を呑んでしまう。『平成狸合戦ぽんぽこ』は高畑氏の信念と怒りと諦めがうまい具合に混じり合った、個人的には最も高度なエンタテインメントに思える作品でいつ観ても感心してしまうが、それ以外の作品はとても普通の意味では楽しめない。『火垂るの墓』（一九八八年）『おもひでぽろぽろ』には、なんて嫌なところをつきつづける映画なのだろうと、観たあとに疲れ果て、鬼気迫るほどの余裕の無さにぐったりした。『ホーホケキョ となりの山田くん』に至っては、いったい何のために？と思ってしまうような実験性に満ちた作品で、よくもまあこのサイズでこんな実験的なことをやれるものだなと呆れ果てた（そして同時に興奮もした、僕は短編アニメーションからスタートとした人間なので……これは究極の前衛なのではないか？）。

そして、『かぐや姫の物語』。筆で描き輪郭線のはっきりしない映像、かぐや姫が輪郭を崩しながら疾走するシーン……これらの手法については特に感心はしなかったけれども（「短編アニメーション的なもの」の模倣にしか思えなかった）、しかし、ここにこめられている信念のエクストリームなまでの強さはいったいなんなのだろうと、驚きを超えて打ちのめされた。世界でこのような作品は、もう二度と生まれないだろうとさえ思った。

ノルシュテインの『話の話』という作品について、高畑さんはアニメージュ文庫の解説本で、初めて観たとき、作品の内部に入り込めずに戸惑ったということを書いている。普通のアニメーションはその世界に入り込める。しかし『話の話』はそれを許さない。その違いについて、高畑さんは「散文」と「詩」という対比で語っていた。散文のようにリニアな物語に観客を乗せるのではなく、『話の話』はそれとは違う構造を持った「詩」であり、それは何度も何度も味わわれるものなのだと語っていた。

『話の話』についての論評は、そのまま高畑さんの作品にもあてはまるじゃないか、と思った。普通とはやはりなにかが違う。これは「詩」なのではないか？ いや、おそらく、高畑作品についてはそのあたりがもっと複雑で、「散文」のようにみえて（本人は散文を作っているようにみえて）、いつのまにか「詩」になってしまっているのだ。

二〇〇六年、いわさきちひろ美術館で行われたノルシュテインと高畑勲の対談のことを思い出す。同美術館で開催されていた「ノルシュテインの絵本つくり展」の関連企画だったのだが、僕がそこで鮮明に覚えているのは、絵本版の『霧のなかのハリネズミ』は間違っている、と高畑氏が強く主張していたことである。それこそ、作者であるノルシュテイン自身が戸惑ってしまうほどに。氏の指摘の詳細までは覚えていないのだが、たしか、ラフのほうが完成品よりも正しいのではないか、ということを力説していた気がする。そこで力弁をふるう高畑氏の姿は、「こだわりの強い天然のかわいらしいおじいちゃん」といった印象で、そのとき僕自身の氏に対する見方はガラリと変わった気がする。やはり、理知的に見えて、信念の人なのだなと再確認したのである。

僕自身の活動は、ノルシュテインをスタート地点として、アニメーションにおける二一世紀的なものを描き出そうとするものである。僕の立場からすると、高畑勲の作品や考え方は、二〇世紀的な原理を体現するものに見えた。僕自身がとても若いうちは、そんな高畑さんをある種の「敵」のように考えてしまっていたこともあった。でも、あの対談を観て以来、その「おじいちゃん」の達成を、正しく位置づけることをしたいと思うようになった。

それをとりわけ思ったのが、やはり『かぐや姫の物語』を観てからのことである。この作品は、二一世紀に二〇世紀の理想を声高に叫ぶねじれを感じさせた。おそらく本人もそのことを認識しているように思えた。でも、その思いを叫ばずにはいられない。じれったさ、願い、やるせなさといった幾重にも入り組んだ悲しみの感情が祈りのように伝わってきた。

本当におこがましい言い方なことは承知の上だが、そこから高畑さんを「解放」してあげるために、僕は『話の話』についての研究書である『個人的なハーモニー——ノルシュテインと現代アニメーション論』を書いたような気さえする。本書のなかでは、高畑さんの論はある種の仮想敵のようなかたちで設定されている。しかし、実際には、高畑さんの信念の中心にある啓蒙性には限界があることを指摘したうえで、でもその視線と哲学は受け継がれていくべきであり、実際に受け継がれているのだということを、語ったつもりだ。

次に書いた本『21世紀のアニメーションがわかる本』では、高畑・宮崎（つまりスタジオジブリの実践）を、二〇世紀の冷戦構造のなかで作り上げられた「正統な歴史」としてのアニメーションの終着点に位置づけた。これは完全にギャグのような話でもあるのだが、『21世紀のアニメーションがわかる本』は『十二世紀のアニメーション』をひっくり返したものである。アニメーションを過去にルーツを持つものとして捉えるのではなく、むしろ過去を知らないままに未来を作り上げていくアニメーション作家たちを取り上げたアプローチも、またその反転である。

だから、東小金井駅前の中華屋で僕がぼんやりと認識したことは、僕は高畑氏の仕事のことを、常に気にしていたということだ。高畑氏は決して僕の仕事などわかってくれるはずはない、という思いと、でも高畑氏の仕事の価値を誰よりもわかっているのは自分だ、という自負が混じりあっていたということだ。僕自身の活動は常に「内なる高畑勲」との戦いであったわけだ。『話の話』論の先輩であり、自分が捨て去りたかったアニメーション観の生みの親であり、乗り越え、倒すべき壁であり、同時に、いつか認めてもらいたい存在でもあったのだ。

二〇一五年、博士論文（これが『個人的なハーモニー』という本になる）を書き終えた僕は、『父を探して』を配給するためにニューディアーという会社を作った。この会社が配給すべき作品のラインナップは、三鷹の森ジブリ美術館ライブラリーに対する異議申し立てかつ、その志を引き継ぐものであるべきだ、と考えていた。

『父を探して』は、都会へと出稼ぎに行ってしまった父親を追って、少年が世界を旅する物語だ。その過程で少年が直面するのは、少年があまりにもちっぽけすぎてどうにもならない「世界」だ（本作の原題は「少年と世界」である）。後半は消費社会批判にも読めるようなところがあり、それはまさに高畑さんが「漫画映画の志」を感じ取ったグリモーの『やぶにらみの暴君（王と鳥）』のような「小さなもの／虐げられるもの」VS「巨大なもの／虐げるもの」という対立に通じ合うところがある。

しかし一方で、『父を探して』は、『やぶにらみの暴君（王と鳥）』がロボット＝大衆の力によって権力を崩壊させるような結末にたどり着くことはない。父親を探す旅の過程で少年は老いていき、そして孤独のうちにその生を終える。世界は寸分たりとも変わることはない。

そんな『父を探して』に対して、高畑さんがどう思うのか、とても興味があった。僕としては、アップデートされた、より現状にあった「漫画映画の志」としての映画だと考えていた。『やぶにらみの暴君』のように、わかりやすい権力や敵はいない。反抗する相手を見失うなかで、システムが動き続けるなかで、人々はただ自分自身の状況を受け入れることしかできず、世界がどのように動いているのかの見取り図さえも描くことができない。しかしそれでも、そんな生でも、物語を与えられる権利をもつし、そうされねばならない。『父を探して』を、僕はそんな作品として受け取った。理想の世界を志向するのではなく、今ある世界となんとか折り合いをつけること……それが今の誠実な「志」だと考えたわけだ。

実は三鷹の森ジブリ美術館ライブラリーからこの作品をソフト化したいと思い、実際に働きかけもしたのだ。そのときに高畑さんの目にこの作品は触れたはずで、しかし、あまりお気に召さなかったらしい、という話をどこからか聞いた。伝わらなかったことに対して、納得もして、そしてもちろん、残念にも思った。それは日本での公開直後、二〇一六年の春か夏頃の話である。

だから、二〇一七年九月、高畑さんがアレ・アブレゥに会ってくれるとわかったとき、それはちょっとした驚きだった。スタジオジブリにお邪魔して、高畑さんとお会いしたとき、その第一声は、劇場公開のときにお役に立てずごめんなさい、というものだった。アブレゥからの面会のオファーを受けて、再び『父を探して』を観て、この作品が素晴らしい達成だということをようやく理解したこと、このかわいらしい絵柄で社会の凄まじい厳しさを描き出すという前代未聞の試みをやってのけていて、しかしだからこそ当時の自分は理解できていなかったこと、だからその謝罪としてこの席を設けさせてもらったのだ、ということを、高畑さんが語るのを聞いたとき、僕はとても心を揺さぶられたことを覚えている。ああ、伝わったのだ、と。

しばらく談笑したのち、お詫びにせっかくですから紹介しますよ、と高畑さんは立ち上がり、(事務所にあった最中《もなか》を嬉しそうに頬張りながら)スタジオを出て向かった先はドキュメンタリーやテレビ番組で観たことのある場所だった。宮崎駿のアトリエ「二馬力」である。住宅街の一角に突如として森が生えてきたような場所にあるそのアトリエの前には、斧を持って薪を割る宮崎駿の姿があった。東京都内で斧を持っている人は初めて見たな……というどうでもよい思いを抱きつつ、宮崎さんに招き入れられ、高畑さんとともにテーブルを囲み、入れてもらったコーヒーを飲んだ。それはまったくもって現実とは思えない体験だった。まるで映画のなかに入り込んでしまったかのような……高畑さんは宮崎さんに対し『父を探して』を観るべきだと力説し、宮崎さんは「もうアニメーションは観ないけど、パクさんが言うなら観ないといけないな」と返したことを覚えている。同時に、アブレゥが持参した『父を探して』の絵本をめくりながら、これはノルシュテインのように一人で作っているものだな、僕たちが集団で作っているものとは違う、という感想をポロリとこぼしていたことも覚えている。

お礼を言ってアブレゥとともにスタジオを後にしたとき、二大スターと同時に面会したアブレゥはやはり興奮を抑えきれず、何度も何度も「信じられない……」といった独り言をつぶやくなか、僕は『父を探して』を通じてようやく高畑さんと対面できたことに、興奮とも感激ともいえぬなんとも落ち着かぬ気持ちになった。ただ少し気になっていたのが、宮崎駿が、(斧を持つ姿を見ていたこともあるだろうが)まるで神話の神々のように人間離れしたオーラを身にまとっていたのに対し(ちょうど世間では宮崎駿が新作に取り掛かっていることが話題になりはじめたころだった)、高畑さんが少ししんどそうだったことだった。ただ、スタッフの方より「少し体調が優れない」ということだけは聞いていたが、高畑さんが実は闘病中だったことは、それこそ、訃報を聞いてから知ったのだった。

訃報を耳にしたとき、僕はニューディアーでの二本目の長編作品『大人のためのグリム童話 手をなくした少女』の配給の準備を進めていた。全編が墨絵で作画された長編で、おそらく誰もが『かぐや姫の物語』の影響を勘ぐる作品だ。実際には『手をなくした少女』の制作は『かぐや姫』の公開以前から始まっていたので直接的な影響関係はないのだが、しかし監督のセバスチャン・ローデンバックは高畑さんの実験精神が大きなインスピレーションなのだと語っていた。ローデンバックにとって、作品ごとにアプローチを変え、題材にとって必然性のあるチョイスを妥協せずしていくその態度こそ、高畑さんの真髄なのだと(ああ、またしても内なる高畑勲に僕は挑みかかろうとしているのだ……)。『手をなくした少女』を高畑さんはどう観るのか、とても興味があった。実際、手法の類似性以上に、女性という存在の描き方に、強い共通性が感じられる作品なのだ。だが、残念ながらもう、見ていただくチャンスはなくなってしまった。

高畑さんについて直接的・間接的に言及している僕の二冊の本をおそらく高畑さんは読んでいないし、アブレッソとの面会も、僕自身は彼の作品の配給を担当し、通訳となる者として、特に身分を明かすこともなく、その場に立ち会ったにすぎない。僕自身と高畑さんの距離は、特に何か縮まったわけではない。でも、この距離感と隔たり——しかしそれでも確実にある通時性——こそが、僕にとっては最もしっくりくる関係性でもある。つながりそうで、つながらない。でも、僕の活動は間違いなく高畑さんの達成を背負っていて、そうでありながら、未来を開いていくものでもある。一二世紀から二〇世紀、そして二一世紀、そしてさらにその先へと、少しずつのマイナーチェンジをしながら、アニメーションの歴史は続いていく。いや、志をもって、続けていくのだ。

初出：『ユリイカ』二〇一八年七月号「総特集＝高畑勲の世界」

ブルース・ビックフォード、寄せては返す宇宙の波間にて

ブルース・ビックフォードという男がいた。第二次世界大戦終戦直後の一九四七年、アメリカ・シアトルにて、ボーイング社のエンジニアをしていた父と厳格な教師の母のあいだの三男として生まれた。子供の頃にディズニーの『ピーター・パン』(一九五三年)やハリーハウゼンの特撮に魅せられていたブルースは、高校のときに買い与えられた八ミリカメラで自らアニメーションを作りはじめた。その作品は、モンスターが人を喰い、車が谷底に落ち乗員が死に、機関銃が次々と人々を撃ち殺していくような物騒なものだった。

アニメーション制作は高校卒業後ベトナム戦争に徴兵されることで一時的な中断を余儀なくされた。海軍への徴兵体験はブルースに大きな傷跡を残した。小柄なブルースは屈強な兵隊たちの虐めの標的になった。敵兵からの狙撃がすんでのところでブルースの脳天を吹き飛ばしそうになったこともあった。倉庫番をしていたブルースの耳元に、銃弾がかすめる音が聞こえたのだ。

ブルースにとって人間は、生と死の境界をなす細い塀の上を常に歩きつづけるような存在として捉えられていた。人が生まれそして壊れ、そしてまた生まれ直すブルースの作るアニメーションには、そんな彼の死生観・人間観がダイレクトに反映されていた。

戦争体験だけがそれをもたらしたわけではない。家庭もまた、生存のための過酷な経験を強いる場所だった。ブルース含む男だらけの四人の兄弟の関係性は海軍とさほど変わらなかった。強い者が弱い者を虐げる。そんな関係性はとりわけ末っ子にとって耐えがたいものだったらしく、彼は結局自殺した。高まる冷戦の緊張感が父親の精神を蝕んだこともあった。父親は一度破産の危機に怯え、車に家族全員を乗せたまま谷底に落ちて一家心中を図ろうとした（すんでのところで思いとどまった）。そのときの恐怖の記憶はブルースを常に蝕んだ。

ブルースの生は死の影に脅かされ続けたが、死こそがブルースに生を授けたところもあった。両親は離婚し、父親は家を去り、二人の上の兄弟はそれぞれ事故死した。母親が死んで、ブルースには生家が遺された。フランク・ザッパのお抱えアニメーターだった時期を経たのち、ブルースはその家で生涯を過ごした。かつて家族六人が暮らした家は、クレイ・アニメーションを撮影しセットを保存しておくのに十分な大きさだった。

『ベイビー・スネイクス』をはじめとするフランク・ザッパとの仕事で稼いだお金や、代表作の『プロメテウスの庭』がアメリカン・フィルム・インスティテュートからの補助金を得ることはあったものの、ブルース・ビックフォードのクセの強いアニメーションは彼にさほど金銭をもたらしてくれたわけではなかった。ブルースはスーパーマーケットの清掃などで日銭を稼ごうとしたがそういう暮らしは耐え難かった。なので、制作に専念することにした。もちろん暮らしは楽ではなかったが、なぜか彼は晩年まで制作を続けることができた。

それもまた、死や破壊がもたらしたものである。母親の遺した生家があるので家賃を気にする必要はなかったし、食生活も独特の哲学に貫かれていた——二五五歳まで死なないための方法論だと本人は言っていた。ブルースは肉魚はもちろん野菜さらには小麦粉など精製された食物も毒だと考え、フルータリアン（そのなかでもオーガニック一〇〇％のもののみ許容する極端なもの）とブリザリアン――呼吸によって必要な栄養素を摂取できるという考えをもつ人々――の間の子だったブルースはほとんど食費がかからなかった。もちろんその代償として体重は日々減っていき、二〇一五年末に来日したときには四〇キロを切っていたし、死ぬときには（アシスタント曰く）「国際線の飛行機に預けられるスーツケース程度の重さ」にまで削られていったのだが。

ブルースは生ける伝説と化していたので、支援者の存在も途切れることはなかった。シアトル出身のアーティストと話すと、ブルースの日常の世話――買い出しや話し相手といった他愛もないことだが――をしていたというエピソードを例外なく聞かされた。二〇〇〇年代には『モンスターロード』というドキュメンタリーが作られ、その特異な人間性に注目が集まった。その後貯金が尽きそうになると父親が亡くなり、遺産が転がり込んだ。そんなふうにしていつも何かが犠牲になることで、ブルースの創作環境は支えられた。

かくいう私もまた、その「犠牲」の一部だった。ふとしたきっかけでブルースの家を訪問するチャンスがあり、衝撃を受けた。家のガレージにところ狭しと並べられている過去のクレイ・アニメーション作品のセットや人形、大量に積み上げられた未撮影の線画アニメーションといったものを見て、そのあまりの凄さに熱病にかかったようになり、それは「この才能を紹介できるなら破産してもいい、それだけの価値がある」と思ってしまったほどだった。

思えばそれが間違いの始まりだった。二〇一五年と二〇一六年の二度にわたってブルースと彼のクレイ・アニメーションのセットを日本へ運んだが、その過程でセットが大量に壊れた。そしてブルースにはかなりの額の保険金が振り込まれた。それはブルースが日本ツアーで得たギャラや物販売上よりもかなり多い額だった。それがまたブルースに制作への専念の継続を許すことになるわけだ、一方で私自身には、保険をめぐる超絶的に面倒な手続きとツアー後に残ったかなりの額の借金を残しつつ。

ビックフォードはただただ作り続けることだけに熱心でいつづけたが、一方で、作品を発表することにはほぼ関心を示さなかった。それなのに、何らかの不思議な力が彼に露出や注目、金銭をもたらし続けたわけだ、周囲の人々に犠牲を払わせつつ。

ブルースはその犠牲を無下にすることはなかった。彼の制作意欲は途切れることなく、晩年は体力の問題でアニメーション制作からは離れたがグラフィックノベルに精力を注いだ。創作物のクオリティもまったく落ちず、むしろ鬼気迫るものとなっていった。ビックフォードの家で見たあの凄まじい密度の原画を日本の皆に見せることはできないだろうかと思っている。あれは、人間に作りうる最上級のものだと心底思ったから。

それは人が「グラフィックノベル」という言葉から想像するものとはまったく違う何かである。彼のもとには一〇〇〇ページを超える未発表の原稿が残されている。しかも、何かひとつの物語を語るわけではないのだ。絵のそれぞれのディテールやモチーフがそれぞれに物語を持っていて、勝手に新たな展開を別々の方向に進めていく。それは、アニミズムのようにして展開される物語を語るものだった。無数の物語が、同時並行で、ヒエラルキーが設けられず、すべてが等しく生成変化し、崩壊し、また生まれ直していく。それは人間の理解のキャパシティを超えたものだったし、そもそも描いているブルース本人もその複雑さと同時多発性に混乱していた。

ブルースはとても印象的な目をしていた。水晶玉が埋め込まれたかのようにキレイな瞳だった。視覚が受信したものをフィルター無しですべて受け入れるような瞳だった。ブルースはほぼ全く社交をせず、ただ自分自身の内部で生成し壊れていくアニミスティックな映像だけと向き合ってきた。お前らとは違って私は人と楽しくしないから小さい頃の思い出や記憶が更新されることなく今でも新鮮に残っているのだよ、とビックフォードは言っていた。そんな彼は、大人になっても外界を見ることに慣れていなかった。だから、普通だったらフィルタリングをしてしまってよいディテールがいちいち気になってしまって、その行末を想像してしまうのだった。いつまでもどこまでも終わることなく。

しかしビックフォードの作品は、その結果として宇宙の運行を捉える。そして、ビックフォードに触れることもまた、宇宙の生成変化や破壊や創造のプロセスの一部として自分たちを捉えなおさせるものだった。なにかの破壊がなにかの創造につながること、私たちは自分の力ではどうにもならない諸力の戯れに翻弄され続ける存在であることを認識させるものだった。

ビックフォードは犬に襲われて死んだ。日課の散歩中になぜか鎖で繋がれていなかった近所の飼い犬に飛びかかられて足を骨折し車椅子生活となり、それが彼の活力を奪ってしまった。ビックフォードにとって人間という存在は常に生と死の際にある塀の上を歩くような存在だった。ビックフォードの線画アニメーション作品では、犬が人々を無惨に食い散らかし、そしてその犬もまた何かに破壊されていく。犬に殺されたビックフォードは自らそのプロセスの一部となったのだ。ビックフォードは自分の作品に――つまり宇宙の摂理に――忠実なかたちで人生を終えた。

だが、それですべてが終わるわけではない。ビックフォードの追悼上映「ブルース・ビックフォードと(の)アメリカ、そして宇宙」が二月一日からシアター・イメージフォーラムほかで始まった。グラフィック・ノベルはアメリカでもうすぐ最初の巻が発売される[はずだったが、本書が出版される段階でもまだ世に出る気配はない]。ブルースの家から引き上げられた未撮影の線画アニメーションもまたこれから発表されていくことだろう。クレイ・アニメーションのセットや人形は、アメリカ映画芸術アカデミーにて保存されるし、フィルムはリマスターされる。波は壊れては生まれ、引いては押し寄せる。何かは終わり、しかし終わり尽くすことはなく、姿かたちを変えながら戻ってくるのだ。

初出：『新潮』二〇二〇年三月号

おわりに

本書を編むため、自分が十年近くにわたり書いてきた様々な原稿を読み返してみて、そういえば自分はかつて、依頼されなくても書くタイプの人間だったことを思い出した。

僕がアニメーションについての文章の執筆と発表を始めたのは二〇〇〇年代中盤くらいのこと。山村浩二さんが当時の若手作家たちとともに結成したグループ「Animations Creators and Critics」の一員として、そのウェブサイト（現在もう消滅している）に短編アニメーションのレビューを執筆し、グループのブログを占拠して、日々訪れた上映イベントや映画祭で出会った作品、さらには購入したＤＶＤで観た作品について、とにかくたくさん書き連ねていた。特に誰から頼まれたわけでもないのに、若者であったがゆえの熱量と、勝手に心に宿した使命感に突き動かされて。

さて、それが今ではどうなったかといえば、頼まれないと書かなくなった。下手すると、頼まれても書かないことさえあるくらいだ。過去の自分がそんなことを知ったら、今の自分をぶん殴るんじゃないかと思う。ただ理由はあって、昔の僕の使命感は、「自分が紹介しなければこの作品については きっと誰も紹介しないに違いない」という思いに突き動かされてのものだった。そして、そのとき自分ができるのは、作品についてレビューを書くことくらいしかなかったのだ。

今はそうではない。会社を作って海外作品の配給を始めたし、上映イベントや映画祭の仕事も、もう随分と長いことやっている。優れた作品に日本でアクセスできないのであれば、観られるようにするための環境自体を作るという方向に、活動が自然と向いていったのだ。

とはいえやはり、自分自身のコアにあるのは、書くことである（と思っている）。しかし、以前の本（『21世紀のアニメーションがわかる本』）を出してから、もうすでに四年以上が経ってしまった。依頼原稿でちょくちょく短いものを書く機会はあるが、本を一冊出すことに比べたら扱える話題やテーマの幅が狭いし、本質的には自分じゃなくても書けるような情報提供者・状況紹介者としての役割を期待されることも多い。もちろんそういうケースであっても自分にしかまぶせない独特のスパイスを仕込むようにはしていたので、書き手としての自分はまだまだ死んでいないことを証明すべく、依頼原稿をまとめて本にしようと思い立ったのだった。結果としてここにまとまった本書は、そのスパイス部分が前景化・凝縮されることで、アニメーションについて、何かしら価値あることを言えているものになっているのではないかと思う。

本書をどうしても出したかった動機はもうひとつあって、それは、本書の最後が追悼文で締められていることに関係している。この世を去った優れた作家たちについて、その功績と記録を残しておきたかったからだ。本書の（というか書き手としての自分自身の）役割のひとつは、日本のアニメのシーンと国際的なシーンとのあいだには実はシンクロするところがある、と示すことだと思っている。だからこの本では、高畑勲とブルース・ビックフォードへの追悼文を並べている。

そして、本当はもうひとり、追悼したかった人がいたのだ。ROSTOというオランダのアニメーション作家である。彼はものすごくアクの強い短編アニメーション作品（およびそれに付随するグラフィック・ノベルやウェブトゥーン）を発表しつづけてきた作家で、次々と素晴らしい作品を発表していた上り調子の時期に、ガンによって、二〇一九年三月七日、この世を去った。五〇歳だった。

世界で一番奇妙な3DCGアニメーション（そこには、後述するようにかなり特徴的な風貌をした作家自身が出演する実写映像もかなりの割合で混じる）を作る作家といっても過言ではなかったROSTOの作品は、アニメーション映画祭界隈でも評判が真っ二つだった。未だに手作り信仰の強い短編アニメーション業界ではその手法ゆえに敬遠されたし、作品から濃厚に漂う独自のカルチャー臭は、基本的にはクリーンなものが好まれる3DCG作品のなかでも異彩を放ちすぎていた。僕自身も正直、最初は苦手だった。彼の作品が映画祭で上映されるたび、顔をしかめ、その理解できない展開に、ウンザリさえしたものだった。

その印象が変わったのは、二〇一三年十月、ルーマニアの首都ブカレストで開催されるアニメーション映画祭「アニメスト」に参加したときのことだった。キュレーターとして日本インディペンデント作品の特集プログラムを担当した縁で映画祭に呼んでもらい、審査員もついでにやることになった。その審査委員会で、ROSTOと一緒になった。

前述のとおり彼の作品には良い印象を持っていなかったので、最初はとても身構えていて、こんな作品を作る人間は性格もきっとひん曲がっているに違いない、と今から考えるとひどい思い込みをしていた。初めて見た彼の風貌はお世辞にも親しみやすいとは言えなかった。オランダ人らしい長身で、ひょろ長くてガイコツのようでもあり、鼻はドラキュラのように高く、笑うと口が大きく横に開き、悪魔のようでもあった（本人も自分自身の「悪魔のような風貌」を自覚していて、というかむしろ楽しんでいて、悪夢のような雰囲気がある自作のなかに、カリカチュア化した自分自身をよく登場させていた）。

だが、実際に会って話したROSTOは、礼儀正しい人だった。他人への気遣いも途方もなく細やかで、とっつきにくいところがまったくない。フランクで、ユーモアのセンスも抜群で、話しているととても知的であることが伝わってくる、ものすごく好感の持てる人物だった。議論も大好きで、しかしそれは自分の意見で相手を負かしたいから、というわけではなく、むしろ違う意見を聞くこと自体が楽しい、といったような感じで、彼と審査委員会で論を戦わせることはとても楽しかった。意見の違いに、ワクワクしたのだ。

アニメストで彼の特集上映を観て、彼の作品に対する見方も完全に変わった。ROSTOはトークのなかで、すべての作品が互いにつながりあっていると言った。だから、単独で一本だけ取り出しても、その意味はわからないだろうとも。

彼の作品をまとめて観るのはそのときが初めてで、確かに彼の言う通りだった。複数の作品を観ることによって、初めてその世界観が、彼のやりたいことが、理解できた。物語が続きになっているということではない。各作品がより大きな世界観の一端を示し、複数の作品のあいだでモチーフが痙攣するように反復するのを確認することで、ようやくその手触りがつかめるのだ。その独特の世界観を構成するもののなかには、彼がメンバーのひとりであるバーチャルなロックバンドTHEE WRECKERSも含まれている。つまり、アニメーション映画の枠からもはみ出ているのだ。

一本だけでは理解できないこと。映画という枠にもおさまらないこと。それを、短編作品としての不備だと考えるのは間違っている。ROSTOの作品を観てもしそう思うなら、「短編作品が一本で完結しなければならない」という固定観念にあなたが縛られているだけだ。

短編作品の素晴らしさは、商業的な要請から離れたところで、作家独自のやり方・言語・構成で、世界観を紡げることにあると僕は思う。ROSTOの場合、その「枠」が複数の短編(さらにはその外)にまたがっている、というだけのことである。つまりものすごく、オリジナリティが高いのだ。普通の見方では、理解が及ばないくらいに。しかし、本人にとっては、このやり方以外で表現できないものなのだ。

一方で、ROSTOのやっていることがわかったとき、彼はとても孤独なのだということも思った。彼のスタイルは、既存のアニメーション映画祭のフォーマットではなかなか理解されない。優れた作家だと紹介されたとしても、その真意を本当に分かっている人にしか、その魅力は伝わりきらない。

ROSTO本人の人柄についても、見え方が変わった。こんな作品を作る彼は、あまりに繊細なのだと思った。彼の優しさは、自分自身のやっていることは根本的には理解されないということをわかっているからこそのものであり、寂しさがどこからかにじみ出るような優しさなのだ。

ROSTOとはその後も、主に海外の映画祭で何度も会った。日本に来たときには夜中まで飲んで議論を交わしあった。二〇一七年にはザグレブ国際アニメーション映画祭の審査委員会で再び一緒になった。そのときも清々しさを感じるくらいに楽しく戦った。彼の持つ寂しさ／優しさの感覚はより強くなっているようにも感じた。思えばそのときにはすでに病魔が彼を冒しはじめていたのかもしれないが、わからない。彼は最後まで、本当に近しい関係の人にしか、病気のことを言っていなかったからだ。彼の死のことを知ったのは、二〇一九年三月、フランスでのことだった。とあるパーティーに参加して、現地の友人から「ROSTOが死んだ。君と彼は親しかったはずだから、伝えておくよ」と言われたとき、何を言われているのかまったくわからなかった。それくらいに、唐突だった。

ROSTOの死を知ってから約半年後の二〇一九年一一月、僕がフェスティバル・ディレクターを務める新千歳空港国際アニメーション映画祭で、ブルース・ビックフォード、スーザン・ピットら、同じ年に亡くなった巨匠たち（ふたりともROSTOより一回りも二回りも上の世代である）の作品とともに、ROSTOのTHEE

WRECKERS四部作――ROSTOにとって遺作となってしまったこのシリーズは、時代遅れになった自分（たちバンド）の死をめぐる物語を語るものだった――を上映する特集を組んだ。プログラムは、「さよならアニメーションの無意識たち」というタイトルにした。三名とも、人間に潜む無意識の領域に、どれだけ深く潜りうるのかということを競い合うような作家だったからだ。スーザン・ピットは日本を含む世界で人気があったし、ブルース・ビックフォードも然り。二人は、「カルト的」と言っていいくらい熱狂的なファンを獲得することのできた、短編アニメーション界では得難い作家たちだった。一方、その二人に比べれば、ROSTOは知名度的にはるかに劣るし、ファンも業界内に限られていた。

だから、ブルース・ビックフォードの大ファンということでこの上映のゲストに来てもらっていた映像作家の辻川幸一郎さんが、ROSTOについて、「こんなにすごい人がいるなんて知らなかった」と話してくれたとき、救われた、届いた、と思った。同時に、彼の存在がエアポケットのような場所にはまり込んでしまっていたことも改めて思い、胸も傷んだ。

ビックフォードについては、尽くすことができた。二回も日本に呼んだし、彼の作品をフィーチャーしたライブイベントに数百名ものお客さんが押しかけ会場を満員にする様子を目の当たりにしてもらうことができた。一方でROSTOについては、彼の生前、爆音上映の企画をやりたいと考えたこともあったが、実行するための具体的なことは何もしなかった。彼が出したグラフィック・ノベルについても、日本で出版できたりしないだろうかと聞かれて、考えてみたことがあったが、やはり結局動かなかった。新作を精力的に発表していた現役の作家だったし、まさかこんなことになるなんて思っていなかったということもある。

彼の訃報が伝えられても、それに関して原稿依頼が来るはずもなかった。でも、日本でROSTOについてなにか意義あることができるのは、おそらく自分だけのはずだから、何かをしなければならない。だから、いまこの本が世に出ることになった。依頼されてもいないのに。この本を読んだ人がひとりでも多く、彼の作品世界に触れてくれればと切に願っている。https://www.rostoad.com/

本書は、自分自身にとって一区切りになる本である。この本を編むことで、これまでの十年に自分が考えてきたことを振り返る作業が終わった。ようやく次の一歩が踏み出せる。次の本はあまりお待たせすることなく出せることになると思う。

本書の成立にあたっては、勝手な使命感に駆られた僕の企画書を受け取り、出版までこぎつけてくれた、本書の担当編集である青土社の明石陽介さんにまずお礼を言いたい。『ユリイカ』誌の編集長として明石さんが依頼してくれた文章が、この本のかなりの割合を占めてもいる。

そして、これまで自分が出した本すべてを担当してくれている戸塚泰雄さんにも感謝。戸塚さんは、僕が「依頼されずとも書く」人間だったはるか古の頃から活動を見てくださっていたので、本書をご担当いただいたことには感慨深い思いもある。

最後になるが、妻の麻衣、愛犬のアステに感謝を。妻には本書の構成について何度も相談したし、その都度的確なアドバイスをもらった。ビーグル犬のアステは、二〇二〇年一一月、つまり本書が出るちょうど一年前に我が家にやってきた。本書は書き手としての自分の新生のために編まれた本でもあるのだが、その次の一歩がこれから踏み出せるのは、彼女たち（アステは女の子である）の存在があるからこそである。

それではまた、近いうちにお会いしましょう。

二〇二一年九月　アステ一歳の誕生日を間近に　土居伸彰

土居伸彰（どい・のぶあき）
1981年東京生まれ。株式会社ニューディアー代表、新千歳空港国際アニメーション映画祭アーティスティック・ディレクター、ひろしま国際平和文化祭メディア芸術部門プロデューサー。2015年にニューディアーを立ち上げ、製作、映画祭、配給、執筆・講演等を通じて、世界のアニメーション作品を紹介する事業を多角的に展開する。国際アニメーション映画祭での日本アニメーション特集キュレーターや審査員としての経験も多い。著書に『個人的なハーモニー――ノルシュテインと現代アニメーション論』、『21世紀のアニメーションがわかる本』（いずれもフィルムアート社）など。プロデュース作品に『マイエクササイズ』（2020年／和田淳監督／インディ・ゲーム）、『不安な体』（2021年／水尻自子監督／短編アニメーション）など。

私たちにはわかってる。アニメーションが世界で最も重要だって

2021年11月20日　第1刷印刷
2021年11月30日　第1刷発行

著　者　土居伸彰
発行者　清水一人
発行所　青土社
東京都千代田区神田神保町1-29　市瀬ビル　〒101-0051
［電話］03-3291-9831（編集）　03-3294-7829（営業）
［振替］00190-7-192955

印刷・製本　シナノ印刷
装幀・本文組版　戸塚泰雄（nu）

ISBN 978-4-7917-7429-6　Printed in Japan